出自とは、親子とは

知りたい子どもと匿名でありたい親

新田あゆみ

出自とは、親子とは

知りたい子どもと匿名でありたい親

目　次

第2章　何を守りたいのか――匿名を希望する親が伝えられることはあるのか

第3章　考　察

はじめに

1　ＡＩＤで生まれた人の出自を知る権利

ＡＩＤ（Artificial Insemination by Donor、Donor Insemination：DI、提供精子を用いた人工授精、非配偶者間人工授精）という語を聞いて、どのようなものかわかる人はどのくらいいるだろうか。ＡＩＤで生まれた人がどのような思いをもって生きているのか、聞いたことがあったり、想像したことがあったりする人はどのくらいいるのだろうか。

ＡＩＤは、夫以外の精子を用いて行われる人工授精のことである。日本では、不妊治療として行われる医療行為のひとつと位置づけられ、一九四八年から実施されている[1]。また、一九四九年に国内初のＡＩＤ児が誕生してから現在に至るまでに一万人以上がＡＩＤで生まれているといわれ[2]、ＡＩＤは、不妊に悩む多くの夫婦に喜びをもたらしてきたと考えられる。しかし、ＡＩＤで生まれた人（以下、ＡＩＤ出生者とも記す）には、いわゆる出自を知る権利[3、4]が保障されてこなかった。ＡＩＤに用いられる精子ドナーは匿名の第三者とされ[5]、ＡＩＤ出生者は生まれながらにして生物学的父親との縁を絶たれてしまう仕組みが保たれてきたからである。ＡＩＤ出生者のなかには、このような境遇ゆえに遺伝的疾患の発見が遅れた人がいる。生物学的父親家系の遺伝情報がわからないため医療機関での問診票に記入ができず困った経験を有する人もいる。また、生物学的な父親がわからないことにより、「自分の半分が空白であることが不安」「自分が存在していいのだろうか」などと感じ、抑うつ状態に陥った人もいる。これらの悲しみや悩み、苦しみを味わうくらいなら「生まれなければよかった」という人もいる[6]。

このような不利益や、痛み、苦しみ[7]を抱えるＡＩＤ出生者の声を受けて、二〇〇三年、厚生科学審議会生殖補助医療部会による「精子・卵子・胚の提供等による生殖補助医療制度の整備に関する報告書」[8]がまとめられた。この報告書のなかには「提供された精子・卵子・胚による生殖補助医療により生まれた子または自らが当該生殖補助医療により生まれたかもしれないと考えている者であって、一五歳以上の者は、精子・卵子・胚の提供者に関する情報のうち、開示を受けたい情報について、氏名、住所等、提供者を特定できる内容を含め、その開示を請求をすることができる」との記載がある。これはつまり、今後は精子ドナーの完全匿名性を廃止し、ＡＩＤで生まれた人がドナーの個人特定をできるようにすること、つまりはＡＩＤで生まれた人の出自を知る権利を保障していこうという方針が国から示されたことを意味する。しかし、報告書がまとめられてから二〇年近くが経つ現在、ＡＩＤで生まれた人の出自を知る権利を保障する法律は未だ存在していない。二〇二〇年一二月に、第三者の関わる生殖補助医療に関する国内初の法となる「生殖補助医療の提供等及びこれにより出生した子の親子関係に関する民法の特例に関する法律」が成立し、この法は、ＡＩＤを含む第三者の関わる生殖補助医療に関して定められた初めての法であるという点、また、ＡＩＤで生まれた子の親子関係を明文化した点[9、10、11]で評価され、注目を浴びたが、ＡＩＤで生まれた人の出自を知る権利の保障に関しては「おおむね二年を目途として、検討が加えられ、その結果に基づいて法制上の措置等が講ぜられるものとする」との記載があったのみで、ＡＩＤで生まれた人の出自を知る権利を保障する記述はなかった。そのため、この法が成立したあと、当事者や研究者らから、失望の声と、この課題の解決につながるさらなる法や制度の整備を求める声が上がっている。

2 「こうのとりのゆりかご」に預けられる子どもの出自を知る権利

ＡＩＤのほかにも、子どもの出自を知る権利についてしばしば紙面を賑わすものがある。「こうのとりのゆりかご」である。「こうのとりのゆりかご」は医療法人聖粒会慈恵病院（熊本県）が運営する新生児の保護設備である。二〇〇七年五月一〇日、同病院の敷地内に開設された。

この「ゆりかご」は、「何よりも命が大事」「出自より命」[12]という慈恵病院の蓮田太二氏[13]〔産婦人科医・同病院理事長（「ゆりかご」設置当時）〕の信念のもと、親が身元を明かしたくないと望む場合には、親が匿名でその子どもを預けていける仕組みになっている。「ゆりかご」に預け入れられた子どもは、親から情報提供がなされないかぎり「棄児」として保護され、身元不明のまま生きていかねばならない可能性をもつ。

『「こうのとりのゆりかご」第五期検証報告書』[14]には、「ゆりかご」に預け入れられ、出自を知らずに育つ子どもたちには、次のようなリスクが生じるのではないかとの記載がある――「ゆりかご」に預け入れられた子どもは、親族との縁を絶たれるため、遺伝性疾患の発症を予防することや、それら疾患の早期発見や、早期治療を受けることに不利な状況におかれるのではないか。また、出自を知らないということで、アイデンティティや自尊心の確立に支障をきたすのではないか――。

これらの指摘があたっているかどうかは明らかになっていない。なぜなら、二〇二一年時点では、「ゆりかご」に預け入れられた当事者の心情がほとんどわかっていないからである[15]。ただ、先に述べたＡＩＤ出生者の声を思い出したい。生物学的な父親家系についてのみ情報を得られないＡＩＤ出生者のケースであっても、これらのリスクが現実のものになっている例があった。それを考えれば、全くの出自情報を得られない「ゆりかご」のケースでも同様の事態が起こる可能性は否定できないのではないだろうか。

蓮田氏は二〇二〇年に死去するまで、どのような批判を受けようとも「ゆりかご」の仕組みを大きく変えることはなかった。蓮田氏の死後も、慈恵病院は、これらのリスクや状況を承知したうえで「ゆりかご」の匿名性を守り続けている。「ゆりかご」によって保護された子どもたちの数は、二〇二二年度末までの一五年間で一七〇名にのぼる[16]。幼子への虐待事件が多々報道され、児童虐待報告件数も増加の一途をたどるなか、「ゆりかご」の功績は大きく、「ゆりかご」に大きな意義があることはもはや否定できないだろう。しかし、「ゆりかご」に預けられる子どもの出自を知る権利について真剣に考えることも重要である。生命の保護と出自を知る権利の尊重の両方をかなえる「こうのとりのゆりかご」のありかたを、検討することが求められている。

3　匿名性の意義

ところで、なぜ、ＡＩＤで用いられる提供精子のドナーは匿名でなければならないのだろうか。ＡＩＤで生まれた人が実際に被っている不利益や彼らの苦悩を考慮すれば、精子ドナーの匿名性を廃止し、彼らに出自を知る権利を保障できるよう検討する必要があると考えるのが自然であろう。しかし、ＡＩＤの精子ドナーは、ＡＩＤが日本に導入されてから今に至るまで匿名者とされている。

また、「こうのとりのゆりかご」に預け入れられた子どもが将来、身元が不明であることゆえに悩む可能性が否定できないこと考慮すれば、出自を知る権利をもっと尊重できるような策を考えなければならないのではないか。しかし「こうのとりのゆりかご」は、どれほどの批判にさらされようとも匿名で子どもを預けられる仕組みを保持し続けている。なぜ、「出自より命」なのだろうか。

（1）ＡＩＤにおける匿名性の意義

二〇一八年、国内のＡＩＤを牽引してきた慶應義塾大学病院[17]が、ＡＩＤの新規受付を中止した。精子ドナー不足がその理由である。精子ドナー志願者に対して、今後ＡＩＤで生まれた人から精子ドナー情報の開示請求がなされる可能性があることや、日本にはＡＩＤで生まれた人と精子ドナーとの父子関係を明確に否定する法がないこと[18]を説明するようになったところ、需要に見合うだけの精子ドナーを確保できなくなってしまったというのである。

精子ドナーは従来、医療機関の付属大学の医学部生が担ってきたといわれている。つまり精子ドナーの多くは、まだ妻や実子を得ていない者である。ＡＩＤを実施してきた医師である大野らによれば、学生精子ドナーたちは匿名であることを強く望んでいたという。医療機関側も、彼らが将来築く可能性のある新たな家庭への「思いやり」として、精子ドナー情報を秘匿とすることを約束してきた[19]。雑誌『婦人公論』一九九六年一二月号には、精子ドナーとなったことは『墓場までもっていく』と考えている四名の学生の声が紹介されている。そのうち一名は、将来、自分の精子提供で生まれた子どもに出会ったら「どうしよう」と怖くなると話していたとある[20]。慶應義塾大学病院の医師である久慈らの調査（二〇〇四年実施）によれば、研究対象者（国内の精子ドナー三二名）の六七％は、〝ＡＩＤで生まれた子どもが会いに来る可能性があるとすればドナーにならなかった〟と回答していた[21]。また、回答者の八八％が〝ドナーは匿名のままが良い〟と考えていた。回答者のなかには「匿名でなかったら提供者になっていなかった」「会いに来る可能性が一〇〇％無いものと思っていたからやった」などと述べる者もいたという。精子ドナーを対象にした研究や精子ドナーの心情が記された文献はまだわずかしかないため、精子ドナーの胸中が十分に明らかになっているとは言い難い。しかし、これらを考慮すれば、現時点で需要に見合うだけの精子ドナーを確保するためには、精子ドナーの匿名性を担保する必要があると考えざるをえない。つまり、精子ドナーの匿名性は、精子ドナーを守るため、また、精子ドナーを確保するために必要なものと考えられよう[22]。

（2）「こうのとりのゆりかご」の場合

「出自より命」――慈恵病院が「こうのとりのゆりかご」の匿名性を守り続けている理由は、端的にいえば、匿名性がなければ救えない生命があると知っているからである。ただ、出自を知る権利の保障と子どもの生命保護とを天秤にかけたときに優先されるべきは生命であるという確固たる信念をもっているだけであって、決して子どもの出自を知る権利を軽視しているわけではないことについては強調しておきたい。慈恵病院の職員は、「ゆりかご」に子どもを預け入れに来た者に接触を試みている。子どものみならず、その親のことも守りたい、支えたいとの思いからである（「ゆりかご」に子どもを預け入れに来た者も、多くの場合、支援を必要としている）。また、二〇二一年三月一日からは、韓国の例を参考に、「ゆりかご」に預け入れられる子どもの生年月日、名前、子どもへのメッセージを記入できるようなカードを「ゆりかご」の前に置いている[23]。

このような試みにより、二〇二〇年三月三一日までに預け入れられた子ども一五五名のうち八〇％（一二四名）の身元は判明している[24]。しかし、残りの二〇％（三一名）の身元はわかっていない。これは、身元を明かすことを拒み、匿名で子どもを預けていく親が一定数存在するということを意味する。たとえば慈恵病院のスタッフに接触されることを恐れ、「ゆりかご」の中ではなく、「ゆりかご」の前に子どもを置いた母親がいた[25]。また、慈恵病院や、慈恵病院のある熊本市、熊本県がそれぞれ設置している相談窓口へ寄せられる妊娠や出産、育児に関わる相談のなかには「妊娠したことを誰にも知られたくない」と述べる女性からの相談が多々あるという[26、27]。妊娠したことを誰にも言えない女性、あるいは言いたくない女性、何らかの事情により子どもを育てられないという女性は、どうしても、存在する。慈恵病院の述べるように「こうのとりのゆりかご」の匿名性が果たしている役割は大きいと考えられよう。

4　研究課題の設定

これまで述べてきたように、いかに子どもの出自を知る権利を保障していくことが望ましくとも、AIDでは精子ドナーの匿名性が保障されなければ需要に応じた施術を行うことができないという現実がある。また、「こうのとりのゆりかご」に匿名性が保障されていなければ、救うことのできない生命があるという現実もある。どうしたらよいのだろうか。筆者は、それぞれの匿名性を保持しながらも、AID出生者や「ゆりかご」に預けられる子どもの出自を知る権利を尊重する策を探っていくことが重要なのではないかと考えた。その策とは何か。たとえば、〝部分的な出自を知る権利〟の検討なのではないだろうか。

AIDにおける〝部分的な出自を知る権利〟の検討とは、精子ドナーの匿名性を保持しながらも、AID出生者の出自を知る権利を保障する方法を探すということである。将来的には、二〇〇三年の方針のとおり、出自を知る権利をドナーが特定できるまで保障できるような法や制度の整備をめざすとしても、まず、現状を打破するための一歩として、〝部分的な出自を知る権利〟の保障を検討してみてもよいのではないだろうか。たとえばイギリスでは、二〇〇五年以降、精子ドナーの匿名性が廃止されたが、それまでの一五年間は、HFE法（一九九一年）により、〝部分的な出自を知る権利〟が保障されていた。

精子ドナーの匿名性は守られながらも、ＡＩＤ出生者やＡＩＤで生まれた可能性があるのではないかと考えている人が、適齢期になれば、出生方法（ＡＩＤで生まれたのか否か）を知ることができると定められていたのである。また、近親婚を避けるために必要な情報（結婚しようとする相手と血縁関係があるかどうか）も得ることができるとされていた[28]。

「こうのとりのゆりかご」に関しては、「こうのとりのゆりかご」検証会議が提案しているように、「ゆりかご」への預け入れに際して出自に関する「手がかり」を少しでも多く残してもらえるような仕組みを検討していくことが、〝部分的な出自を知る権利〟の保障につながるのではないだろうか[29]。前述したように、二〇二一年からは、「ゆりかご」の前に子どもの生年月日、名前、子どもへのメッセージを記入できるようなカードが置かれている。たとえば、そのカードの内容を、実情に応じて再検討することが、〝部分的な出自を知る権利〟の保障につながる可能性はないだろうか。内密出産[30]という、「ゆりかご」の問題点を解決しうる制度を広めていくことも重要であろうが、内密出産制度の背景にある「緊急下の女性」の実情に詳しい柏木は、内密出産制度が成立したとしても、「こうのとりのゆりかご」は必要なのではないかと指摘している[34]。「世間」や「他人」の目を気にする日本の緊急下の女性にとっては、誰とも接触せずに子どもを預けられる「ゆりかご」のほうが、秘密厳守といえども他者と接触しなければならない内密出産よりも望まれるのではないかとの考えからである。これらを考慮すれば、やはり、「ゆりかご」における〝部分的な出自を知る権利〟を検討することには、多少なりとも意義があるのではないか。

ＡＩＤ出生者や、「ゆりかご」に預けられた子どもの〝部分的な出自を知る権利〟を保障するためには、まず、子どもたちが何を知りたいのかを調査することが必要なのではないだろうか。親や精子ドナーが子どもたちに開示できるものがあるのかどうか、あるとすれば何なのかを調べる必要もある。匿名性に意義がある以上、開示できる可能性の高い情報から、子どもが知ることのできるように調整していくことが望ましいのではないか。

本書ではこのような背景と意識のもと、ＡＩＤや「こうのとりのゆりかご」に関わる文献や当事者への調査を行い、子どもの出自を知る権利と親の匿名性との調和点を探っていく。構成は、次のとおりである。

まず、「はじめに」において研究の背景について述べた。

第1章では、ＡＩＤ出生者や「こうのとりのゆりかご」に預け入れられた人が求める〝出自〟の情報とはどのようなものか――彼らが出自を知る権利の行使により知りたい〝出自〟情報とは何なのか――を明らかにする。

第2章では、ＡＩＤ出生者や、「ゆりかご」に預け入れられた子どもが求める〝出自〟の情報のうち、精子ドナーや「ゆりかご」に子どもを預ける親が、自分の生物学的な子どもに開示できる情報とは何かを明らかにする。

第3章では、諸調査の結果を総合して考察を行う。ＡＩＤ出生者や「こうのとりのゆりかご」に預け入れられた人が求める〝出自〟の情報と、匿名性によって守られている精子ドナーや、「こうのとりのゆりかご」に子どもを預ける親が、それぞれの生物学的な子どもに開示できる情報との間に重なりがあるのかどうか、あるのであれば、それは何であるのかを検討する。さらに、それをもとにして、ＡＩＤや「こうのとりのゆりかご」の匿名性を保持しながらも、ＡＩＤ出生者や「こうのとりのゆりかご」に預けられる子どもの出自を知る権利を尊重する策を検討する。

最後の「おわりに」で、本研究の結論および今後の課題を示す。

なお、本書は筆者が上智大学大学院実践宗教学研究科死生学専攻博士後期課程在籍時に実施した研究成果を主として執筆したものであるため、原則として当時（二〇二一年三月まで）の状況をもとに執筆している。博士論文執筆後から本書執筆中における状況の変化については、できるかぎり注や本文中に示す。また、博士論文執筆後に研究協力者からいただいたコメント等、博士論文には収載できなかったものについては、本書の末尾に付録として記す。

5　研究の概要

(1) 研究の目的

本研究の目的は、ＡＩＤや「こうのとりのゆりかご」の匿名性を保持しながらも、ＡＩＤ出生者や

「こうのとりのゆりかご」に預けられる子どもの出自を知る権利を尊重する策を検討することである。

(2) 研究方法

研究目的を達するために、①文献調査、②アンケート調査、③インタビュー調査を用いた質的記述的研究を行った。

まず、AID出生者や「こうのとりのゆりかご」に預け入れられた人が求める〝出自〟の情報とはどのようなものであるか――つまり、彼らが出自を知る権利の行使により知りたい〝出自〟情報とは何であるのか――を明らかにするために関連文献を調査した。具体的には、各種文献内で、AID出生者が知りたい精子ドナーに関する情報や、「こうのとりのゆりかご」に預け入れられた人が知りたいと述べている親の情報を抽出していった。

次に、抽出できた諸情報についての関心の度合いを尋ねるアンケートを実施した。それら回答の理由や背景などを調査するためにインタビューも実施した。

また、匿名原則により守られている精子ドナーが、自分の精子提供で生まれた子どもに伝えられる情報はあるのか、「こうのとりのゆりかご」に子どもを預ける親が、その子どもに残せる情報はあるのか、あるとすればそれは何であるのか、また、子どもへの情報開示に関してどのように考えているのかを明らかにするため、アンケートを実施した。それら回答の理由や背景などを調査するためにインタビューも実施した。

最後に、諸調査の結果を総合して考察を行った。ＡＩＤ出生者や「こうのとりのゆりかご」に預け入れられた人が求める〝出自〟の情報と、匿名性によって守られている精子ドナーや、「こうのとりのゆりかご」に子どもを預ける親が、それぞれの生物学的な子どもに開示できる情報との間に重なりがあるのかどうかを検討した。さらに、それをもとにして、ＡＩＤや「こうのとりのゆりかご」の匿名性を保持しながらも、ＡＩＤ出生者や「こうのとりのゆりかご」に預けられる子どもの出自を知る権利を尊重する策を検討した。

（3）研究対象者

本研究を行うにあたって、研究対象者を次のように設定した。

①研究対象者（Ａ）

まず、ＡＩＤ出生者や「こうのとりのゆりかご」に預け入れられた人が求める〝出自〟の情報とはどのようなものであるか——つまり、彼らが出自を知る権利の行使により知りたい〝出自〟情報とは何であるのか——を明らかにするための研究対象者を研究対象者（Ａ）として設定した。ＡＩＤ出生者や、「こうのとりのゆりかご」に預け入れられた人である。ただ、ＡＩＤ出生者のうち、ＡＩＤで生まれたことを公表している人は多くない。また、「ゆりかご」の開設は二〇〇五年であり、「ゆりかご」に預け入れられた人は、調査を実施した二〇二一年時点で、まだ成年に達していないと考えられた。これらから、ＡＩＤ出生者や「ゆりかご」に預け入れられた人のみを研究対象者（Ａ）としても、多くの研究協力は得られないと予想された。そこで、ＡＩＤ出生者や「ゆりかご」に預け入れられた人と類似の境遇におかれている人――生物学的な親の何らかの意図のもと、生物学的な親子の縁を否応なく喪失している人々――も研究対象とした。遺棄児であった人、幼少期に養子縁組をされた人、幼少期から社会的養護のもとで育った人などである。親の何らかの意図のもと、親との縁を喪失せざるをえなかったり、親の情報を十分に得られないまま育つことを余儀なくされたりしている人に対象を限定すれば、ＡＩＤ出生者や、「ゆりかご」に預け入れられた人と類似の境遇におかれたものと考えられたからである。

さらに、これら当事者と接する機会を多くもっている人も研究対象者（Ａ）とした。たとえば、社会的養護の関係者、「こうのとりのゆりかご」の関係者、特定妊婦の支援者などである。彼らの話からも、本研究を行うにあたって重要な示唆を得られると考えられたからである。

②研究対象者（Ｂ）

次に、ＡＩＤ出生者や、「ゆりかご」に預け入れられた子どもが求める〝出自〟の情報のうち、精子ドナーや「ゆりかご」に子どもを預ける親が、自分の生物学的な子どもに開示できる情報とは何かを明らかにするために、研究対象者（B）を設定した。研究対象者（B）は、いわば自らの意志で生物学的な子どもとの縁を切った人である。たとえば、精子ドナー経験のある人や、「ゆりかご」に預け入れを行った人が該当する。子どもを遺棄した経験のある人や、秘匿養子制度を利用した人、幼少の子どもを他者に委託した後、交流をもたずに生きている人も研究対象者（B）である。さらに、これら当事者と接する機会を多くもっている人も研究対象者（B）とした。たとえば、社会的養護の関係者、「ゆりかご」の関係者、特定妊婦の支援者などである。彼らの話からも、本研究を行うにあたって重要な示唆を得られると考えたからである。

なお、研究対象者（B）は、研究対象者（A）と実際の生物学的な親子関係にある者とはしなかった。

6　本研究の特徴と意義

子どもの出自を知る権利をめぐる議論については、子どもの人権と親の人権とのどちらを優先させるべきかといった論点などから、両者を対立する者として捉える傾向がある。両者間で権利の調整を行う必要があるうえ、親と子という関係上、それは、致し方ないことなのかもしれない。しかしながら、両者の願いの本質は、お互いが、できるだけ望むかたちで共存していくことにあり、少なくとも対立することにはないのではないだろうか。そこで筆者は、両者の共通点に着目し、研究を行いたいと考えた。

両者を対立する者ではなく、少なくともひとつの共通点を有し、ともに生きていくことができる者として捉えたいと考えたのである。これこそ、本研究の最大の特徴と意義である。

では、両者の共通点とは何か。それは〝親子の縁の喪失〟という大きな喪失経験を有していることではないだろうか。AID出生者は、精子ドナーという生物学的な父親との縁を喪失している。「こうのとりのゆりかご」に預け入れられた子どもは両親との縁を喪失している。精子ドナーは、生物学的な子どもとの縁を失っている。「こうのとりのゆりかご」に子どもを預ける親も、子どもとの縁を失っている。

生物学的なつながりよりも社会的なつながりを重視する人にとっては、生物学的な親を知らないことから受ける影響は少ないかもしれない[35]。また、否応なく縁を断絶された子どもと、何らかの事情があったとはいえ自らの意思で縁を断絶した精子ドナーや、「こうのとりのゆりかご」に子どもを預ける親とでは、この喪失についての考え方や受け止め方が違うだろう。とりわけ精子ドナーはそもそも〝親〟という意識をもつ者が少ないと考えられるほか、この喪失を喪失と自覚せず生きている者が大半であるかもしれない[36]、[37]。しかし精子ドナーの実体がほとんど明らかになっていない以上、その喪失に思いを馳せている精子ドナーがいないと言い切ることもできまい[38]。二〇二〇年一二月に成立した「生殖補助医療の提供等及びこれにより出生した子の親子関係に関する民法の特例に関する法律」の成立過程でAIDに関する報道を目にし、この喪失を認識するようになった精子ドナーもいるのではないだろうか。さまざまなライフイベントを経るなかで、あるいは遺伝子検査などが安価かつ簡便になっているなかで、意識が変わってきた精子ドナーがいる可能性もあろう。

また、「こうのとりのゆりかご」に子どもを預け入れた親は、その縁の存続あるいは断絶について主導権をもっているため、子どもとの縁を喪失しているわけではないと考えられるかもしれない。しかし何らかの事情により、子どもを匿名で預けざるをえなかった親――遠くからわが子の身を案じつつも、二度と近づくことができない事情をもつ親――もいるだろう。何より、遺伝的なつながりのある肉親との縁を喪失しているということは、その背景や理由がどのようなものであろうと、また、たとえそれが自らの意思によって引き起こされたものだとしても、その後の人生において何も影響を与えないとはいえないのではないか。本研究は、このような意識のもと実施した。本研究によって、子どもの出自を知る権利と親の匿名性に関する議論や、ＡＩＤや「こうのとりのゆりかご」における当事者に配慮した仕組みづくりの検討に寄与すること、また、親子の縁の喪失についての理解を深めることをめざす。

■註

1　ＡＩＤは、日本では、ＡＩＤ以外の方法によっては妊娠の可能性がない場合、あるいはＡＩＤ以外の方法で妊娠をはかった場合に母体や児に重大な危険がおよぶと判断される場合に選択できるとされている。なお、選択できるのは婚姻関係にある夫婦のみである。国内で初めてＡＩＤによる子どもを誕生させた医師の安藤は、「どんな方法を尽くしてもできない場合の最後の手段」「一つの治療の一環として」ＡＩＤを実施しており、決して優生学的な適応をとっていないと述べていた［安藤 1960］。

2　ＡＩＤ出生者の正確な総数はわかっていない。国内で初めてＡＩＤによる子どもを誕生させた（一九四八年施術、一九四九年誕生）慶應義塾大学病院では、一九四九年九月から一九五五年九月の間のＡＩＤ「成功」例は一八一名であったとする発言が記録されているが、これは出生者数ではなく妊娠成功例のことをさしているようである（［小池 1960］内 田中氏発言）。また、日本産科婦人科学会の報告によれば、同学会が統計をとり始めた一九九八年度から二〇二〇年度までのＡＩＤ出生者は二六四六名である［日本産科婦人科学会 倫理委員会・登録・調査小委員会報告 2000～2022］。しかし一九九七年度以前の全国的な統計記録はないほか、ＡＩＤの性質上、治療後の追跡ができない者（日本産科婦人科学会に登録されているＡＩＤ実施医療機関でＡＩＤを受けつつもその後の経過が不明な妊婦については「妊娠後経過不明数」として集計される）がいるため、ＡＩＤ出生者の正確な総数を把握することは困難となっている。

3　出自を知る権利とは、主に「子どもの権利条約」（Convention on the Rights of the Child）第七条の一から導出される「父母を知る権利」のことである。子どもの権利条約は、一九八九年の国際連合第四四回総会本会議にて全会一致で採択され、二〇二一年時点で一九六の国と地域で締約されている世界最大の人権条約である。日本はこれを一九九四年に批准している。すなわち日本は、この条約に記されている権利の実現に向け、国内法の整備などを具体的に進めていく義務を負っている。

4　ＡＩＤで生まれた人の出自を知る権利というと、①ＡＩＤで生まれたことを知る権利、②精子ドナーを知る権利のいずれか、あるいは両方をさす。本稿における「ＡＩＤで生まれた人の出自を知る権利」は、このうち②精子ドナーを知る権利をさすこととする。

5　日本産科婦人科学会は、精子ドナーを匿名の第三者と定めている。その旨が初めて明記されたガイドライン「『非配偶者間人工授精と精子提供』に関する見解」［日本産科婦人科学会 1997］が示された一九九七年以前も、原則として、精子ドナーはどこの誰であるのかわからないようにされていたが、かつては親族をドナーとするなどの例外があった［小池 1960］内 田中氏発言および［人見 1960］。第1章にて後述する研究協力者木野恵美さんも、親族ドナーによるＡＩＤで誕生している。また、かつてはＡＩＤの実施を「絶対の秘密」としていても、夫婦が自ら口外し、ＡＩＤで子どもをもうけたことが他者に判明してしまう例があったようである（［小池 1960］内 田中氏発言)。

6 AID出生者の心情は、手記集『AIDで生まれるということ 精子提供で生まれた子どもたちの声』などで知ることができる［非配偶者間人工授精で生まれた人たちの自助グループ、長沖 2014］。

7 AID出生者の苦悩は、出自を知る権利が保障されていないことのみに由来しているわけではないことには留意する必要がある。たとえば、AIDで生まれたということを適切とは言い難い状況で告げられたことで苦しむ人もいる。AIDに関して父母と十分に話せなかったことや、AIDで生まれたということについて自由に話せる場や相手がいなかったことなどが苦悩の一因になることもある。

8 厚生科学審議会生殖補助医療部会「精子・卵子・胚の提供等による生殖補助医療制度の整備に関する報告書」(二〇〇三年四月二八日付)。

9 「生殖補助医療の提供等及びこれにより出生した子の親子関係に関する民法の特例に関する法律」第二章第一〇条「妻が、夫の同意を得て、夫以外の男性の精子(その精子に由来する胚を含む。)を用いた生殖補助医療により懐胎した子については、夫は、民法第七七四条の規定にかかわらず、その子が嫡出であることを否認することができない」。

10 「生殖補助医療の提供等及びこれにより出生した子の親子関係に関する民法の特例に関する法律」が成立するまで、AID出生者の父親とは、民法七七二条(「妻が婚姻中に懐胎した子は、夫の子と推定する」)を適用し、AID実施時の戸籍上の父親であると解されてきた。民法七七四条「第七七二条の場合において、夫は、子が嫡出であることを否認することができる」(民法七七二条「妻が婚姻中に懐胎した子は、夫の子と推定する。2 婚姻の成立の日から二〇〇日を経過した後又は婚姻の解消若しくは取消しの日から三〇〇日以内に生まれた子は、婚姻中に懐胎したものと推定する」)。

11 親子関係が明文化されていなかったため、AID出生者の親子関係確定のために訴訟が起こされたことがあった。東京高裁平成一〇年九月一六日決定・家月五一巻三号一六五頁、大阪地裁平成一〇年一二月一八日判決・家月五一巻九号七一頁。

12 蓮田氏の信念については『ゆりかごにそっと――熊本慈恵病院「こうのとりのゆりかご」に託された母と子の命』

などで知ることができる［蓮田 2018：183］。

13 蓮田氏は長年、予期せぬ妊娠や、出産できない事情を抱えて悩む女性とその子どもを守る方法を模索していた。とりわけ、思いがけない妊娠に悩み、誰にも相談できない親とその子どもを守り、支援する方法がないものかと思案し、ドイツの Baby Klappe の視察なども行っていた（二〇〇四年）。そのさなか（二〇〇五～二〇〇六年）、熊本市内で乳幼児遺棄事件が立て続けに起きたことが決め手となり「こうのとりのゆりかご」の設置に踏み切った。蓮田氏は「こうのとりのゆりかご」開設当初から「ゆりかごのない社会が理想」と述べているが、それでも匿名原則を保持し続けたのは、ひとつでも多くの生命を救いたいとの一心からであった。

14 二〇二〇年三月三一日までに受け入れた一五五名に関する報告書である。

15 本書の執筆中に、「こうのとりのゆりかご」に預けられた男性が、実名で、「ゆりかご」に関わることや、自分の人生のことについて語り始めた。非常に興味深く、今後ぜひ話を伺いたいと考えている。

16 「こうのとりのゆりかご」の運営にあたっては、第三者検証委員会（熊本市要保護児童対策地域協議会「こうのとりのゆりかご専門部会」）の検証を受けることが求められている。その検証結果報告は定期的に公開されており、それを読めば、預け入れ数を含む「ゆりかご」の運営状況を知ることができる［こうのとりのゆりかご専門部会 2017～2021］［「慈恵病院のゆりかご、二〇年度は過去最少四人　熊本市発表、累計一五九人に」（熊本日日新聞二〇二一年六月二九日付）］。また、本書を執筆中の二〇二二年度までに「ゆりかご」により保護された子どもの数は一七〇名と発表されている［「『ゆりかご』二二年度九人　預け入れ数、三年ぶり増加　開設一六年で累計一七〇人」（熊本日日新聞二〇二三年五月三〇日付）］。

17 国内初のＡＩＤ施術は慶應義塾大学病院の医師の安藤によって行われた［上杉 編 2004］［宮崎 1960］［由井 2015］。慶應義塾大学病院はその後国内のＡＩＤ施術の四割から五割を担ってきたといわれている（［第二〇三回国会　参議院　法務委員会　第三号　議題「生殖補助医療の提供等及びこれにより出生した子の親子関係に関する民法の特例に関する法律案」令和二年一一月一九日］内、古川氏発言）。

18 二〇二〇年一二月、「生殖補助医療の提供等及びこれにより出生した子の親子関係に関する民法の特例に関する法律」が成立するまでは、ＡＩＤ出生者の父子関係は明確に定められず、民法七七二条（「妻が婚姻中に懐胎した子は、夫の子と推定する」）を適用し、ＡＩＤ出生者の父は、ＡＩＤ実施時の戸籍上の父であると解することが一般的であった。しかし、「生殖補助医療の提供等及びこれにより出生した子の親子関係に関する民法の特例に関する法律」により、ＡＩＤ出生者の父親は、妻がＡＩＤを受けることに同意した夫と定められた。これにより、精子ドナーとＡＩＤ出生者の父子関係は否定されたと考えられよう。ただ、同法のなかで、精子ドナーへの言及はない。

19 大野ら［大野、金子、田辺 2004］のほか、安藤も、学生を精子ドナーとしていたと述べている。また、精子ドナー情報を〝絶対の秘密〟としていたことは、そのほかにも少なくない証言がある。複数名の精液を混ぜ、精子ドナーが誰であるのかをわからないようにしていた時期もあったようである［宮崎 1960］［安藤 1960］。夫と精子ドナーの精液を混ぜる理由には、精子ドナーが誰であるのかわからないようにするだけでなく、夫への心理的な好影響――夫がもしかしたらＡＩＤで生まれてくる子どもが「自分の子かもしれないという一つの気休め」をもてる可能性がある――を期待したというものもあるという（［小池 1960］内田中氏発言）。

20 当該記事は、一九九六年四月に国内初の民間精子バンク「エクセレンス」が開設されたことを受けて執筆されたものである。本文で言及した学生四名はいずれも二〇代の学生であり、彼らはＡＩＤに対する日本社会の認識が変わらないかぎり、精子提供を行ったことは誰にも話さないと述べていたと紹介されている。また、将来、自分の精子提供で生まれた子どもと出会う可能性を怖いと思う気持ちや、精子ドナーになり謝礼をもらうことが「闇の収入を得ているような気がする」という声なども紹介されている［斎藤 真 1996］。

21 ［久慈、吉村 2005］

22 そのほか、精子ドナーが判明していると、夫婦関係や親子関係に支障をきたす可能性があるのではないかとの懸念から、ＡＩＤの実施は秘密にしておいたほうがよいとの考えもあったようである。つまり、ＡＩＤで生まれた子どもには、精子ドナーが誰であるかということ以前に、ＡＩＤで生まれたということ――つまり戸籍上の父親が遺伝的な父親ではないこと――を告げないほうが望ましいとの声もあったようである。

23 カードは一三センチ×一八センチの大きさである［「『赤ちゃんのこと教えて』慈恵病院・ゆりかご前にカード設置」（熊本日日新聞二〇二一年三月二日付）］。

24 二〇二〇年三月三一日までに受け入れた一五五名に関する報告書「『こうのとりのゆりかご』第５期検証報告書」

にて述べられている数である。その後二〇二〇年四月一日から二〇二三年三月三一日までに受け入れた一五名に関する詳細な情報はまだ公表されていない。

25　その母親は、以前にも「ゆりかご」へ子どもを預け入れたことがあり、そのときの経験から、「ゆりかご」の中に子どもを置けば、職員から接触を受けることを知っていた。そのため、二回目の預け入れの際は「ゆりかご」の中ではなくその前に子どもを置いた。熊本市の専門部会は、この事例を「危険な預け入れであり、保護責任者遺棄の可能性がある」と指摘した。それに対して慈恵病院の副院長（当時）・蓮田健氏は、預けたあとに、母親から病院に電話があったため遺棄にはあたらないと述べたうえで、「女性を責める事態になってはならない」と述べた。また、「今まで身元を明かしてもらうよう母親と必死に接触していたが、かかわり方を考え直したい」とも述べた［「母親、病院職員との接触恐れ『ゆりかご』の外に子ども置く『危険な預け入れ』」（熊本日日新聞二〇二〇年九月三日付）］。

26　慈恵病院には「ＳＯＳ赤ちゃんとお母さんの相談窓口」、熊本市には「妊娠に関する悩み相談」「予期せぬ妊娠・出産に関する悩み相談」、熊本県には「出産・養育についての相談」「妊娠とこころの相談」といった各種相談窓口が設けられている。

27　これら「こうのとりのゆりかご」への預け入れ状況や、「こうのとりのゆりかご」に併設されている相談窓口に寄せられている声は、「こうのとりのゆりかご」専門部会の各種報告書にて参照できる［こうのとりのゆりかご専門部会 2017］［こうのとりのゆりかご専門部会 2018］［「こうのとりのゆりかご」専門部会 2019］［「こうのとりのゆりかご」専門部会 2020］。

28　［日比野 2018］

29　「こうのとりのゆりかご」検証会議は、「こうのとりのゆりかご」の匿名性がもつ二面性――それによって「親にとっての相談しやすさ」が担保されるというメリット（「預け入れる者への利益」）と、子どもの出自を知る権利が奪われるというデメリット（「子どもの将来にとっての不利益」）――があると指摘したうえで、今後はそのメリットを保持しつつ、デメリットを減らしていく必要があると述べている。たとえば、「ゆりかご」の仕組みを「親が身近な者に知られず、かつ、子どもの育ちや将来に必要な情報は確実に収集できる仕組み」にしていく案を提示している。当初は親の匿名性を保障するとしても、その後の相談対応や社会調査を通して親子の「実名化」ができるような努力を続けていくことが望ましいと考えているのである［こうのとりのゆりかご検証会議 編著 2010: 221-227］。この案も、親の匿名性と、子どもの出自を知る権利の両方を尊重する策といえ、検討することに大きな意義があると考えられるだろう。ただ、親の「実名化」を目指していることから、内密出産制度と同様の指摘をすることができるのではないか。すなわち、このような案を検討しながら、他方で、現在の「ゆりかご」のように、親の「実名化」を現在も未来も目標としない仕組みを保持していく必要があるのではないだろうか。

30 内密出産とは、端的にいえば、妊婦が、医療関係者等ごく限られた人以外には身元を明かさないまま病院で出産できる制度のことである。妊婦から生まれた子どもは、一定の年齢までは自分の母親を知ることができないが、一定の年齢に達すれば、母親の情報にアクセスできる。「こうのとりのゆりかご」のモデルとなったBaby Klappe発祥の地ドイツで合法化されている（2013年公布、2014年施行）。ドイツにおける内密出産は、妊婦は病院に身元を明かす必要はあるが、その情報は厳守される。また、出産した子どもを第三者に預けて退院していくことができる。退院する際、母親は子どものために、自分の氏名、居所、生年月日を記した出自証明書（Herkunftsnachweis）を残していく必要があるが、出自証明書は子どもが一定の年齢に達するまで開封されないことが約束される。

31 ドイツには、内密出産制度、Baby Klappeのほか、匿名出産制度もある。

32 慈恵病院の副院長（当時）蓮田健氏によれば、同病院における内密出産の概要は次のとおりである。まず、病院の説得にも応じず内密出産を希望する妊婦がいた場合、何年後であれば身元を明かせるかなどを妊婦と病院で話し合い、取り決める。妊婦は、同病院内「新生児相談室」の室長にのみ身元を明かす。妊婦健診を受けたり出産したりする際に仮名を用いることができるほか、それらの費用を負担しなくてよい（病院が負担する）。妊婦は、身分証明書のコピーを病院に提出する。病院は、内密出産で生まれてきた子どもが一定の年齢に達し、親の名前を知りたいと申し出てきた場合、そのコピーを子どもに開示する。それまでは、コピーを厳重に保管する。なお、妊婦が「一生匿名」を希望した場合には、匿名のまま出産することを認める可能性もある［「『内密出産』独自に導入　母の名、病院が保管　熊本・慈恵病院」（朝日新聞二〇一九年一二月八日付）］。

33 「内密出産：国内初『内密出産』か　孤立した妊婦、匿名で入院　熊本・慈恵病院」（毎日新聞二〇二二年一月五日付）、「『二例目内密出産』発表　県外の成人女性　熊本・慈恵病院」（毎日新聞二〇二二年五月一一日付）、「『内密出産、三例目』　熊本・慈恵病院が公表」（毎日新聞二〇二二年七月二二日付）、「熊本市の慈恵病院　内密出産『四、五例目』　東日本在住の成人女性二人」（毎日新聞二〇二二年八月二六日付）、「『内密出産』六、七例目　熊本市の慈恵病院　国の指針に課題指摘」（毎日新聞二〇二二年一〇月七日付）、「熊本・慈恵病院　内密出産八例目　東日本在住成人」（毎日新聞二〇二三年一月六日付）、「熊本・慈恵病院　内密出産九例目　産後翻意し撤回」（毎日新聞二〇二三年三月七日付）、「『内密出産』、一〇、一一例目　熊本・慈恵病院」（毎日新聞二〇二三年六月二三日付）。

34 ［柏木 2017］

35 親を知らずに生きることへの感受性が——すなわち、そうした境遇におかれた人が、親を知りたいと考えるか否か、また、親を知らないことについて苦悩するか否かについては——いわゆる育ての親や法律上の親などをはじめとする他のさまざまな人との関わりが幸福であることに左右される可能性はあれども、それが絶対的ではないことは多くの当事者、関係者が論じているところである。また、親探しをする人の動機はどこにあるのか、その理由についても諸説示されている［厚生労働省雇用機会・児童家庭局家庭福祉課 監修 2003］［Carp 2002］［野辺 2011］。それらの妥当性については別の機会にて検討したい。

36 長沖らの調査に応じた精子ドナーは、精子提供をしてから当該調査に応じるまでの一二年間、誰にも話さず「どこかで忘れている部分もあった」と述べている［長沖、日下、清水 他 2006］。歌代の取材に応じた精子ドナーも、友人に尋ねられるまで精子提供で生まれた子どもの存在について思いをはせたことなどなかったと述べている［歌代 2012］。

37 前掲注36にて紹介したように、精子提供をしたことを忘れている精子ドナーは、少なくないかもしれない。国内の精子ドナー三二名への調査を行った久慈らは、調査に応じないことや表に出てこないことも意思表示のひとつではないかと述べている。しかしその真偽は確かめようがない［久慈、吉村、慶應義塾大学医学部産婦人科学室 2005］。

38 オーストラリアで一九八六年、独身時に深い考えなしに精子ドナーとなったイアン・スミス氏は、その後自分の精子提供で七名の子どもが誕生したことを聞き、複雑な気持ちになったという。死ぬまで会うことのない子どもが七名もいるということが頭から離れないとのことである。スミス氏の胸中の詳細はわからないが、喪失感を含んでいる可能性は否定できないのではないだろうか［大野和 2015］。

第1章

何を知りたいのか――出自を知らない子どもが求める情報とは

前述したように、本研究の目的は、ＡＩＤや「こうのとりのゆりかご」の匿名性を保持しながらも、ＡＩＤ出生者や「こうのとりのゆりかご」に預けられる子どもの出自を知る権利を尊重する策を検討することである。本章では、その検討を〝子〟の視点を通して行っていきたい。

1　文献より

まず、ＡＩＤ出生者や「こうのとりのゆりかご」に預け入れられた人が求める〝出自〟の情報とはどのようなものであるか――つまり、彼らが出自を知る権利の行使により知りたい〝出自〟情報とは何であるのか、先行研究や当事者の手記、新聞記事など各種文献から抽出した。

二〇〇九年一一月二九日に開催された日本学術会議法学委員会「生殖補助医療と法」の分科会公開シンポジウム「代理母と子どもの知る権利をめぐって」に登壇したＡＩＤ出生者は、精子ドナーの医学的情報を知りたいと述べていた[1]。この登壇者は、「非配偶者間人工授精で生まれた人たちの自助グループ(DI Offspring Group：ＤＯＧ)」[2]のメンバーである。ＤＯＧのメンバーらは、このような登壇だけでなく、手記集『ＡＩＤで生まれるということ——精子提供で生まれた子どもたちの声』[3]を発行し、その思いを発信している。このなかでは、精子ドナーがなぜ精子提供を行ったのか、精子ドナーがどのように生きているのか、精子ドナーが自分（ＡＩＤ出生者）に対してどのような思いを抱いているのかといったことへの関心が示されている。精子ドナーの容姿、食の好み、趣味、性格、職業を知りたいと記しているＡＩＤ出生者もいる。同一ドナーの提供精子によるＡＩＤで生まれた子ども（ＡＩＤ出生者にとって異母きょうだいとなる人物）に関する諸情報を知りたいとの声もある。なお、ＤＯＧのメンバーのひとりである石塚幸子氏は、著作や講演のなかで、精子ドナーが「人として実在しているということ」を確認するために、精子ドナーと会いたいと考えているとたびたび述べている。身長や体重、職業などを知るだけでは、精子ドナーが「人として実在しているということ」の確認にはならないとのことである[4]。同じくＤＯＧのメンバーである加藤英明氏は、精子ドナーの個人的な情報を知りたいというよりも、人間同士の交流を行いたいと思っているようである。人間同士の交流を行うために会いたいのだとも述べている。また、近親婚や遺伝的リスクへの懸念から、医学的な情報を得ることを重要視している[5]。

無精子症と診断された夫婦の自助グループ「すまいる親の会」[6]がまとめた冊子[7]にもＡＩＤ出生者の声が紹介されている。精子ドナーが提供を行った理由のほか、精子ドナーの生活や職業、人柄、食の好みを知りたい、「まるごとの人間として知りたい」といった思いである。

そのほか、各種先行研究からもＡＩＤ出生者の思いを知ることができる。たとえば日下は、ＡＩＤ出生者へのインタビュー調査から、ＡＩＤ出生者の心理を分析している。その報告書[8]によれば、ＡＩＤ出生者のなかには、精子ドナーがなぜ精子の提供を行ったのか、精子ドナーがどのように生きているのか、精子ドナーが自身の家族を大切にしたのかどうかを知りたいと考えている人がいる。精子ドナーの職業、人柄、食の好み、趣味への関心をもつ人もいる。自分の遺伝子の半分がわからないことへの不安や、「体質的な異常があるかどうか」、「自分が存在してよいのか」、「生きている価値があるのか」という声もある。

海外のＡＩＤ出生者の声をまとめた仙波の報告書[9]によれば、精子ドナーの医療記録、民族的起源（民族的背景）、宗教的背景、容姿、身体的特徴、人柄、趣味、才能などに関心を示しているＡＩＤ出生者がいる。精子ドナー自身の子どもや、同一ドナーからの提供精子によるＡＩＤで生まれた子ども（ＡＩＤ出生者にとって異母きょうだいとなる人物）に関する諸情報（年齢、性別、居住地）を求めるＡＩＤ出生者の声もある。

才村がＡＩＤで生まれたアメリカ国籍の女性二名に行ったインタビュー調査[10]では、精子ドナーの医学的経歴、遺伝的な病歴、容姿、同一ドナーからの提供精子によるAIDで生まれた子ども（AID出生者にとって異母きょうだいとなる人物）に関する諸情報について、回答者の関心が寄せられていた。

ＡＩＤ出生者であるビル・コードレイが自ら行った調査[11]によれば、精子ドナーの病歴、職業、興味、能力、身体的特徴、年齢、性格、同一ドナーからの提供精子によるＡＩＤで生まれた子ども（ＡＩＤ出生者にとって異母きょうだいとなる人物）の有無などに関心をもつＡＩＤ出生者がいた。

ウェンディ・クレーマーによれば、ＡＩＤ出生者の多くは精子ドナーの顔を見たいと思っているという[12]。なお、クレーマーは一九八九年にＡＩＤで男児を出産している。その子が「遺伝上の父親が誰であるか知りたい」「異母きょうだいに会いたい」と述べたことを受け、二〇〇三年にDonor Sibling Registry[13]を立ち上げた。ＡＩＤや卵子提供によって家族となった人々のコミュニケーションを助け、幸福で健全な〝donor families〟をつくるためのワークブック[14]も作成している。ワークブックには、ＡＩＤや卵子提供で生まれた子ども本人と、同一ドナーから生まれた人（異母きょうだいまたは異父きょうだい）、さらにドナーについて書き込むページが設けられている。書き込みなどのワークを通して、ＡＩＤや卵子提供で生まれた子どもの好奇心や関心が満たされるように、また、彼らが異母・異父きょうだいやドナーとのつながりを見出すことを手助けできるよう設計されているのである。書き込めるよう設けられた項目は、それぞれの氏名、身長・体重、趣味、性格、学歴、容姿、ドナー番号、精子バンク・卵子バンクの名前などである。これらの項目は、ＡＩＤ出生者である息子を含む当事者と多く接してきた経験を有するクレーマーによって設定されていることから、ＡＩＤで生まれた子どもが知りたいことを検討するにあたって参考になるものと考えられる。

そのほか、当事者の声ではないものの、参考となる意見が収載されている文献も参照していくと、たとえば東京都内の女子高校生を対象に久慈らが行った調査[15]では、もしも自分がＡＩＤで生まれていたとしたら精子ドナーを知りたいか、知りたいとすればどの情報まで知りたいかという質問がされている。その質問に対して、精子ドナーを知りたいと答えた人は五二％であった。また、精子ドナーを知りたいと答えた人のうち、知りたい情報として「身体的特徴（年齢、身長、髪の毛の色など）」を選択した者は二三％、「住所・氏名」を選択した者は五〇％、「わからない」が二七％であった。なお、「住所・氏名」を選択した者のうち八一％が精子ドナーに会いに行くと回答していた。

精子ドナーまたは卵子ドナーとなる可能性のある「潜在提供者」を対象に吉村らが行った調査[16]からは、もし自分が精子または卵子提供を受けて生まれていたとしたら、遺伝的な情報、医学的な情報、ドナーの顔を知りたいとの考える人がいることがわかる。また、自分が提供配偶子を用いた生殖補助医療で生まれた理由を知りたいとの声があることもわかる。

「こうのとりのゆりかご」の開設以来、一〇年にわたって「ゆりかご」に関する取材を続けているＮＨＫ取材班によれば、「こうのとりのゆりかご」に預け入れられた少年（取材当時）は「本当のお父さんとお母さんはどこにいるんだろう」との思いを抱いている。また、少年は、なぜ自分が「ゆりかご」に預け入れられたのか、自分はいったいどこからきたのか、自分は生物学的な親とどのような時間を過ごしていたのかといったことにも関心をもっている[17]。

熊本日日新聞の取材班による記録『揺れるいのち――赤ちゃんポストからのメッセージ』[18]には、〝「ゆりかご」に預け入れられる子がたどる可能性のある道〟を生きてきた人の声が記されている。たとえば、乳児のころから社会的養護のもとで育ち、生物学的な親の顔や、乳児院に預けられた経緯もわからないまま過ごしたある女性の話が紹介されている――彼女が小学生の高学年のころに「何で私はここにいるんだろう」と考えたという話、また、彼女がその後、生物学的な母親と一度だけ面会できた際に母親に尋ねたことは、自分の名前の由来であったという話である[19]。なお、熊本日日新聞は、「こうのとりのゆりかご」開設計画発表がなされたころから「ゆりかご」関連の取材を続けている新聞社である。

さまざまな親と子について書かれた書籍『わが子よ――出生前診断、生殖医療、生みの親・育ての親』[20]には、養子であることを幼いころに告げられて育った女性の話が記されている。彼女は長らく「自分がいったい何者なのか、ルーツを確かめたかった」と考えており、大学進学が決まったとき、養母とともに戸籍を閲覧しに行ったとある。彼女はそこで自分の戸籍上の名前（生物学的な親から引き継いだ名前）、生物学的な親の名前および現住所を閲覧したが、彼女はそれらの情報だけではなく、その生物学的親がどのような人物であるのか、また、どのような容姿をもっているのかについても知りたいと思ったことが伺える。

『子どもが語る施設の暮らし2』[21]には、児童養護施設での生活を体験した人の語りがまとめられており、幼少期に生物学的親と離別し、その後その親のことを知らずに育った人の声が記されている。これによれば、彼らのなかには幼少期に離別した母親の居所や、その母親が離別後どのように生きているのか、また、父母の父母すなわち祖父母や、父母のきょうだい（研究対象者にとってはおじ、おば）など親族について知りたいと考えている人や、一族の墓参りをしてみたいとの理由から生物学的な親の墓の場所を知りたいという人がいる。なぜ自分自身がこのような境遇におかれているのかを知りたいなどといった声もある[22]。

『施設で育った子どもたちの語り』[23]も、同じく児童養護施設での生活を体験した人による手記集である。ここには、なぜ自分には親がいないのか、なぜ自分が生まれてきたのかを疑問に思う声が紹介されている[24]。

三〇代半ばで「もらい子」であったことを知って以来、生物学的な親を探している女性の手記『私は捨て子だった』には、生物学的な親が誰であるのかを知るためのあらゆる情報を求める様子が記されている。彼女が誕生したのは、娘の身売りが公然と行われていた昭和初期である。彼女は、なぜ自分もそのような境遇におかれたのか、つまりなぜ自分は親に手放されたのかについても関心を示している[25]。

そのほか、乳幼児期に養子として引きとられ、継続的に生物学的親を知らずに育った養子一〇名を対象としてインタビュー調査[26]を行った野辺は、子どもが欲する情報を、①実親の属性、②誕生・親子

表1-1　出自を知りたいと願う人の関心の所在

●生物学的な親の諸情報 ・氏名 ・居所 ・性格 ・容姿 ・身体的特徴 ・医学的特徴 ・趣味嗜好 ・学歴 ・職業 ・民族的・宗教的背景	●親族に関する情報 ●自分の名前の由来 ●墓の場所 ●生物学的な親がどのような人生を送っているのか ●生物学的な親が自分に対してどんな思いを抱いているのか ●生物学的な親が自分を手放した理由 ●(AIDの場合)ドナーが精子提供を行った理由 ●自分がこのような境遇におかれた理由 ●自分の存在理由

分離の経緯の二つのカテゴリーにまとめた。①実親の属性は、たとえば、生物学的親の職業、容姿、体格、性格、自分を生んだあとの消息である。②誕生・親子分離の経緯は、なぜ自分がそのような境遇におかれているのか、自分が「今ここにいてよい、いるべき人間なのか」「望まれて生まれてきたのか」といったことである[27]。

これら文献から得られた情報をまとめると、AID出生者や「こうのとりのゆりかご」に預け入れられた人が求める〝出自〟の情報とは、たとえば、精子ドナーや親の氏名、居所、性格、容姿、身体的特徴、医学的特徴などと考えられる。趣味嗜好や学歴、職業、民族的・宗教的背景、親族に関する情報が含まれることもあるようだ。生物学的な親がどのような人生を送っているのかにも関心が抱かれることが多いこともわかる。さらに、生物学的な親が自分に対してどんな思いを抱いているのか、なぜ親は自分を手放したのかといったことにも関心をもつケースもあると考えられる。AIDの場合は、精子ドナーがなぜ精子提供を行ったのか、その理由にも関心が示されていた。自分の名前の由来や、家の墓の場所についての関心をもつ人がいることもわかった。自分がこのような境遇におかれた理由や、自分の存在理由を考える人も少なくないと考えられる（表１－１　出自を知りたいと願う人の関心の所在）。

2　アンケート・インタビュー調査より

文献調査の結果をもとに作成したアンケートを用いて調査を行った。また、アンケートへの協力者のうち、インタビュー調査にも応じられると答えてくださった方々を対象にインタビュー調査も実施した。インタビュー調査では、主にアンケートへの回答の理由や背景を尋ねた。本項では、アンケートへの回答とインタビュー記録を合わせて、ＡＩＤ出生者や、「こうのとりのゆりかご」に預けられた人など、親を知らない人が求める出自情報とはどのようなものであるか検討する。

（1）調査の概要

①目的

アンケートならびにインタビュー調査は、ＡＩＤ出生者や「こうのとりのゆりかご」に預け入れられた人が求める〝出自〟の情報とはどのようなものであるかを明らかにすることを目的に実施した。

②対象者

対象者はＡＩＤ出生者や、「こうのとりのゆりかご」に預け入れられた人とした。ただ、ＡＩＤ出生者のうち、ＡＩＤで生まれたことを公表している人はまだ少ない。また、「ゆりかご」は二〇〇五年に設置されたため、「ゆりかご」に預け入れられた人は、二〇二一年現在、まだ成年に達していないと考えられた。したがって、ＡＩＤ出生者や「ゆりかご」に預け入れられた人のみを研究対象者としても、多くの研究協力は得られないと考えられた。そこで、ＡＩＤ出生者や「ゆりかご」に預け入れられた人と類似の境遇におかれている人も研究対象者とした。すなわち、彼らの生物学的な親の何らかの意図のもと、生物学的な親子の縁を否応なく喪失している人々、たとえば遺棄児であった人である。

幼少期に養子縁組をされた人や、幼少期から社会的養護のもとで育った人も研究対象者とした。親の何らかの意図のもと、親との縁を喪失せざるをえなかったり、親の情報を十分に得られないまま育つことを余儀なくされたりしている人は、ＡＩＤ出生者や、「こうのとりのゆりかご」に預け入れられた人と類似の境遇におかれていると考えられたからである。

これら当事者と接する機会を多くもっている人も研究対象者とした。たとえば、社会的養護の関係者、「こうのとりのゆりかご」の関係者、特定妊婦の支援者などである。彼らの話からも、本研究を行うにあたって重要な示唆を得られると考えられたからである。

③調査手順

まず、研究対象者に問い合わせを行った。ウェブページなどで連絡先を公開している個人には、公開されている連絡先宛に問い合わせを行った。手記の執筆者には手記集の版元に問い合わせを行った。DOGのメンバーには問い合わせ窓口として公開されている連絡先を通して問い合わせを行った。DOGのほか研究対象者が所属している可能性の高い団体にも、公開されている連絡先宛に問い合わせを行った。いずれの場合も、研究の趣旨を簡潔に伝えたうえで、研究協力の可能性がある場合に返信をいただくという形式をとった。なお、版元やDOGなどの団体を通して研究対象者に問い合わせを行う際は、版元やDOGなどの団体の担当者には、あくまでも仲介役に徹していただき、担当者から研究対象者に対して研究協力の可否についての打診を行わないようにお願いした。また、版元やDOGなどの団体を通してやりとりを行うことになった研究対象者と研究実施者とのやりとりの方法（版元や団体の担当者を通すのか、本人と研究実施者が直接やりとりを行うか）は、研究対象者に一任した。

知人の情報により、研究対象者であると推測される個人には、知人を通して問い合わせを行った。その際も、知人から研究協力の可否についての打診を行わないようにしていただき、仲介役に徹してもらうようにした。また、その後のやりとりについて知人を介すか否かは研究対象者に一任した。

次に、研究協力の可能性があると返信があった方に対して、改めて研究内容説明書などを送付し、これを正式な研究依頼とした。本研究に関心をもち自ら連絡をくださった方に対しては、本研究についての情報を得た経緯を伺い、懸念事項がないことを確認のうえ研究依頼を行った。研究依頼時には、研究の趣旨や方法のほか、研究への協力は任意であること、研究の途中でも辞退できること、不参加や辞退によって不利益を被らないことなどを説明した。また、プライバシー配慮のため、研究協力は匿名・仮名でも可とした。研究協力同意については、同意書への署名（仮名可）をもって得ることとし、研究協力者が匿名を希望する場合は、アンケートの提出によって同意を得たものと見なすということを説明した。版元や団体を通して研究依頼の打診を行った方や、本研究に関心をもち自ら連絡をくださった方に対しては、インフォームド・コンセントの際に本人の自由意思について書面で確認し、研究協力をやめられることを保障した。

送付した研究内容説明書を熟読したうえで参加の意思を示していただけた方にアンケート調査を実施した。文献調査から、ＡＩＤ出生者や「こうのとりのゆりかご」に預け入れられた人が求めているのではないかと考えられたもの（表１‐１出自を知りたいと願う人の関心の所在）を参考に質問項目を設定し、それらについて知っているかどうか、知らないのであれば、関心の度合いがどのくらいかを尋ねた。選択肢は「知っている」「知らない――とても知りたい」「知らない――機会があれば知りたい」「知らない――あまり興味がない」「知らない――全く興味がない」の五つとした。さらに、本研究の目的を達するにあたり示唆を得られるのではないかと思う事柄についても適宜質問した。アンケート項目は、表１‐２研究対象者（Ａ）へのアンケート項目に示したとおりである。これら当事者と接する機会を多くもっている人への調査においては、当事者がどのように考える傾向にあるのか、あるいは当事者がどのように考えていると思うかを答えてもらった。選択理由などを自由に記述できる欄も設け、選択肢のなかにふさわしいものがない場合にはその欄にコメントを記述できるようにした。回答は紙媒体またはウェブ上のいずれかを選択できるようにした。

アンケート調査の際、インタビューに応じていただける可能性の有無も尋ね、応じていただける可能性がある場合には連絡先を記載していただいた。インタビュー調査はひとり一回、対面式またはオンライン会議ツール（Zoom）上での半構造化面接、あるいはメールでのインタビューとし、どの方法にて行うかは、研究協力者の希望に応じた[28]。

なお、本調査は上廣倫理財団の助成を受けて行っている研究「出自を知りたい〝子〟と身元を明かすことができない〝親〟に関する研究」の一部として実施した。また、当該研究は上智大学「人を対象とする研究」に関する倫理委員会の承認を受けて実施した（承認番号2018-52、2018-85、2018-98、2019-4、2020-72、2020-87、最新承認年月日二〇二一年一月二六日）。

（2）結果

二〇一九年四月から二〇二一年二月にかけて、調査を実施した。結果の詳細を、ＡＩＤ出生者と、それ以外の人とに分け、次に述べる。ところどころで、研究協力者の語りも紹介する。

表1-2　研究対象者（A）へのアンケート項目

これらについての認識状況と関心の程度を尋ねた。

AID出生者への質問項目	
● 精子ドナーの諸情報 ・名前 ・容姿 ・声や話し方 ・身体的特徴 ・医学的情報 ・趣味嗜好 ・性格・気性 ・職業・職歴 ・信仰 ・出身地 ・現居住地 ・ドナーより上の世代の何らかの情報 ・墓の場所 ・自分（研究協力者）が生まれるまでのドナーの人生 ・精子提供後のドナーの人生 ・精子提供をした経緯 ・自分（研究協力者）への現在の思い（亡くなっているのであれば、亡くなるまでの思い） ・精子提供時の気持ち	**●その他** ・精子提供時の状況 ・これら質問項目について知ることができたとしたら、ドナーに「会いたい」という気持ちに変化が生じうるか ・「自分の存在理由」や「自分がここに生きていてよいのか」という思いをもっているか。もっていた場合、これら質問項目について知ることができたとしたら、その思いに変化が生じうるか **●ドナーが存命で、連絡先を開示された場合にどうするか（次の３つのパターンを想定して）** ・ドナーが自分（研究協力者）に会いたいと思っていることがわかっている場合 ・ドナーが自分（研究協力者）に会いたいかどうかわからない場合 ・ドナーが自分（研究協力者）に会いたくないと思っていることがわかっている場合

AIDで生まれたということ以外で、親を知らずに育つことを余儀なくされた人への質問項目	
●生物学的な親の諸情報 ・名前 ・容姿 ・声や話し方 ・身体的特徴 ・医学的情報 ・趣味嗜好 ・性格・気性 ・職業・職歴 ・信仰 ・出身地 ・現居住地 ・親より上の世代の何らかの情報 ・墓の場所 ・自分（研究協力者）が生まれるまでの親の人生 ・自分（研究協力者）と別離してからの親の人生 ・自分（研究協力者）と親の別離の経緯 ・自分（研究協力者）への現在の思い（亡くなっているのであれば、亡くなるまでの思い） ・研究協力者が生まれたときの親の気持ち	**●その他** ・研究協力者が誕生したときの状況 ・これら質問項目について知ることができたとしたら、親に「会いたい」という気持ちに変化が生じうるか ・「自分の存在理由」や「自分がここに生きていてよいのか」という思いをもっているか。もっていた場合、これら質問項目について知ることができたとしたら、その思いに変化が生じうるか **●親が存命で、連絡先を開示された場合にどうするか（次の３つのパターンを想定して）** ・親が自分（研究協力者）に会いたいと思っていることがわかっている場合 ・親が自分（研究協力者）に会いたいかどうかわからない場合 ・親が自分（研究協力者）に会いたくないと思っていることがわかっている場合

①ＡＩＤ出生者への調査

二〇一九年五月、研究協力の可能性ありとの返信者四名に正式な研究依頼を行った。最終的な協力者も四名であった（回収率一〇〇％）。研究依頼年月と調査実施年月は、表1-3研究対象者（A）への研究依頼年月と調査実施年月1に示したとおりである。アンケートの回答については、全員がウェブ上での回答を選択した。回答期間は、二〇一九年七月から二〇二〇年一月であった。また、全員がインタビュー調査にも応じた。インタビューは、二〇一九年七月から二〇二〇年一月にかけて、ひとり一回ずつ行った。方法は、全員が対面式を選択した。研究協力者の性別は、全員が女性であった。また、全員に夫および子どもがいた。研究協力者の生まれた年代は、一九五〇年代が一名、一九六〇年代が二名、一九八〇年代が一名であった。いずれの研究協力者も、思わぬタイミングで真実告知を受け、大きなショックを受けた経験を有していた。なお、名前の表記は研究協力者の希望に応じている。本人が希望する仮名がある場合はそれを優先させ、研究協力者が希望する仮名がない場合や匿名を希望する場合などは、研究協力者の了承を得て、研究実施者が適宜仮名をつけた。また、インタビューからの抜粋については、プライバシーや読みやすさの観点から、内容に支障をきたさない程度に変更した箇所がある。

——のあとは、研究協力者の語り、（　）内は筆者による補足である。

表1-3　研究対象者（A）への研究依頼年月と調査実施年月1

		研究依頼年月	アンケート回答年月	インタビュー実施年月
AID出生者	鳰灯子さん	2019年6月	2019年6月	2019年8月
AID出生者	木野恵美さん	2019年6月	2019年6月	2019年7月
AID出生者	大羽弥生さん	2019年8月	2019年8月	2019年8月
AID出生者	若草ひとみさん	2020年1月	2020年1月	2020年1月

ｉ　鳰灯子さん（仮名）

一九六〇年代生まれ。女性。関東地方在住。夫、子どもあり。

鳰さんは三〇代のとき、戸籍上の父親の余命がわずかとなった際に母親から真実告知を受けた。母親の話によれば、鳰さんはある医療機関にて行われたＡＩＤで生まれた。精子ドナーはその医療機関の付属大学の医学部生（当時）であると推測されている。なぜなら鳰さんの親がＡＩＤを受けた医療機関では、ＡＩＤを行う際、医療機関の付属大学の医学部生をドナーとしていたことがわかっているからである。

これから述べていくように、研究協力時、アンケートで尋ねた精子ドナーの各情報をすべて「知らない」鳰さんには、精子ドナーについて、できるかぎりのことを「とても知りたい」という思いがある。その背景には、鳰さんの育ってきた家庭環境や、鳰さんのさまざまな思いがある。鳰さんは仲の良い家庭で育った。両親からたっぷりと愛情を注がれ、大切に育てられたと感じている。戸籍上の父親のことも心から慕って生きてきた。研究協力時、戸籍上の両親についてはアンケートで尋ねた各情報[29]も含め、多くのことを知っていた。また、鳰さんは、人間は両親から派生するのが「本来の姿」であると考えている。そんな鳰さんにとって、今、自分がおかれている状況——生物学的な親のことを知らないという状況は「普通ではない」。また、自分は「例外」ではなく「ごく普通の環境のなかに存在したい」との思いをもつ鳰さんには、ＡＩＤで生まれ、精子ドナーについて何も知ることができない自分は〝マイノリティ〟、また「不自然」な状況におかれている存在だという感覚があり、その状況から脱するためにも、精子ドナーの情報を知りたいとの思いがある。さらに、精子ドナーの情報は「自身を形成している半分の情報」であるという気持ちや、それを知らなければ自分が一個人として完成された個体にならないといった気持ちもある。そして何より、自分には精子ドナーの各種情報を知る権利があると考えている。

——まぁ知りたいっていうのは、もう、ある程度の自分も年齢になってきたので、まぁ（ドナーに）会えるのも……可能性があるかどうかもわからないですけれども、あ、（ドナーは）こんな人間だったんだ相手はこんなに背が高かったんだとか、こんなに太っていたんだとかこんなに小さかったんだとか、どんな形をしているものなのか。たとえばよくね、あなたのお母さんは、お父さんは、誰に似ていますかとか、よく普通にテレビとかのインタビューで、たとえば彼女は誰似ですかとか話があったときに、あー、誰誰さんに似ていたんだ私の親って、っていうそういう、一般的な感覚っていうのは、私も普通にもってもいいんじゃないんかなっていう、それは私も持つ権利があるんじゃないかなっていうことが……〈中略〉それから、あとはその、遺伝情報の問題がすごく大きいんです。だから、たとえば自分の性格にしても病気にしても、やっぱり遺伝ってすごい大きいと思うし……。

鳰さんは時折、自分が生きていてよいのかといった気持ちを抱いてしまったり、存在理由を考えてしまったりということがある。それは自分がＡＩＤという「やっちゃいけない」方法で「つくられた」ような感覚があるからである。自分にとって何か悪いことが起きたときには、そのような生まれ方をしたことの「ばちがあたったような」気持ちになる。もしも精子ドナーについて何か少しでも情報が得られれば、そうした気持ちが和らぐような気がしている。鳰さんにとって精子ドナーの情報を知ることは、自分自身の「プログラミング」を見ること、「空白」になっている自分の「半分」を知ること、言い換えれば、自分の成り立ちや仕組みを知ることにつながる。自分の成り立ちや仕組みを知ることができれば、自分が存在している理由が少しはわかるような気がするのではないか。また、自分が生きていてもよいのだと多少なりとも納得できるのではないか――このような期待があり、これも、精子ドナーについて、知りたい理由である。

――やっぱり私なんかの年代から考えると、常識から考えると、生命倫理の感覚のほうが強いわけですよ。そうすると自分のなかで何か不幸が起きたときとか何か起きたときに、何かね、(このような生まれ方をしたことで)ばちがあたったんじゃないかってそういう気がするわけですよ。だからすごい、よく、あの、ね、何かあると神様が見てるんだからそんなことしたらばちがあたるよとかって、よくね、子どものころに言われたりとかそれと同じで、何か悪いことが起きるとばちがあったったんじゃないかなって。で、あと、その、自分のなかで、その、いいことばかり続いているときは、まぁ、でもいいことって勝手に降ってくるわけじゃないから、ある程度自分の努力が報われて、いいことが続いているときは、まぁそれなりにいいけど……何かちょっとつまづいて、何か悪いことばかり起きたときに、いや、なんで自分が好きで生まれたわけでもないのに、なんでこんな目にあわないといけないんだろうって思う。

それぞれのアンケート項目について、「とても知りたい」理由を紹介していくと、まず、容姿や身体的特徴、また、声や話し方を知りたいのは、「良くても悪くても納得したいから」である。鳰さんは、時折、極端な体格ではないだろうなどと精子ドナーの姿を想像している。可能であるならば、遠くから眺めたり、様子を覗きに行ったりして、その想像どおりなのかどうか確かめたい。実物を見られないのであれば、せめて写真を見てみたい、もし存命であるならば現在の写真を、死去しているのであれば仏壇に飾ってあるような写真を見たい。精子ドナーの姿を見て、「実在する人物」として確認したいという気持ちがある。

精子ドナーの医学的情報も、切に求めている。鳰さんには、精子ドナーの情報がわからないがゆえに医療機関での問診票に記入ができず、困った経験がある。また、鳰さんは精子ドナー由来と推測される遺伝的疾患を発症している。これらの経験から、精子ドナーの医学的情報を知ることができていないという現状を「危険」だと感じている。もし精子ドナーの医学的情報を知ることができていたなら、自分自身の心身の状態について気をつけ、覚悟や予防をすることができるのではないか。また、人ががんになるか否か、あるいは、人が離婚しやすいか否かといったことにも遺伝的な要因が関わるのではないかとも思っており、精子ドナーの医学的な情報は知りたいという気持ちがある。

精子ドナーの趣味嗜好や性格・気性についても「とても知りたい」のは、自分や、自分の子どもと精子ドナーのそれを比較してみたいという気持ちがあるからである。自分と精子ドナーとの似ているところを探したいわけではないが、もしも自分と似ているところがあれば「へえ、そうなんだ」「面白い」と感じられるのではないかと思っている。

精子ドナーの職業・職歴については、前述したとおり、多少の目星はついている。つまり精子ドナーは精子提供後、医師になっているものと推測している。しかし、その医師が、どのような分野を専門としているのか、臨床家なのか研究者なのかといったことが気になっており、「とても知りたい」と考えている。なお、鳰さんは学生時代、理系科目が得意であり、医学部受験を考えたことがあった。しかし医学部受験に対しては、戸籍上の父親が強く反対した。当時、父親はその反対理由を「女が行っても大変だから」としていたが、ＡＩＤで生まれたことを知った今となっては、本心はどうであったのか、気になっている。

精子ドナーの信仰については「とても知りたい」[30]が、自分にはそれを知る権利があると思っているから知りたいのであって、優先順位は低い。もしも、精子ドナーの信仰についての情報があるので聞きますかなどと問われたら、聞きたいと思うものの、わざわざ信仰について調べてほしいとまでは思っていない。なお、鳰さんに特定の信仰はない。観光目的やご利益目的でさまざまな寺社仏閣を訪れることにも抵抗がなく、自宅の仏壇の管理や、定期的な墓参りをする程度の「本当に普通」な信仰心を、自分はもっていると思っている。もしも精子ドナーが何かを熱心に信じているとわかったら、自分も熱心に何かを信じる傾向があるかもしれない、だから、「気を付けないと」と思いつつも、自分自身がその宗教などに影響を受けることはなく、精子ドナーと自分とを切り離すことができると思っている。

精子ドナーの墓の場所についても興味があり「とても知りたい」が、優先順位は高くない。もしも精子ドナー家の墓の場所がわかり、それが近場や観光地であるなど「不自然でなくすぐに行ける場所」であったら、その墓を訪れ、手を合わせたいと考えているが、花や線香をわざわざ持参しようとは思っておらず、「ご挨拶という感じ」で手を合わせるだけの心づもりである。

精子ドナーの出身地や現居住地については、都道府県や区町村にとどまらず、特定できるまで細かく知りたいと思っている。それを知れば、「自分の空白」を埋められたり、精子ドナーの人間性をイメージできたりするのではないかという期待があるからである。また、精子ドナーの出身地や現居住地を知ることは「自分を知ること」につながるのではないだろうかという気持ちももっている。もしも精子ドナーの現居住地がわかり、そこに行くことで確実に精子ドナーの姿を見ることができるとわかれば、こっそり覗きに行きたい。精子ドナーの生活を脅かすつもりは全くないが、遠くからでも、その姿を一目見てみたいという気持ちがあるのである。

精子ドナーより上の世代の情報についても「とても知りたい」のは、鳰さんにとって家系図は重要なものであり、家系図をつくれない自分の現状を「中途半端」だと感じているからである。また、精子ドナーから自分の子どもへの隔世遺伝の可能性があることからも、精子ドナーの上の世代についてもできるだけのことを知りたいと考えている。

精子ドナーが精子を提供する前の人生、精子を提供した後の人生、精子提供をした経緯、精子提供時の状況についても「とても知りたい」と考えている。精子提供時、精子ドナーがどのような気持ちであったのかも「とても知りたい」。繰り返しになるが、鳰さんが生まれるにあたって行われたＡＩＤの精子ドナーは、おそらく医学部の学生である。彼はなぜ精子ドナーになったのだろう、そのときどう思ったのだろう――医学部の先生に強制されて精子ドナーになったのか、それとも自ら進んで精子ドナーになったのか、気まぐれで精子ドナーになったのか。「ボランティアで」精子ドナーになった可能性は低いのではないか、半ば強制的に精子ドナーにされた人は「それなりに傷ついているのではないか」――思いをめぐらせるものの、確かめるすべがない状況が続いていることに、やりきれない思いを抱いている。可能であるならば、精子を提供するまさにそのときに、彼の気持ちを聞いておいてもらえたらよかったが、それは叶わなかった。それならば、せめて精子ドナー経験のある誰か――自分のドナーでなくてもよい――から、その思いを教えてもらえたらいい、たとえば、精子提供時の状況や、精子提供の動機を手紙に記し、無記名で投函するなどしてもらえたらと願っている。

精子ドナーの、鴫さんに対する現在の思いも「とても知りたい」。自らの精子提供で生まれた子どもに対し「全く関係ないっていう能天気な人はいない」のではないか。また、精子ドナーは、自分の提供精子で子どもが何名生まれたのかどうかを知ることができないとはいえ、子どもがひとりも生まれていないだろうなどと思う精子ドナーはいないのではないか。精子ドナーは、少なくともひとりは生まれたであろう〝子ども〟に思いをはせているのではないか。精子ドナーがその後結婚し、妻との間に子どもが生まれなかった場合や、複数名生まれた子どもたちが皆同じ性別であった場合などには、ＡＩＤのことを思い出すのではないか――このように思っている。

精子ドナーについて知りたいことに優先順位をつけるとすれば、精子ドナーの容姿と医学的情報、精子提供時の気持ちや、鴫さんにどのような思いをもっているのか（亡くなっているのであれば存命時どのような思いをもっていたのか）についての順位が高くなり、信仰や墓の場所については優先順位が下がる。しかし、精子ドナーに関する情報であれば何でも知りたいと思っているのが正直なところで、「お見合いのときの身上書のような感じ」で、精子ドナーのさまざまな情報――氏名、生年月日、居所、出身地、持病など――を知ることができたらいいと思っている。ただ、そうした情報を知るにあたっては、できれば精子ドナーと会い、双方向的なやりとりをしたいという希望がある。書類で開示されるだけでは不十分ということである。そのため、もし精子ドナーの連絡先が開示され、精子ドナーが鳰さんに会いたいと思っていることがわかっている場合には、ぜひ会いたいと思っている。ただし、事前の確認により、自分の身の安全が保障されるとはっきりわかった場合に限る。突然、精子ドナーから会いたいと言われても、「俺がいたからお前が生まれたんだ」などと言われ、金銭や臓器移植などの要求をされるのではないか、また、連絡先を開示されたとしても、その人が本当に自分の精子ドナーなのかどうかはわからないのではないかとも思ってしまうからである。精子ドナーの連絡先が開示されながらも、精子ドナーが鳰さんに会いたいと思っているかはわからない場合であれば、第三者を介して連絡するかもしれないとのことであったが、これもやはり安全への懸念があり、少なくとも、自分から直接連絡することは難しいと感じている。精子ドナーの連絡先を開示されながらも、精子ドナーが鳰さんに会いたくないと思っていることがわかっている場合は、自分から連絡をするつもりはないが、第三者を介して情報収集をしたいと思っている。

ⅱ　木野恵美さん（仮名）

一九五〇年代生まれ。女性。関西地方在住。夫・子どもあり。

木野さんは、親族の男性からの提供精子を用いたＡＩＤで生まれ、三〇代のころ、戸籍上の父親の入院をきっかけに母親から真実告知を受けた。精子ドナーが親族の男性であることから、研究協力時、精子ドナーの名前、容姿、声や話し方、身体的特徴、精子提供後のドナーの人生、精子提供の経緯、精子提供時の状況については「知っている」状況であった[31、32]。ただ、木野さんは母から、その出生の真実――〝秘密〟――を誰にも話してはいけないと言われていた。そのため、木野さんは真実告知後に精子ドナーと会うことがあったにもかかわらず、精子ドナーとＡＩＤに関して話すことができなかった。また、木野さんの家庭ではＡＩＤの話題はタブーであり、親が自ら精子ドナーについて語ることがなかったことはもちろん、木野さんが精子ドナーについて質問できる雰囲気もなかった。多くの親族がいるなかで、あえてドナーであるその男性について詳しく尋ねることは不自然であり、「絶対無理」という状況だったからである。

また、精子ドナーの転居などをきっかけに、木野さんの家族とドナー家族との付き合いは歳を重ねるにつれ減少していた。さらに、精子ドナーは、木野さんが真実告知を受けたことを知らないまま死去してしまった。そのため、精子ドナーに関してさまざまなことを「知っている」とはいえ「よくわからない」部分が少なからずある。幼少期の記憶を頼りにしているため、曖昧な部分もある。「知っている」根拠が母親の記憶であるために、真偽のほどがわからないものもある。たとえば、精子提供後のドナーの人生や精子提供の経緯については母親から聞かされているため「知っている」ものの、それが本当なのかどうかはわからない。その話の真偽や詳細を、自分で確認したい気持ちがある。精子提供時の状況も、施術が行われた病院や、戸籍上の父親の精子とドナーの精子とを混ぜて施術されたということを母から聞かされているので「知っている」。ただ、できることならもっと詳しく知りたいと思っている。木野さん自身や木野さんの子どもが「ここから来た」ということを確認したいという気持ちがあるからである。精子ドナーの容姿などと木野さんや木野さんの子どもに似ている部分を確認することができたら、それは嬉しいというよりも「安心」につながるような気がしている。

——やっぱり、なんだろう、あの、何か自分が似てるってことを確認したいっていうのはあの、あるんですよね。その、ＤＮＡ……ここから来た、みたいなところは、こう、確認したいっていうのがあるので……まぁ自分であってもまぁ、私の場合は子どもであってもいいですけど、あ、そこ（ドナーのこと）からなんだっていうのを確認ができると、やはり安心できるというか、そういうところはありますね。

精子ドナーの医学的情報は「知らない——機会があれば知りたい」。木野さんには、医療機関で遺伝情報を聞かれ、答えられずに困った経験がある。また、木野さんは医学的情報を重視している。精子ドナーの死因が遺伝的な疾患ではなかったことは知っているが、自分のため、自分の子どものために、より詳しいことを知りたいと思っている。もしも精子ドナーの医学的情報が全くなかったとすれば、何としてでも知りたかっただろうという気持ちがある。

精子ドナーの趣味嗜好も「知らない――機会があれば知りたい」。ただし優先順位は低い。精子ドナーの性格・気性も「知らない――機会があれば知りたい」。木野さんは、戸籍上の父親の性格があまり好きではなかった。そのため、精子ドナーの性格・気性が、戸籍上の父親のものとは異なるものであったらいいとの思いがある。精子ドナーの職業・職歴も「知らない――機会があれば知りたい」と思っている。木野さんは、戸籍上の父親に影響を受けて職業選択を行ったものの、その職業が自分に「合わなかった」という経験をもっている。そのため、もしも精子ドナーが戸籍上の父親と全く異なる職業に従事しており、その様子を知ることができていたならば、最初から適切な職業選択をすることができたのではと考えることがある。なお、親戚同士の話から、精子ドナーの親族男性がどのような仕事をしていたのか推測できる部分はあるが、はっきりしたことを知っているわけではない。

精子ドナーの信仰も「知らない――機会があれば知りたい」。親族ではあるものの、木野さんの家と精子ドナーの家とでは、宗派が異なっていたような記憶がある。また、木野さんの知るかぎりでは、精子ドナーが何かを熱心に信仰している様子はなかった。ただ、詳しいことは知らないため、機会があれば知りたいと思っている。なお、木野さん自身の信仰心は「ふつうな感じ」である。葬儀など法事には、連れていかれるがまま参加し、墓参りも定期的に行ってきた。もし精子ドナーの信仰状況が自分のそれと異なっていたらなどと心配することもない。

精子ドナーの墓の場所も「知らない――機会があれば知りたい」。精子ドナーの訃報は、真実を知ってから一親族として受け取っており、葬儀に行きたい気持ちがあった。しかし当時の木野さんは、母親や親戚との関係性に悩んでいたことから、葬儀のように親戚が一堂に会する場に行くことができなかった。また、精子ドナーとは、あえて墓参をするほどの関係ではなかった。そのため、精子ドナーの亡くなった時期は知っているのものの、墓所はわからないままである。今後もし墓の場所を知ることができたなら、手を合わせに行きたいと思っている。それは「宗教的なことっていうより、お別れはしたかったかな」との思いからである。精子ドナーと関係性を築くことができなかったため、「ご挨拶から」という気持ちをもっており、「向こうで会えたらお話したいな」とも思っている。

精子ドナーの出身地は、「知らない――機会があれば知りたい」。親戚同士の会話などから見当はついているものの、特定できるほどの情報はもっていない。都道府県や区町村にとどまらず、特定できるまで細かく知りたいと思っており、もし知ることができたなら、訪問したいと思っている。木野さんにとって、精子ドナーの出身地を知ることは、精子ドナーの「人となり」を知ることにつながる。そして精子ドナーの「人となり」を知ることは、「安心感」や「自分を知ること」につながる。そのため、精子ドナーがどのようなところで育ち、どのような生き方をしてきたのか、できるだけ知りたいのである。なお、木野さんは、戸籍上の父親の実家には何度も行っている。つまり戸籍上の父親がどのようなところで育ち、どのような生き方をしたのかを知っている。母親についても同様である。

精子ドナーよりもさらに上の世代についても、「知らない――機会があれば知りたい」。自分の子どもへの隔世遺伝の可能性を考え、精子ドナーよりも上の世代の人々の病歴、性格、特性などを知りたいと思っている。精子ドナーの人生についても「知らない——機会があれば知りたい」と思っている。精子ドナーの木野さんへの気持ちは「知らない——機会があれば知りたい」。精子提供時の状況や、そのときの精子ドナーの気持ちも「知らない——機会があれば知りたい」。精子提供後、時間が経過してからの精子ドナーの気持ちも、できれば知りたいと思っている。なぜ知りたいのかというと、それを知ることが、「真実を知って崩れてしまった自分」というものを再構築する手立てになるのではないかと思うからである。当時、「こういう思いで提供しました」ということを残しておいてもらえたらよかったと思っている。なお、精子提供時に思ったことだけでなく、自分が精子提供で生まれ育った子どもと対面してみて思ったこと、その両方を知ってから初めてその人の「人となり」が見えてくるような気がしている。

精子提供の経緯は「知っている」。母親から聞いているからである。しかし、その真偽のほどはわからないため、確かめてみたいという気持ちがある。また、木野さんは、なぜ精子ドナーが精子提供をしたのか、その理由を全く想像できていない。前述したように、精子ドナーは木野さんが真実を知ったことを知らないまま死去した。そのため、ＡＩＤのことについて、木野さんと精子ドナーは直接話すことができなかった。精子ドナーが精子提供を二つ返事で引き受けたのか、あるいは悩んだ末に引き受けたのか、また、なぜ精子ドナーが自分の妻に対して精子提供のことを秘密にしたのかなどが気になっている。

木野さんは、文書を開示されて情報を得ることと、実際に会って自分で情報を得ることは異なるものだと考えている。そのため、もし精子ドナーが存命で、連絡先が開示され、相手が木野さんとの面会を望んでいることがわかったとしたら「とても会いたいので連絡する」だろうと思っている。どのような情報が開示されようともとにかく会って話し、精子ドナーの醸し出す雰囲気を感じとり、それ大切にしたかったと考えているからである。精子ドナーが死去した当時は、ショックや混乱が続いており、「何するかわからない」状態——とても会いに行けるような状態ではなかった。しかし、「今なら会いに行ける」ような気がしている。ただし、精子ドナーが面会を望んでいるかわからない場合は「とても会いたいが連絡はしない」。精子ドナーの気持ちがわからなければ、行動にはうつせないと思っているからである。行動するためには、相手からのはっきりとした意思表示が欲しい。また、相手の気持ちを知るために、第三者がいるといいという気持ちがある。精子ドナーが面会を望んでいない場合も「とても会いたいが連絡はしない」。相手が会いたくなければ会わないという姿勢である。「無茶をして傷つけたりはしたくないなと思う」からである。

木野さんの正直な気持ちは、精子ドナーについて「なんでも知りたい」である。そのなかでも特に知りたいのは、精子ドナーの気持ちである。とりわけドナーの木野さんへの気持ちがどのようなものであったか、また、精子提供時の気持ちや精子提供後の気持ちへの関心も強い。もし今も精子ドナーが存命で、直接会い、自由に質問できるとすれば、「したいこと、好きなこと嫌いなこと」を尋ねたい。また、「最低限、遺伝情報、体質、アレルギー、病気的なこと」「職業」「ここ（アンケート）に書いてあるような項目」を聞きたいと思っている。なお、木野さんがさまざまなことを「聞いてみたかった」と思えるのは、精子ドナーが質問に返答してくれそうな人だったという印象をもっているからである[33]。また、相手の意思次第とはいえ、木野さんが面会を望めるのは、精子ドナーが危険な人物でないことがわかっているからである。もし、精子ドナーがどのような人物であるのか全くわかっていなかったら「ちょっとそこまでいかないかもしれない」という気持ちがある。

木野さんが、親族からの提供精子を用いたＡＩＤで生まれたことは、精子ドナーとなった親族の男性本人と木野さんの両親のみの秘密とされていた。精子ドナーの妻はそのことを知らされていなかった。木野さんに真実告知をした木野さんの母親は、出生の真実に関する〝秘密〟を誰にも話してはいけないと言った――これらの境遇から、木野さんは強い自己否定の念を抱きながら生きてきた。自分の存在理由や「自分がここに生きていてよいのか」と考えることもあった。これらの気持ちは、何らかの情報が開示されたとしても変化しないのではないかと思っている。何らかの情報を得られたとしても、「全部ふたをされてしまう」ように感じているからである。自分の出生について秘密にすることを強いられるということは、木野さんにとっては「本当に、存在否定」である。そのため、自己否定の念や「ここに生きていてよいのか」という思いに変化を生じさせるためには、自分のおかれた状況や、出生について内密にすることを強いられなくなることが必要であると思っている。また、精子ドナーと自分との間で「他の人には秘密だったけどこうだったよね」などと話し、精子ドナーの気持ちを知ったり、自分の気持ちを伝えたりすることができたなら、「少し違ったかもしれないな」という思いもある。あるいは、ＡＩＤを行う当初から家族だけでなく親族のなかで話し合いがもたれ、「生まれた子どもをみんなで受け入れていこう」という認識のもと、子どもすなわち木野さんに情報提供がなされればよかったとも思っている。

木野さん：複雑な感じなんですけど。もし、だから、最初から、きちんと親戚のなかで話ができていて、生まれた子どもをみんなで受け入れていこうってかたちでの、で、情報提供っていうのが一番、一番情報提供のなかではベストですよね。シチュエーションとしては。で、そのなかで得られた情報っていうのと、内緒だよっていうことで、言われた情報が、なんか違う……うん、知ってはいけないっていう否定がやっぱり入っちゃうんですよね。秘密だよってなると。そこですごく否定、全否定っぽい。うん。そこはやっぱり大きいですかね。知っちゃいけないくらいの感じになっちゃうので。

筆　者：となると、こういういろんな項目をただ知るだけじゃなくて、親族のなかで、オープンでないと。

木野さん：そうそうそうそう。

筆　者：子どもの存在理由とか自己否定感については、こう落としどころというか、それはない。

木野さん：そうですね。

筆　者：知ったところで。

木野さん：そうですね。全部ふたされてしまうので。うん。意味がなくなっちゃいますよね。やっぱり。うん。だからまぁ秘密にするっていう時点で本当に存在否定ですよね。本当の存在否定になっちゃうので。そこにうん。大きなこう、違いというか。ありますね。もし同じ秘密って状況だったとしても、提供者と私の間で話ができて、他の人には秘密だったけどこうだったよねっていう彼の気持ちであったり、を、伝え合うことができたら少し違ったかもしれないなとは思いますね。同じ、こう、秘密だよっていうことにしても、ひとつやっぱり、なんか自分の理解ができるし。気持ちがわかると少し、違ったかもしれないな。

筆　者：あとＡＩＤのありかたですけど、まぁ何度もお話いただいているとは思うんですけど、まぁ一番理想のありかたとしては、そもそもＡＩＤがなしっていう。

木野さん：うん、そうですね（笑）。なしが一番。

筆　者：そうですよね、一応確認しておこうと思って。

木野さん：もちろんそうです。ないにこしたことはないけど、そんなわけにはいかないので、もしやるのであれば、きちんと情報も開示し、まわりがみんなでその子を受け止める……で、その、告知も、その一回したらしまいではなくて、ずっとその一緒に考え続けていくっていう親……であれば、で、それも家族だけで抱えるのではなくて、いろんな人のサポート受けながら、つながりながら、その都度その都度いろんなことが起こるので。必ず。そのときに一緒に考えるっていう体制があれば、違うかなとは思いますね。

iii　大羽弥生さん（仮名）

一九八〇年代生まれ。女性。中部地方在住。夫・子どもあり。

大羽さんは二〇代のころに母親から真実告知を受けた。母親によれば、大羽さんはある医療機関にて行われたＡＩＤで生まれた。施術した医師は、母親に、精子ドナーはその医療機関の有する医学部の学生（当時）であると伝えたというが、その真偽のほどはわからない。そして、それ以上のことはわからない。つまり、アンケートで尋ねた精子ドナーの各情報について、大羽さんは研究協力時、すべて「知らない」状況であった。また、大羽さんの回答には「全く興味がない」はなかった。その背景には、自分も含めたすべてのＡＩＤ出生者は、すべてを知る権利を有するべきであり、その関心の程度には差があっても、自分が何者かについて「全く興味がない」と答えることで、現在検討されているＡＩＤ出生者の出自を知る権利に制限がかかってはならないとの思いがある。そのため、回答する際には、〝もし自分の回答が他のＡＩＤ出生者の出自を知る権利に影響を与えてしまったら〟と考えてしまい、答えづらいと感じた。また、「機会があれば知りたい」と「とても知りたい」との違いをつけることも難しく感じた。さらに、アンケートへの回答やインタビューでの発言は、あくまでも自分の考えや意見であり、他のＡＩＤ出生者や、これからＡＩＤで生まれてくる人たちの考えや意見とは異なる可能性があるのだと思っている。

――私が何かこう知る権利についてこれはいいけどこれはだめ、っていうか、これは開示されるべきだけれどもこれは開示されるべきでないとか私が区別することによって、これから先、出自を知らされないまま生まれてくる子どもが不利益になることはいけないと思っていて、私はやっぱり知る権利はセットの、分割できない権利だと思っていて、どの項目がっていうのはなくて、全部知る権利……知る権利は私たちにあるというふうに思っているというのが大前提で、そのなかでのあくまでも自分に関していえば、自分の人生を振り返ってこうだったから、これは、こうだと思う、ああだと思うっていうことが言えるにすぎない。他の子どもたちが全く同じ風に考えるとは思えない。あくまでも私のケースなんだなと思ってアンケートに答えました。

なお、大羽さんが、真実告知を受けたとき、戸籍上の父親はすでに死去していた。真実告知のタイミングは、母親のなかでは何かしらのきっかけがあったようだと感じてはいるものの、大羽さんにとっては唐突であるとしか感じられないものであった。大羽さんには、もっと早く真実告知を受けていたならば――という思いがある。戸籍上の父親の気性は激しく、大羽さんは父親と血がつながっていることを

「嫌だ」と思っていた。関係も良好ではなかった。もしももっと早く真実を知ることができていたならば、そのような思いを抱いたり、父親のことで悩み、自分の時間を「無駄」にすることがなかったりしたのではないかと思っている。また、大羽さんは真実告知後に出産しているが、AIDへの考え、出自を知る権利への考えは、子どもを出産してから変わったような気がしている。自分の子どもを見ながら、この瞬間にもAIDで生まれた子どもがいるのだろうと、その存在に思いをめぐらせることもある。

精子ドナーの名前、声や話し方、容姿、身体的特徴[34]は「機会があれば知りたい」。このなかで優先順位をつけるとすれば、名前の優先順位が低くなり、声や話し方、容姿の優先順位があがる。声や話し方、容姿、身体的特徴は、名前よりも精子ドナーの内面をより豊かに表現するものなのではないかと思っているからである。精子ドナーの写真があれば、見てみたいと思っている。もし容姿や身体的特徴を知ることができたら、自分と似ているかどうかを検討してみたいとの気持ちもある。

精子ドナーの医学的情報は「とても知りたい」。大羽さんには、これがわからないために、医療機関で問診票に記入できず困った経験がある。精子ドナーから自分の子どもへの、隔世遺伝も気になっている。もしも遺伝的な疾患が受け継がれていたらと考えると不安になるとともに、自分の責任ではないとわかっていても、自分に責任があるかのように感じてしまう。

精子ドナーの趣味嗜好は「機会があれば知りたい」が、これも名前と同様に優先順位は低い。精子ドナーの性格、気性も「機会があれば知りたい」。遺伝的な要因よりも環境の要因が形成に関わっているものと考えているが、気になっている。大羽さんの戸籍上の父親は、気性の激しい人だった。その父親とドナーの気性が違うものなのかどうか、興味があるのである。なお、性格や気性は精子ドナーと接し、自分で直接感じ取りたいという気持ちがある。もし「優しい」などと書かれた書類を受け取ったとしても、それは誰がそのように判断したのかと疑念を抱いてしまいそうであり、自分で感じ取ることができなければ「無意味」とさえ感じているのが正直なところである。

精子ドナーの職業・職歴も「機会があれば知りたい」。優先順位は高くないが、職業や職歴を知ることは、精子ドナーを知る手がかりになるからである。前述したように、大羽さんはある医療機関にて行われたＡＩＤで生まれた。精子ドナーは、その医療機関の有する医学部の学生であった可能性が高い[35]。もしそうであるならば、精子ドナーはその後医師になっているのではないかと考えられる。なお、大羽さんは、自分自身の職業選択に際して戸籍上の父親の影響を受けていない。

精子ドナーの信仰も「機会があれば知りたい」。ただし関心はあまり高くない。精子ドナーの信仰が、自分の考え方に影響を及ぼすものとは思っていないからである[36]。なお、大羽さん自身は何の信仰ももっておらず、「本当に普通な感じ」だと思っている。

精子ドナーの出身地は、都道府県程度まで「機会があれば知りたい」。ただ、出身地を知ったところで、その人を「知る」ことには直結しないような気がしている。なぜなら、ある都道府県の県民性といわれているものを、精子ドナーが有しているのかどうかはわからないのではないかと思うからである。

精子ドナーの現居住地も、都道府県程度まで「機会があれば知りたい」。しかし、それを知ったときに自分がどうするかを深く考えてからでないと、はっきり「知りたい」とは言えないような気がしている。現居住地を知るということは、その先のこと──連絡をとったり会いに行ったり──につながるからである。もし、現状のように精子ドナーに関して何もわからない状況のなか、現居住地を知らされたとしたら、そこへ行く可能性がある。しかし、もしも精子ドナーの情報を他に何か得られていたら、現居住地への関心は変化する可能性があると思っている。

精子ドナーより上の世代についても「機会があれば知りたい」。自分の子どもへの隔世遺伝が気になるからである。これは「機会があれば知りたい」ことのなかでも優先順位が高い。なお、精子ドナーより上の世代は遺伝的には祖母や祖父にあたるが、祖母や祖父であると思う気持ちは全くない。

精子ドナーの墓の場所については「あまり興味がない」。全く興味がないわけではないが、自分と精子ドナーの墓とのつながりをあまりイメージすることができないからである。現居住地と同様に、他に何も情報がない状況でこれだけを知らされたら、そこに足を運ぶ可能性はある。墓の前に行くことで、自分の気持ちの整理につながるかもしれないという期待があるのである。ただ、もしそこに足を運んだとしても、墓の前で精子ドナーのことを考えたり、手を合わせたりするようなことはなく、自分のことを考えるのではないかと思っている。大羽さんにとって、墓参はあくまでも自分のために行うものである。

大羽さんが生まれるまでの精子ドナーの人生と、精子提供後の精子ドナーの人生には大いに関心があり、「とても知りたい」と思っている。精子ドナーはどこで生まれ、どのように育ち、医学部に入ったのか。なぜ精子ドナーになったのか。精子提供後、どのように生きているのか。精子を提供したことを忘れているのか、思い出すことがあるのか。医学部を卒業した後、医師になったのか。精子提供をしたことがその後の人生に影響を及ぼしているのか。これらを知りたいという気持ちがある。また、精子ドナーが子どもをもうけているのかどうかも気になっている。

精子提供の経緯と精子提供時の状況も同様に「とても知りたい」と思っている。とある医療機関でAIDが行われ、大羽さんが生まれたことはわかっているが、それだけではなく、なぜ自分が生まれることになったのか、どうやって自分が生まれたのか、その状況や背景をできるかぎり細かく知りたいという気持ちがある。精子提供時の気持ちも「とても知りたい」。精子提供時に、一言残しておいてもらえたらよかったと思っている。精子提供後しばらくしてから、改めてドナーに気持ちを聞くことは難しいのではないかと思うからである。

精子ドナーの大羽さんへの現在の思いは「機会があれば知りたい」。どんな思いであったとしても知りたいと思っている。しかし、知りたくない、知るのが怖いという気持ちもある。なぜなら、精子ドナーとなり精子提供を行ったことをポジティブにとらえている人はいないのではないかと思っているからである。言い換えれば、それを精子ドナーに聞いたところで「いい答えをもらえるような、自分がポジティブになれるような言葉をもらえるような」気持ちがもてないということである。

大羽さんには、精子ドナーに会ってみたいという気持ちがある。しかしもし精子ドナーの連絡先を開示され、精子ドナーが面会を望んでいるとわかったとしても、自分がそのときどのような対応をとるか想像することができない。精子ドナーとの接触により家族をトラブルに巻きこみたくないという気持ちがあるため、安全性や、相手の状況や、相手がなぜ会うことを望んでいるのかを詳細に確認してからでないと、実際に連絡したり、会ったりという行為に踏み出せないような気がしているからである。精子ドナーの連絡先を開示され、精子ドナーが面会を望んでいるかわからない場合は、「機会があれば会いたいのでとりあえず連絡する」。精子ドナーが面会を望んでいないことがわかっている場合も「機会があれば会いたいのでとりあえず連絡する」。ただ、精子ドナーが面会を望んでいなければ、連絡したとしても返答が来ない可能性は高いものと推測している。そして、返答を得られないことで自分がショックを受けそうだと思っている。そのため、精子ドナーの連絡先が開示されるが、精子ドナーが自分に会いたいと思っていないことがわかる状況は、作らないほうがいいと思っている。あるいは、精子ドナーとのやりとりを仲介する第三者がいてくれたらいいという気持ちがある。また、もしも精子ドナーとの面会が実現するならば、それは精子ドナーと大羽さん双方が「win-win」になるケースに限られるだろうと考えている。面会にはリスクが伴ううえ、自分には自分の人生があるように、精子ドナーにも精子ドナーの人生があると思っているからである。

精子ドナーの情報が開示されることによって「自分の存在理由」や「自分がここに生きていてよいの

か」という思いに変化が生じるかどうかも、現時点では想像することができない。大羽さんは、これまで精子ドナーに関する情報を得られないまま生きており、今も何も得られていない状態で、なんとか自分を立て直そうとしているところである。そのため、情報がなくても自分を立て直せると思いたい気持ちがある。また、精子ドナーに関する情報の開示と、精子ドナーに会いたいという気持ちとは、直結するものではなく、全く別物だと考えている。情報開示にはリスクが伴わない一方で、面会にはリスクが伴うからである。また、情報の開示は精子ドナー本人を介さずに行われることも可能だが、面会は、精子ドナー本人が対応しないかぎり実現しない。これも両者を別物だと考える理由である。

このように、大羽さんは、すべての情報について「知る権利があるという意味で、知れるものならば知りたい」という思いをもっている。そのなかでも特に知りたいのは、精子ドナーの人生、精子提供の経緯、精子提供時の思い、精子提供時の状況である。これらに大きな関心を抱いているのは、自分の母親と十分に話せないからかもしれないと思っている。大羽さんが母親とAIDについて話したのは、突然の真実告知時の一回きりである。母親と十分に話すことができないかわりに、せめてこれらの情報を細かく知ることができたらいいと思っているのではないか。このように考えている。そのほか容姿、声や話し方への関心も大きい。

筆　者：AIDについての思いがあれば――、基本は反対だってさっきおっしゃっていたんですけど。

大羽さん：基本は反対です。基本が反対な理由は、えっと、これが親から子へ……つながるものだから……何というかこう、人って……なんか私がまぁこれ、こんなに強く言っていいのかわからないんですけど、人って何かしらのコンプレックスだったり他の人との違いのなかで生きていて、顔が違っていたりとか、まぁ障害もそのうちのひとつですけど、みんな違うから社会が成り立っているんだろうなって思っていて。美人だったらそれは社会で徳をするだろうし、そうでなかったら損をするようになっていて、世の中って、みんなどこかで、不合理を感じながら、理不尽な思いをしながら生きていて、それはみんな同じだと思っていて。で、そういうなかで、コンプレックスがある人って、辛いと思うんですよ。辛いっていう気持ちはもちろんあるし、私もそんなにきれいなほうじゃないから、きれいな人っていいなって思うし、で、それに対して整形される方もいるじゃないですか。でも、そういうのは、本当の意味でその人は自分を乗り越えているわけじゃないんだろうなって思うんですよ。だけど、それでもまだ、私が整形はいいと思うのは、みんなそんなに自分を乗り越えて強くなれる人ばかりじゃないから、そういう人もいるから。で、私そういう弱い……繊細な人でもいいと思うし、そういう人が、その、乗り越える手段として……顔を変えるとかってありだと思うんですよ、だけどそれはあくまでも自分で自分の責任をとれるから。だけど、ＡＩＤや、もっと他の何か、クローン人間とかもそうだし、あの、遺伝子改変しちゃった人とか、自分の責任がとれないことにまで手を出してはいけないと思う。自分で自分の責任をとれるから、それをやっていいのであって、そうじゃないことが起こりうることについては、もっと慎重にならないといけないと思っているんです。何というかこう、そんなに簡単に割り切れない問題だとは思っているんです。LGBTの方たちでどうしても子どもが欲しいと思う人たちもいらっしゃるんだろうし。その気持ちっていうのは私はもしかしたらわからないところまで深いのかもしれないし。だけれども随分前、一年以上前かな、LGBTで子どもをって思って実際に生まれた方、えっとレズビアンカップルの方、テレビの取材か何かになった方を取材で見て、その人が「みんなが子どもをもてる社会がいい、そういう社会になってほしい」、って言っていたんですね。でもそれ私、すごくよく聞こえるけどそれ違うんじゃないかなって。みんな違うからこの世の中が成り立っているのに、みんな凸凹、長さが違う社会のなかで生きていて、それを均すっていうのはむしろ不自然。で、それをなんか技術とかで無理やりその、たとえば、上がこう、凸凹していてそれが見えるから目につきますよね、でも、それを上から定規みたいなものでふわっと押して、上をならしてみんなが子どもをもてる社会にしたら、一見みんな横並びでみんな平等でみんな子どもをもてる社会になってハッピーだねって思うけれど、もともと（地面のような、下のラインをそろえて）長さの違うものを並べて上から押しつけたら下（地面のような、ラインのようなものから、もともと長さが違っていた部分が出る）が出るじゃないですか。で、その下っていうのが私たち子どもな気がしていて……それって私は正しいことのように思えないんですよね。しかもそれって私が少なくとも経験したことから言うと、この凸凹を何とかするっていうのは結局のところ自分でしかどうにかできないんですよ。誰かの助けがあったらもうちょっと楽にいけるかもしれないけど、最後の最後は、生まれた子どもたちが自分で何か、乗り越えないといけないものを親から押し付けられる。そのときに親は、ごめんねあのときは上からならしちゃって平らにしちゃったからあなたにしわ寄せがよっちゃったのねって。でも親にいくら謝られても、取返しがつかないところで子どもの人生って少しずつ変わっていて、私はこのＡＩＤのこともそうだし、親から精神的に抑圧を受けたことで、決して見過ごせないくらいの時間をふいにしてきたりして、そういうことについて親は絶対に責任をとれないのに、それをやってしまうことの答えは出ないんですけれども、そのことについてもうちょっとＡＩＤという技術を使ったり、他の技術を使って子どもをつくろうと思っている人たちはそこにもうちょっと真剣になったほうがいい。決して自分では責任とれないことを今やろうとしているんだって。ごめんねって謝られたってしょうがないことなのよと。もしかしたら告知をもっと早く受けることによって、そういうふうに感じる、私のようなこととは違うことを感じる子どももいるかもしれませんけど、少なくとも今は日本で、早期に告知を受けて、こう思ったって言っている子どもを私は知らないので、どう思うのか、本当にその子たちがどう思っているのか知らないから、私の経験から言うと、うーん、定規で凸凹しているものを押し付けてそれで解決って、もっと、ね、なんか産めなかったとしても、でも、別の解決が自分の人生で方法があったんじゃないかってもうちょっと慎重にならないといけないって。私は少なくとも自分の人生を振り返ると、自分が子どもをもったのは、自分が子どもをもってももたなくても、どちらでもいいんだと、思えたからなんです。自分が絶対子どもが欲しい、子どもがいなくちゃ自分の人生が成り立たないって思っていたら私は子どもを産まなかった。私は子どもを産んだ人生も、子どもを産まなかった人生も、両方とも自分の人生だって思えたから、今、とりあえず、まぁ時々気持ちの上下はありますけれど、子どもを産んでよかったと思うし、子どもと接していても、ある意味で安心して自分を信用して子育てができているんですね。そこの境地まで、こんなこと言うと私すごく上から目線でよくない……なんかもっと他の言葉ないかな、でも気持ちとしてはそういう気持ちなんです。うん。子どもをもったってもたなくなって自分の人生だって、うん……そこまでちゃんと子どもとの距離をちゃんともてて、子どもって、大人と同じように意志があるものとして、考えられるような人でないと、ＡＩＤをやっちゃいけないような気がする。でもそれはもしかしたらハードルの高いことを言っているのかもしれないし、わからないですけど、当面私はそういうふうに思っているって感じですかね。すみませんうまく気持ちが言葉にならなかったです。

ⅳ　若草ひとみさん（仮名）

一九六〇年代生まれ。女性。関東地方在住。夫・子どもあり。

若草さんは、〝田舎の家のひとり娘〟であり、幼いころから、家族や近隣の人に「将来を決めつけられているようなところ」に抵抗を感じながら生きていた。三〇代のあるとき、その気持ちが高まり、「なぜ自分だけがこんな思いをしなくてはいけないのか」「なぜ自分は一人っ子なのか」と強い口調で母親に質問した。それがきっかけとなり、若草さんは母親から真実告知を受けた[37]。母親によれば、若草さんはある医療機関で行われたＡＩＤで生まれた。精子ドナーは、その医療機関に付属する医学部の学生であったという。それ以外のことは何もわからない。したがって、精子ドナーの各情報は、研究協力時、すべて「知らない」状況であった。なお、若草さんは両親とは今も一緒に暮らしているが、真実告知以来、ＡＩＤの話をしたことはない[38]。母親が、若草さんに告知したことを父親に話したかどうかもわからない。ただ、父親は、若草さんが真実を知ったことを気づいているような気がしている。

——二〇代の頃になんとなくちょっと、（戸籍上の父親と自分が）違うな、と思っていても、まさかその、血が繋がってないなんてこと、疑っていなかったので、ただその、母親からその事実を言われた後、あ、そういえばあのときのあれはこういうことなのかとか、ああ、なるほどねだからこうなのかみたいな。そういうの、あとから、いろいろ思いましたね。あー、そういうことね、みたいなね。それはたくさんありました。うん。

若草さんは、精子ドナーがどのような人物であったのかを一通り知りたいと思っている。精子ドナーのことを一通り知ることができれば、自分がどこに身を置いていいかわからないような感覚に襲われるときや、自分が何者かわからなくなるときに、「なんとなくこう、行くべきところがわかるみたいなところ」があるのではないかと思うからである。「自分がどんな人から生まれてきたのかなってことがわかればいい」と思っており、精子ドナーのすべてを細かく知りたいとは思っていない。そのため、アンケートへの回答はすべて「知らない——機会があれば知りたい」である。「あまり興味がない」、「全く興味がない」、「とても知りたい」といったものはなかったが、同じ「機会があれば知りたい」もののなかでも優先順位があり、優先順位が高いものを挙げるとすれば、容姿、身体的特徴、医学的特徴、趣味嗜好、性格・気性、職業・職歴、出身地、若草さんが生まれるまでの精子ドナーの人生、精子提供後のドナーの人生ということである。知りたいもののなかで優先順位の低いものには、精子ドナーの名前がある。これは「機会があれば知りたい」が、若草さんにとって「その人の符号というか記号」のようなものに過ぎないため、優先順位はかなり低い。

——どんな人かを一通り知りたいんですよね。ですから、うーん、なんていうんだろう。自分がどこに身を置いていいかわからないようなときがあって、何かこう、自分が何者かわからないっていうか、そういうときにその、一通り、その人のことがわかっていると、なんとなくこう、行くべきところがわかるみたいなところはありますよね。ですからまぁそういった意味でもちょっと一通り、どんな人なのかっていうことですよね。

精子ドナーの容姿については、遠くから見ることができるなら、それが最善だと思っている。写真や動画も、あれば見たいという気持ちがある。もし精子ドナーが医師となっているならば、かつ勤務先がわかっているのならば、患者として受診してみたいとも思っている。精子ドナーの医学的情報に関しては、自分の子どもへの隔世遺伝などを考慮して、できることなら知りたいと考えている。若草さん自身は、精子ドナー由来と推測される遺伝的体質を有しているが、医師からは優れているといわれているため悲観的にはとらえていない。しかしＡＩＤ出生者のなかにはドナー由来と推測される遺伝的な疾患を発症した人がいることを知っている。今後もしも、自分の子どもに由来のわからない遺伝的な何かが見つかったときに、子どもが混乱しないようにとの配慮から、自分がＡＩＤで生まれたことを子どもにはすでに伝えている。

精子ドナーの趣味嗜好や性格・気性に関しては、何が好きなのか、どのような気性の持ち主なのか、内向的なのか外交的なのか――それらを知ってみたいという気持ちがある。精子ドナーの職業・職歴については、精子ドナーは医学部生であった可能性が高いため、その後医師になっているものと推測される。これも機会があれば確認したいと思っている。精子ドナーの出身地については、都道府県程度まで「機会があれば知りたい」。精子ドナーが生まれてからどのように過ごしてきたのかを考えたい、イメージしたいという気持ちゆえに関心がある。そのため、都道府県程度までわかれば十分だと思っている。また、現住地も都道府県程度まで「機会があれば知りたい」と思っているが、わかったとしても行くことはない、行くべきでもないと考えている。同じく、精子ドナーの信仰や、精子ドナー家の墓の場所に関しても「機会があれば知りたい」と思っているが、もし知ったとしても、行くつもりはない。行ってはいけないと考えている。精子ドナーは「単に精子を提供しただけの人」だと思うからである。なお、若草さんには特定の信仰はない。また、もともと関係がよくなかった父親の家の墓参りや墓所の清掃は真実告知前から行っていなかったが、真実告知以降は、母方の墓参りや墓所の清掃もしなくなった。自宅の仏壇に線香をあげることもなくなった。自分にとって、その墓や仏壇は「関係ない」という気持ちになっている。

精子提供の経緯、精子提供時の状況に関しては、精子ドナーは、医学部の先生に言われて精子を提供したのではないか、不妊で困っている夫婦がいるなら助けてあげようと思ったのではないかなどと思いをめぐらせている。

若草さんは、どのような情報が開示されたとしても精子ドナーに会いたいと思っている。ただ、それは精子ドナーも若草さんとの面会を望んでいる場合のみである。したがって、もしも精子ドナーの連絡先が開示され、精子ドナーが若草さんに会いたいと思っていることがわかっている場合、「とても会いたいので連絡する」。精子ドナーが面会を望んでいるかどうかわからない場合は、「機会があれば会いたいのでとりあえず連絡する」。しかし、精子ドナーが面会を望んでいないとはっきりわかっている場合には「機会があれば会いたいが連絡しない」。

若草さんには「自分っていう存在は、あるべきなのかな」などという思いがある。若草さんは、AIDで生まれたことを隠され、「自分の半分を押し殺して」生きることを強要されてきたと感じている。また、若草さんは、AIDという技術があったがゆえに、都会の医学生と「田舎のおばちゃん」（筆者注：若草さんの母親のこと）という「あるわけがない」組み合わせから自分が生まれたと思っている。さらに、自分は両親の保身のため、「かたちを取り繕うため」に生まれてきたと思っている。これらの思いは、精子ドナーのことがどれほどわかろうとも、変化しないように思っている。

――自分が子どもを生んでから、その、やっぱり親が私にしてきたこと、言ってきたことっていうことがどうもその理解できないことが多くて、自分の子どもに、その、なんていうんだろう……自分が子どもを生んだことで、親のおかしさって言ったら変ですけど、なんかこう親に対する、いろいろな、なんていうんでしょうね。うーん、自分だったら（子どもに）こんなことしない、（親は自分に）よくこんなこと言ったな、やれたなっていうことがたくさんあって、とにかく、徐々に徐々に、自分がその家になんで生まれてこなきゃいけなかったのか。自分は何のために生まれてきたのか、ということですよね。

＊

――まだ何も知らないときに、私は母親に、子どもは親の道具ではないって、子どもを自分たちの幸せの手段にするなっていうことを言ったことがあるんですよ。で、結局そういうふうにして私に接していたっていうことなんですよね。普段から。うん。で、なんていうんでしょうね、自分たちのために私がいる。で、まぁ（戸籍上の父親が）無精子症ということを隠すためなのか、（戸籍上の母親が）その嫁として、子どもがいないのが駄目なのかどちらなのかはわからないけれども、どちらにしろその自分たちの身を守るため、保身のために私を生んでいる。あとはその、見せかけの形を取り繕うために私がいた。で、その、私という存在はやっぱ半分違う人の血が流れているわけですから、性格にしても、たとえば得手不得手、得意なこと、あの、苦手なこと、いろんなことがやっぱり、親から受け継いでいない、半分は親から受け継いでないわけですよね。だけど、そういったものを全部ねじふせるように、ないもののようにして扱われてきている。そういうことにはもう一切目を向けない。とにかくばれたら困るみたいな。とにかく取り繕う、見せかけの形、ですね。あとはそのやっぱり自分たちの介護要員っていうんですかね。とにかく自分たちのために私がいるとしか、私は、見られなかったですね、親のことを。だからそれが許せなくて、ただもう、自分が子どもを生んでから、より一層、親に対するその気持ち、許せないというか、そういう気持ちがすごく強くなってきて、今同じ家に住んでますけれども、ほとんど喋らないですね。

＊

――ないものとして、だからそういうこと（ＡＩＤ）があったのを、その、ないものとして、やってきてるわけじゃないですか。だから、何ていうんだろう。私の半分を、押し殺した、押し殺して、あの、なんかこう、とにかく取り繕うために……子ども（若草さんのこと）を育てているわけですから、その、自分っていう存在は、うーん、なんか……あるべきなのかなって。こんなことないほうがいいですよね。

うん。もしするのであれば、ＡＩＤをするのであれば、生まれてくる子どもにもちゃんと事実を伝えることと、半分は、別の人の血が流れているっていうことを意識して育てるということ。で、自分たちの身を護るために産むようなことはしちゃいけない。うん。その理由ですよね。なんで産んだかっていう。うん。本当に子どもが欲しくて、ふたりの子どもとして、といっても半分は別の血が流れているんですけども、それでもやっぱり、夫婦の子どもとして育てたいとか、そういうのであればいいですけれども、うーん、なんだろう、形を取り繕うため……その半分を隠してないもののようにして育てるとか、そういうことはよくないんじゃないでしょうかね。

＊

筆　者：ＡＩＤに関する思いを語ってほしいなと思っていて、基本的には反対ということだと思うんですね。

若草さん：はい。

筆　者：もしするのであれば、子どもに、なかったことにしないで伝えるとか、そういうふうに、何だろう、半分違うことを意識しながら育てるということをおっしゃったと思うんですけれども、補足とかもし詳しくあったら。本当はやめてほしいってことですよね。

若草さん：うん、しないほうがいいし、なんでそんなことができるのかなって。だって、産む母親のほうにしても、自分の夫ではない人の子どもをつくって、その、そういう人から提供を受けてまで、やるっていう理由が……わからないっていうか、そこ、よくできるなぁって。だからそれができるってことは、やっぱりその、何か、やっぱり、あの、何、その、何ていうんでしょうね……取り繕うためってことになっちゃうんじゃないでしょうか。じゃないと普通、できないと思いますけどね、私だったら、普通は……私だったらできないです。

②AIDで生まれたということ以外で親を知らずに育った人への調査

二〇一九年三月から、研究協力の可能性があるかどうか研究対象者に問い合わせを行った。研究協力の可能性ありと返信をいただいた九名に正式な研究依頼を行った。最終的な協力者は五名であった。研究依頼年月と調査実施年月は、**表1-4研究対象者（A）への研究依頼年月と調査実施年月2**に示したとおりである。アンケートの回答については、全員がウェブ上での回答を選択した。また、全員からインタビュー調査への協力を得ることができた。インタビューは、ひとり一回、二〇一九年七月から二〇二一年

表 1-4　研究対象者（A）への研究依頼年月と調査実施年月２

		研究依頼年月	アンケート回答年月	インタビュー実施年月
特別養子	長谷部さちこさん	2019 年 5 月	2019 年 5 月	2019 年 7 月
幼少期に両親離婚	スズキタロウさん	2019 年 5 月	2019 年 6 月	2019 年 11 月
置き去り／特別養子	Y.F さん	2019 年 7 月	2019 年 7 月	2019 年 7 月
置き去り／養子	常盤圭伽さん	2020 年 11 月	2020 年 11 月	2020 年 12 月
幼少期に両親離婚	A.Z さん	2021 年 2 月	2021 年 2 月	2021 年 2 月

二月にかけて実施した。新型コロナウイルスの流行時には対面式のインタビューは行うことが困難であったため、Zoom でのインタビューとした。研究協力者の性別は、男性一名、女性四名であった。また、配偶者がいる人は五名のうち一名で、子どもがいると答えた人はいなかった。配偶者や子どもの有無に関して非公表とした人も一名いた。生まれた年代は、一九七〇年代が一名、一九八〇年代が一名、一九九〇年代が二名、非公表が一名であった。なお、名前の表記は研究協力者の希望に応じている。本人が希望する仮名がある場合はそれを優先させ、研究協力者が希望する仮名がない場合や匿名を希望する場合などは、研究協力者の了承を得て、研究実施者が適宜仮名をつけた。また、インタビューからの抜粋については、プライバシーの観点から、内容に支障をきたさない程度に変更した箇所がある。なお、本文中で、研究協力者のウェブページやブログ、SNS上の記載にふれている場合、それはそれぞれのインタビュー時点での情報である。

i　〈特別養子〉長谷部さちこさん

一九八〇年代生まれ。女性。東北地方在住。夫あり。

長谷部さんは三〇代のころ、結婚を機に、特別養子であることを養父母から告げられた。長谷部さんと養父母との仲は当時も研究協力時点も良好であり、告知を受けたとき、長谷部さんの瞳からは養父母への感謝から涙があふれたという。

告知を受けた長谷部さんには、自分の生年月日は本当のものなのか、また、自分の名前を付けたのは誰なのだろうかという疑問がわいた。生物学的な親がどのような人物であるのかを知りたいという気持ちや、生物学的な母親と会ってみたいという気持ちもわいた。そこで長谷部さんは、養親にそれらを質問したり、戸籍を閲覧したりした。特別養子縁組に関わる審判書も閲覧した。養親の話から、生年月日は本当であることと、名付け親は生物学的な母親であることがわかった。従前戸籍からは、長谷部さんの生物学的な母親の本籍地がわかった。また、特別養子縁組に関わる審判書からは、生物学的な母親の名前や誕生日、生物学的な母親が長谷部さんを妊娠した経緯、長谷部さんが生まれた病院の名前、誕生後に入所していた乳児院名、長谷部さんを手放したときの生物学的な母親の住所、特別養子となり養親のもとへ託されることになった経緯がわかった。一方で、父親に関してはほとんどわからなかった。それまでに閲覧した書類のなかに、父親の素性がわかるような記述がなかったからである。ただ、長谷部さんは、父親にはさほど関心をもっていない。容姿、身体的特徴、医学的特徴に限っては、父親についても知りたい気持ちがあるが、それ以外については関心がない。長谷部さんは、自分のことを認知しなかった父親は、長谷部さんのことを「知らなかったものとして生きることを望んだ」のだろうと考えている。そんな父親の背中を、あえて追いかけるようなことはしたくない。だから、あまり興味がない――長谷部さんは、このように思っている。そのため、アンケートやインタビューへの回答は、容姿、身体的特徴、医学的特徴以外、母親に関する回答である。

容姿は「知らない――とても知りたい」。身体的特徴は「知らない――機会があれば知りたい」と回答しながらも、「とても知りたい」に近いと思っている。自分の将来の姿が気になるため、いずれも父親のもの、母親のものとともに知りたいと思っている。街中で、よく似た親子を見かけたときなどには知りたいという思いが強くなる。医学的特徴も、父親、母親のもの双方を「とても知りたい」。これは自分のためである。

趣味嗜好は「知らない――機会があれば知りたい」。声や話し方、性格・気性、職業・職歴は「知らない――あまり興味がない」。長谷部さんは、人の趣味嗜好や性格・気性は、後天的な影響が大きく寄与するものではないかと考えている。そのため、これらへの関心はあまり高くない。信仰は「知らない――あまり興味がない」。長谷部さんの信仰状況は「本当に普通」であり、何かを熱心に信仰していることはない。母親より上の世代や、墓の場所についても「知らない――あまり興味がない」。墓参をしたいという気持ちもない。母親や、その上の世代の人々のように、これまで数十年を生きてきたなかで一度も会ったことがない人たちは「他人」だと思う気持ちが大きいからである。ただ、異父きょうだいがいるのかどうかは気になっている。

母親の出身地は区町村まで「知っている」。戸籍[39]や裁判記録を閲覧したからである。現居住地は「知らない——機会があれば知りたい」。可能なのであれば、都道府県や区町村にとどまらず、特定できるまで現居住地を細かく知りたいと思っている。母親とある程度の物理的な距離を保っていたいからである。もし母親の現居住地が長谷部さんと生活圏の重なる場所であったなら、転居を検討する可能性もある。

長谷部さんが生まれるまでの母親の人生や、長谷部さんを出産したあとの母親の人生については、審判書の内容から「だいたいこういう感じなのかなっていうのがわかったような」気がしている。ただし、想像と現実とが異なる可能性もある。そのため、機会があればさらに詳しく知りたいと思っている。また、もし審判書を見ることができていなかったら「とても知りたい」と思っただろうと考えている。

母親が長谷部さんに対して現在どのような思いを抱いているのか、もし亡くなっているとしたらどのように思っていたのかということも「知らない——とても知りたい」。何も考えていない可能性や、忘れている可能性があることは承知している。しかし、長谷部さんは、妊娠や出産は人生のなかでも「インパクトのあるイベント」だと思っている。それが「いい」ものだったとしても「悪い」ものだったとしても、「なかったこと」にできる人は、あまりいないのではないかと考えている。それゆえ、知りたい気持ちが大きいのである。

――やっぱり女性にとって妊娠して出産するって結構人生のなかでインパクトのあるイベントだと思うんですね。で、それをおそらくなかったことにできる人ってあまりいないと思うんですね。なんか、いい妊娠にしろ悪い妊娠にしろ……なんかどう思って、生きてきたのかなっていうのが……ちょっと気になりますね。はい。まぁ妊娠したこと＝私のことになるかはわからないんですけど、うん……もしかしたら全然何も考えてないかもしれない、忘れてるかもしれないですけどね。

長谷部さんが生まれた状況も「知らない――とても知りたい」。審判書からは、長谷部さんが生まれた病院と、長谷部さんの生年月日を知ることができた。しかし、それ以上のことは審判書に記載されていなかった。母子手帳も残っていない。母親はいわゆる駆け込み出産をしたのだろうか。それとも適切な通院を重ねたうえで出産したのだろうか。自分の出生時体重はどのくらいで、正確な出生時間はいつだったのだろうか。長谷部さんは、これらを知りたいと思っている。また、長谷部さんが生まれたときに母親がどんなことを思ったのか、その気持ちも「知らない――とても知りたい」。長谷部さんは、子育て中の友人に「どういう気持ちになったら、その子を手放そうって気持ちになるの」と聞いたことがある。友人の回答は「子どもは、いるだけですごくエネルギーがある」「そのエネルギーに自分が負けるとしたら手放すかもしれない」というものであった。長谷部さんはこれを聞いて、これはさまざまな人が抱きうる気持ちなのではないかと思った。はたして自分の母親も、同じような思いを抱いたのか、あるいはそうではないのか。それを確かめたいという気持ちがある。

――お父さんになった友人に、まぁ私こういう境遇があるんだけど、私、生まれてすぐに親と離されたんだけど、今、その自分の子どもがそういう境遇になったらどうする？って聞いたことがあって、どういう気持ちになったら、その、この子を手放そうって気持ちになるのって一回聞いたことがあって。ま、男性なので、自分では産んでないじゃないですか。だから、女性とはまた違った意見が聞けるかなと思って聞いたんですけど、その人は、なんか、子どもはいるだけですごくエネルギーがあるって言っていて、そのエネルギーに自分が負けるとしたら、手放すかもしれないって言っていて。そのエネルギーをたとえばプラスに替えて、この子のために頑張ろうとか、一緒に頑張って育てていこうと、プラスに思えるならいいけど、いや、この子はきっと自分には……って思うんだったら手放すかもしれないって言っていて。その話を聞いたときに、なんかそれってすごく、いろいろな人にあてはまる気持ちだと思っていて、（自分の母親は）それがどうなのかをちょっと確かめたいって思います。

長谷部さんが生まれた経緯は「知らない――機会があれば知りたい」。「とても知りたい」ではなく「機会があれば知りたい」のは、母親が長谷部さんを妊娠した経緯がもしも「最悪な場合」――たとえば事件に巻き込まれて妊娠したなど――であったらどうしようという恐れがあるからである。母親が長谷部さんと別離した経緯と、そのときの気持ちは「知らない――とても知りたい」。審判書には、母親が長谷部さんを手放した理由は身体が弱いことなどと記載されていた。また、養親によれば、母親は長谷部さんを疎んじて手放したわけではなく、泣く泣く手放していたとのことであった。しかしそれらの真偽のほどはわからない。長谷部さんには、母親が自分を手放した「本当の理由」を確かめたいという気持ちがある。

長谷部さんは、「自分の存在理由」や「ここに生きていてよいのか」ということをあまり考えたことがなく[40]、それは、告知時に養親からかけられた言葉の影響が大きいのではないかと自己分析している。その言葉とは「あなたが来てくれたことで、親になるという夢が叶えられた」というものであった。長谷部さんは「その言葉だけで、自分は生きていて意味になった（原文ママ）」と思えた。また、自分が受けた告知のタイミング――結婚の直前――は適切だったのではないかと思っている。もし、養親の都合で、突然脈絡もなく言われていたら「え、もっと早く言って」などと思ったかもしれないと考えている。

このように、長谷部さんが母親に関して求めている情報は多々ある。そのなかでも、とりわけ知りたいものは、容姿、身体的特徴、医学的特徴、長谷部さんが生まれるまでの親の人生、長谷部さんと別離してからの親の人生、現在の長谷部さんに対する思い（亡くなるまでの思い）、別離の経緯とそのときの気持ち、長谷部さんの誕生の経緯、長谷部さんが生まれた状況、長谷部さんが生まれたときの気持ちである[41]。なぜこれらを知りたいのかというと、自分自身が、母親の人生に「どのようなインパクトを与えたのか」「どう関わったのか」を知りたいからである。また、「私を手放したことを後悔してくれているといいな」「なかったことにはされていたくないな」という気持ちもある。今後長谷部さん自身が妊娠、出産することがあれば、「どうしてこのタイミングで、私の母親は、こういうことになった（筆者注：長谷部さんを手放すことになった）んだろう」と思うかもしれないと思っている。

長谷部さんは、たとえどのような情報が開示されようとも、母親に「接触」してみたいとの思いをもっている。ただ、すぐに面会し、コミュニケーションをとりたいというわけではない。まずは遠くから眺めてみたり、写真や手紙のやりとりをしてみたりしたい。そのうえで双方がそれぞれに関心をもち、会ってみたいと思えたならば、会ってみたい。もしも母親が会いたいと思わないようであれば、その気持ちを受け入れたい。自分に会いたいと思わない母親を責めることはできないと思う。ただ、時期を改めて、また接触を試みたい。このように考えている。そのため、母親の連絡先を開示されれば、どのような状況であっても「機会があれば会いたいので連絡する」。たとえ母親が、長谷部さんとの面会を望んでいるか否かがわからなくとも、また、長谷部さんとの面会を望んでいないことがわかっていても連絡をとってみるつもりである。これからもし母親に会うことができたなら、自分は素敵な人と出会い、幸せになったと伝えたいと思っている。

――母は私のことを育てられなかったけど、生んだことで、私もこうして幸せになったんだよっていうことで、間違っていなかったってことを伝えたいのかも。

――十月十日、お腹の中で守って生むって相当な苦労だとは思うんですけど、その結果ちゃんとひとりの人が幸せになりましたよってことは伝えてあげたい。

＊

ii　〈幼少期に両親離婚〉スズキタロウさん（仮名）

一九七〇年代生まれ。男性。関東地方在住。妻あり。

スズキさんの両親は、スズキさんが幼少期に別居、その後離婚した。スズキさんは母親のもとで育てられ、生物学的な父親の記憶を全くもっていない。母親に、父親は「どんな人だったの」と聞いたことはある。まだ幼かったころである。しかしそのとき母親から返ってきたのは「何かしてくれない人だったよ」といった言葉だけであり、その様子から、「これは聞いちゃいけなかったのかな」と思った。また、当時のスズキさんにとっては、父親のいない生活が「当たり前」であり、父親のことを聞かなくても日常生活を続けていくことができるという感覚があった。そのため、スズキさんがその後、父親のことを母親に質問することはなかった[42]。母親が父親のことを話すこともなかった。研究協力時、スズキさんの母親は再婚し、存命である。

スズキさんは、常に父親のことを考えて生きたわけではない。しかし父親はどのような人だったのだろうという思いを心の片隅にもちながら生きてきたと思っている。その思いは、父親の訃報を受け取ったときに――スズキさんの父親は、研究協力の数年前に死去した――大きくなった。そこでスズキさんは、戸籍を見たり、行政書士に聞いたりするなどして、父親のことを知ろうと試みた。その結果、父親の名前、両親の婚姻日や離婚日、さらには父親の出身地や居住歴、父親の生前の職業や墓の場所を知ることができた。しかし、わからないことも多く残っている。たとえば、容姿は「知らない――機会があれば知りたい」。スズキさんは行政書士を通して、写真や形見を分けてもらえないかどうか、父親の遺族にかけあったことがある。しかし拒否されてしまった。今でも、写真を見たいという気持ちは変わっていない。スズキさんは、父親とともに過ごした実体験をもっていない。そのため、自分に生物学的父親がいたことと、その父親が人として生きていたということは承知していながらも、その実感をもつことができていない。戸籍に記された父親の名前を眺めることはできるが、それを眺めているだけでは、父親を「紙に書かれた字という存在」でしか捉えられない。全く記憶のない父親を身近に感じるための情報がほしい。特に、容姿を知ることができたなら、父親への親近感をもてたり、父親と自分とのつながりを感じられたりするのではないかという期待をもっている。

父親の声や話し方、身体的特徴も「知らない――機会があれば知りたい」。声や話し方を知ることができれば、父親が「実在していたこと」をより実感できるのではないか、声や話し方には容姿よりも情報量があるのではないかという気持ちもある。自分が父親からどの程度、身体的特徴をどの程度受け継いでいるのかという点にも興味がある。

筆　者：名前だけだと、「実感がわかない」って、きっとそのままですね，実感がわかないんですよね。

スズキさん：そうですね。

筆　者：見ると親近感がわいてくる……。

スズキさん：それまではやっぱり紙に書かれた字っていう存在だったので、実体として、人として生きていたんでしょうけど、まぁそれはそれはそうなんでしょうけど、実感っていうか、実体験がないわけですから、でも、（父親が）いるんだっていうことを、ちょっと身近に感じたいっていうのは、思っていますね。そういう意味では容姿っていうのが一番わかりやすいので、その人がいるっていう。だから本当は、あの、本当に写真でもあれば見てみたいって言ったんですけど、写真すらないって向こうから言われちゃったので。ないことないだろう……親族なんだし、と思ったんですけど，まぁそれはそれとして、未だにこのへんもわからずって感じです。うん。まぁそのとても知りたいとは思わない。そうですね。知れたらいいなぐらいの感じですかね。

筆　者：（写真が）あるよって言われたら見る。

スズキさん：そうですね。

筆　　者：そういう感じですかね。
スズキさん：はい。ま、そこでがっかりするかもしれないじゃないですか。なんか。
筆　　者：どういう？
スズキさん：なんかあまりかっこよくないとか、どうしようかなとか（笑）。
筆　　者：似ていたら嬉しいですかね。
スズキさん：なんかそれはな、見てみないとわからないですね、どうなのかなぁ……嬉しいとまでは思わないかな。
筆　　者：へーって感じですかね。
スズキさん：ただ、見られたら、やっぱりその人が実体として、なんかわかるので、そこで、嬉しいとは違うと思いますけど、実体としては、実感が多少強まるかなっていうところで。
筆　　者：写真って今おっしゃって、今の時代だと、写真、動画、あとまぁ実際覗く……全部選べるよって言われたらどうですか？
スズキさん：覗く。
筆　　者：こう、見に行くみたいな。
スズキさん：そうですね。
筆　　者：やっぱり動いているから。

スズキさん：うんうん。生身のね。
筆　者：もっと実感が湧くってことですかね。
スズキさん：ま、声とか話し方とかっていうのも、こう、情報としては結構大きいと思うので、写真よりは、より具体的じゃないですか。そういうところは、興味があります。

父親の医学的情報は「知らない――あまり興味がない」。父親の医学的情報を知ることは、自分の身体の傾向を知る手がかりになるかもしれない。しかし健康診断や人間ドッグを受けていれば、そこから身体の傾向を知ることができるはずである。また、父親の情報を知らないことによって不利益を被ったと感じたこともない。そもそもスズキさんには、父親から何かを受け継いでいるという感覚がなく、自分が得られた利益や、自分が被っている不利益を父親と結び付けて考えることがない。自分のなかで「父親の存在感」がないのである。そのため、医学的情報には興味がわかない。ただ、もしも父親の人生が、難病の発症などにより大きな変化を受けていたものなのであれば、「父親の人生を知る一環で」その難病を知りたいと思っている。

スズキさん：（医学的情報に）興味がない理由……そうですね、この質問をここまで読んできて、なんかこう自分にとってのその父親ってどういう、父親のどういうところが知りたいですかっていう質問の流れだったので、やっぱり容姿とか、どんな、まぁ人柄だったとかっていうところ、に関しては、興味がある。で、その流れのなかで医学的情報って言われちゃうと、もうそこまでは、その、何だろう、なんか父親のその人となりとか、性格っていう点ではそんなに理解する助けにならないのかなって思ったので、まぁ基本興味がないっていう、ところがありまして、あと自分の体質とかを知る一助っていうんですけど、たしかにあるかもしれないけど、何だろう、そこから、それから、父親のそういった医学的情報から、得たいっていうのは、そんなに考えなかったですね。どうなんですかね。両親がいる方はもうちょっと違った感じになるんですかね。なんか自分の中に父親の存在感が、ないので、そこから何かを受け継ぐっていう思いも多分ないのかもしれないですね。

筆　者：（医学的情報を）知らなかったことによる不利益、人間ドックとかで何か見つかっちゃってこれはもしかしたら、親譲りだよみたいに言われて困ったとかっていうのはないですかね。

スズキさん：今のところそういったことはないので、そうですね。こういった情報がないことで、不利益はないですね。それは多分、自分の中に父親の存在感がないので、なきに等しいので、だから、利益も不利益も関連できないという感じですかね。

筆　者：じゃ、親の生活や人生観、死生観に大きな影響を与えたなどの事情があるようでしたらってことで、たとえば、（父親が）すごい難病患ってたとしてそれによってすごい人生が大きく変わっていたとかだったら知りたいってそういう。

スズキさん：そうです。

父親の趣味嗜好、性格・気性は「知らない——機会があれば知りたい」。これらを知ることができれば、父親が送っていた人生や「父親がどんな人だったか」を知ることができるかもしれないと思うからである。なお、父親の性格・気性については、幼少期、多少であれば母親から聞いたことがあるが、よくわからないのが正直なところである。父親の職業・職歴も、行政書士から生前の大まかな職業——何に関連する仕事をしていたのか——を聞いているが、詳しいことはわからない。

父親の墓の場所は「知っている」。行政書士から聞いたからである。実は父親の死去に際しては、墓守をするかどうか尋ねられたが、「守れません」と断ったという経緯がある。断った理由は主に二点ある。ひとつは信仰の問題である。スズキさんは、父親の家族とは異なる信仰をもっている。もうひとつ、墓守を断った理由は、父親の親族がスズキさんとの接触を望んでいないと感じたことである。先に述べたように、スズキさんは、父親の形見や写真をもらえないかどうか、行政書士を通して父親の遺族に依頼をしたものの、断られてしまった。スズキさんはこのとき、父親の遺族が自分と「コンタクトをとるつもりが〇%に近い」こと、また、父親の親族と完全に縁が切れるであろうことを悟った。スズキさんはこのとき、また、墓守を断ったときに、自分の〝父親はどのような人だったのだろう〟という気持ちに一区切りついたような気がしている。なお、父親の生前の信仰状況は「知らない――機会があれば知りたい」。仏教系であることは知っているが、それ以上のことはわかっていない。父親がどのような人生を送っていたのかを知るうえで興味をもっている。

――あの、三年くらい前ですかね、急に、えっと行政書士さんから内容証明郵便が届いて、それであのまぁ（生物学的な）父親が亡くなりましたっていうことを聞いてその後相続の手続きやら何やらが発生したんですね。そのときに、あの、まぁどんな人だったのかなっていうのはまた湧いてきたんですけども、その父親の親族が、その行政書士さんに依頼して、間接的に連絡を取りつつって感じだったんですけど、一切の情報を出してくれなくて、なんかまぁ、形見の物とかもないし写真とかもちょっと欲しいっていうことをお伝えしたんですけどそういうの一切なく、お手紙を書いたんだけども、返事もなくみたいな、なので、なんかそれで、結局その父親サイドとは、もう完全に縁が切れるんだなっていうのは、そのときに思ったんだと思うんですね。それで自分の気持ちもまぁなんていうか、整理がついたっていうんですかね。それまではずっと考えることはなかったんですけど、ちょっと片隅にずっと、もっていたんですけども、こう、でもその一件があって何かちょっとこう、自分の気持ちのなかでは切れた感じは、ありました。なので、その後にこういったインタビューなので、特に知りたいっていうのはもう、このとき（回答時）には、なんか、完全にないわけじゃないんですけども、薄れていたっていうのは、ありますね。

――まぁずっと忘れてたことを、急にその相続ってことが起きて、思い出して、やっぱなんかやっぱりそれなりに出自とか気になるじゃないですか。それで、あの、もし知れるものならって、その当時はあったんですけども、本当に、向こうとしては完全に、その、コンタクトをとるつもりがまぁ〇%に近い、そういう感じだったので、で、まぁそうですね。そこで気持ちはなんか、多分整理されちゃったんですかね。だからそれまでだったらまたその、その一件が起きる前であれば、またちょっとこう、答えは変わっていたかもしれないですね。

＊

祖父母など、父親よりさらに上の世代については「知らない――全く興味がない」。父親の遺族がスズキさんとの接触を望んでいないと感じているため、無理に父親の親族との関係を構築しようとは思えないからである。上の世代についても心理的な距離を感じている。なお、父親の家の墓を訪れたことは一度もない。

スズキさんが生まれるまでの父親の人生は「知らない――機会があれば知りたい」。父親の人生を知るうえで、興味をもっている。母親との出会いや別れにも興味がある。スズキさんと別離した後の父親の人生についても「知らない――機会があれば知りたい」。スズキさんには、父親にとって自分がどんな存在だったのかを知りたいという気持ちがある。「どんなふうに成長したのかを知りたいと思っているのかな」、「たとえばこっそり見に来たりとかしていたのかな」、「会いたいって思ったりしたかな」、「それとも完全にとっくの昔に吹っ切っちゃってるのかな」などと考えることがある。

スズキさんが生まれた経緯や、生まれたときの状況については、戸籍謄本に記載されている範囲——スズキさんが生まれたときは両親が婚姻関係にあったということだけ——にかぎり「知っている」。それ以上のことについてはわかっていない。たとえば、両親は婚姻関係にあったとはいえすでに別居していたのか、それとも同居していたのか。ただ、これについては知りたい気持ちがある一方で、知るのが怖いという気持ちもある。スズキさんは、ある疑念——両親はいわゆる授かり婚をしたものの自分と父親とは血がつながっていなかったのではないかという疑念——をもっている。母親からそうであると聞いたわけではないが、まず、両親の婚姻日とスズキさん自身の誕生日を考慮すると、両親は授かり婚をしたのではないかと考えられる。次に、父親の遺族はスズキさんと接点をもとうとせず、写真の提供すら拒んでいるという事実がある。これらを考慮すると、その疑念がわいてくるのである。もしも自分の生まれた経緯や、自分が生まれたときの状況を知ることができれば、その推測の真偽を確かめることができるのではないか。だから、知りたい。しかし、もしもその推測があたっていたら——それはスズキさんにとって「母親の知りたくない一面」を知ることと同義である。そのため、知るのが怖いという気持ちも同居しているのである。

スズキさんが生まれたときの父親の気持ちは「知らない——機会があれば知りたい」。父親が喜んでいたのかどうか、納得していたのかどうかなどに興味をもっている。もしかしたら父親は、自分の誕生に否定的な思いを抱いていたかもしれない。しかし、それはそれで受け入れられる自信がある。なぜなら、「もう僕は僕で生きてきているので、それでぶれたりはしない」――たとえ自分の誕生が父親に望まれていなかったとしても、あるいは父親がどのようなことを思っていたとしても、それが自分にとって大きな意味をもつことはないと思っているからである。なお、スズキさんは、「自分の存在理由」や「ここに生きていてよいのか」ということを考えたことがない。その理由は、周囲の大人や、母親から十分に愛情を注がれて育ってきたからかもしれないと思っている。なお、母親との関係性は、遠すぎず近すぎず、一般的な距離を保ててきたと思っている。また、母親の再婚相手とも良好な関係を築いている。

筆　者：（スズキさんが生まれたときの気持ちについて）これは否定的な思いだったとしても知りたいっておっしゃっていて、他はちょっとなにか知るのが怖いがみたいな話とかもありましたけど、これはどっちでも、ちょっと知りたいかなという感じですかね。

スズキさん：そうですね、望まない妊娠だったのか、とかね、それはそのさっきの、その、親、父親が僕に対して関心を持っていたのかなっていうところとも通じるかもしれないんですけど……父親にとって僕の存在ってどういう位置づけだったのかなっていうのは、知りたいですね。ま、仮に否定的だったとしても別にもう僕は僕で生きてきているので、あの、それでぶれたりはしないとは思うんですけど、父親の人となりというか、どういう人だったのかっていうのを知るうえで知りたいという感じですかね。自分にとって大きな意味をもつかっていうと、今更もたない気がします。これがまた中学生ぐらいでね、同じ質問を投げられて、もし望まれて（生まれて）いないとか言われると、どう思うかちょっとわからないんですけど。

筆　者：そうですよね。中学生ぐらいだとちょっと違うでしょうね。

スズキさん：実際どうなんでしょうね。望まれて生まれてこなかった、って言われてショックを受けるみたいな、なんかドラマとか小説とかではありそうですけど、実際、当の本人としてみたら、僕のイメージですけど、もう生まれてきちゃったから生きているしかないっていう、思いにならないかなと思います。

〈中略〉現状、受け入れてしまうっていう意味では、べつにもう父親はいなくたって、それが僕にとっての当たり前だったので、人が思うほど、全然、なんだろう、ダメージ、自分自身は思ってないつもりですね。そういう意味では、否定的な思いだったとしても平気なので、うん。まぁそれはそれで知りたいっていう、気持ちです。

スズキさんは、自分にとっての「お父さん」は、母親の再婚相手だと思っている。ただ、スズキさんには、父親に自分の成長を見てもらいたかったとの思いがある。これまでの自分の人生を「それなりに認めてもらえるんじゃないか」という自負もある。

――まぁなんか、恥ずかしながらというか、そんな胸を張って言うことではないですけど、あの、うん、そうですね、それなりに（生物学的な父親に）認めてもらえるんじゃないかっていう自負はあるので、まぁ周りの助けももちろんあってのことなんですけど、こと、対父親と僕っていう関係では、こうなったよっていうところを、なんか示したいっていう気持ちはありますけど、うん。

そのため、もし父親が存命であり、その連絡先を開示されたとしたら、会いたいという気持ちがある。これは父親が死去した今だからこそ抱いている思いかもしれないが、もし父親が存命で、父親が会いたいとわかっているのであれば「機会があれば会いたいのでとりあえず連絡する」。会えば、父親との関係性に何か変化[43]が起きるのではないか。それはたとえば、自分の人生観や死生観にとってプラスになるものなのではないか。ただ、実際に変化があるのか、どのような変化になるのかは、全く想像ができない。「得たことがないものは想像できない」という気持ちである。

――想像ですけども、やっぱりその自分のなかでずっと、謄本に書かれた字だけの人、だった人が、実体をもって現れて、で、まぁよしんば会えたりとかね、したらやっぱり自分のなかで、今までなかった感情が湧くんじゃないかっていう想像ですね。それはやっぱり今までもっていなかったものなので、どんなものか、もしかして、変わらないかもしれないんですけど、もしかして何か自分にとって、プラスの変化があるんじゃないかなっていうのは、それは、もっていないから。もっていないことに対して、もしもったらどうなるか、それはもったことがないのでわからないっていうところはありますね。ただ、まぁ普通みんな一般的にはね、両親がそろっているので、もしそうやって両親がそろっていて、で、しかもそのちゃんと自分の成長とともに歴史がこう積み上がっていってっていう、ことになれば……どうだったかなとか、それが後から、こう……後からでも修復できるのかとか。それはもうここは、イメージというか想像の世界なんですけども、だからまぁ願望に近いかもしれないですね。ずっとこう知りたい知りたい、できれば知りたいって言っていたのも、こういった自分のなかで、やっぱりどこか欠けたところがあるっていうのは、自覚があるので、片親しかいないということで。で、それがもし、こう、欠けていたものが埋まったらどうなるんだろう、それはきっと、多分プラスのことなんだろうっていうイメージですね……そうですね。得たことがないものは想像できない、ので、わからないですけどね。そなんかこう普通に両親、いらっしゃる方って父親像みたいなのってあえて意識されないんですかね。その、もし自分が、このとき、このときもし自分の父親がいたらとか、この後、父親との関係を回復したらって想像するんですけど、逆に両親そろっている側って、もし自分の父親がいなかったらっていうのはきっと想像していないですよね。

——向こうの気持ちが、こちらに向いているのであれば、あの、関心をこちらも向けられるんですけど、そういう状況にないのであれば、そうまでして、自分としては求めていないようになっていて、今、まぁ相続の経緯もあるんですけど、でも基本的にはずっと父親なしで生きてきていて、過ごせていたので、それはなにかこう、失ったんだったら、失ったものがわかるんですけど、もともともっていないっていう意識なので、それならそれで生きていけますっていうところがあるんです。なので、興味はあるけど、向こうからのその、こちらに対するベクトルがないのであれば、それでもなお追っかけようとも思っていないですね。向こうから何かしら情報がどんどん入ってきて自分のなかで実体がどんどんどんどん具体化してくれれば、興味は増すと思うんですけど。なんか今後、何かの拍子にね、いろいろなその、父親の親族から、実はね、とかって（父親の）情報がもし与えられたとしたらまた心境は変わると思います。

＊

父親の意向がわからない場合も「機会があれば会いたいのでとりあえず連絡する」。連絡し、父親が面会をやぶさかではないと思っていることがわかれば、会ってみたい。父親が面会を望んでいないことがはっきりわかっている場合は「機会があれば会いたいが連絡はしない」。父親の生活を乱すつもりはないからである。物心がついたころから、父親がいない環境で育ってきたスズキさんには、「会わないなら会わないで生きていける」という気持ちがある。

――まぁ親が会いたいと思っていないっていうところなので。まぁ無理に出て行くこともないかなとは思いますけど、やっぱり、連絡っていうか会いに行けるっていうことであれば、ちょっと行くかもしれないですね、多分行きますね。ただもう向こうが会いたくないってことがわかっているのであればあえて強引に現れることはないですけど、それは多分最初の、そう知りたいっていうところと通じていて、なので、覗きに行くって形ですかね。なんか向こうの生活を別に乱したいとも思わないですし。そうですね。

父親がスズキさんと別離したときの経緯、言い換えれば、父親がスズキさんの母親と別離したときの経緯は「知っている」。母親によれば、両親の離婚原因は性格の不一致であった。その真偽のほどはわからない。もしかしたら、スズキさんの推測どおり、授かり婚で結婚したものの、父親とスズキさんとの間に血縁がなかったからかもしれない。父親から話を聞いてみたかったという思いもある。しかし、母親が性格の不一致と言っているのだからそれでいいと思っている。別離時の父親の気持ちは、「知らない――機会があれば知りたい」。スズキさんへの関心はあったのかどうか、スズキさんたちへの気持ちを断ち切る「葛藤」があったのかどうかを知りたいと思っている。もしもスズキさんと父親との間に血縁があったのであれば、関心や葛藤があってほしいと思っている。自分や母親に対して多少なりとも「痛み」を感じたり、母親が父親と離婚することでシングルマザーになっていくのだということにも思いをはせたりしていてほしいとも思っている。もちろん、そのような関心や葛藤をもたなかった可能性があることはわかっている。たとえ無関心であったとしても、また、葛藤が何もなかったとしても、それはそれで知りたいと思っている。

研究協力時、スズキさんの父親への関心は、父親の死去直後に比べて落ち着き、何が何でも父親のことを知りたいという気持ちはなかった。今後、もしも父親からの関心が自分に向いていたことがわかれば、再度、父親への関心が高まるかもしれない。あるいは、遺族から何らかの情報提供がなされるなどして、父親に関する情報量が増えれば、さらなる情報を求めたいと思うようになるかもしれない。墓参りにも一度くらいは行ってみようと思うようになるかもしれない。現時点では、そうした思いはないが、もしも知ることができるのであれば、父親の容姿、声や話し方、身体的特徴、性格・気性、自分と別離してからの人生、自分と別離したときの気持ちについては特に知りたいと思っている。また、父親がスズキさんに対して関心をもっていたのかどうか、どのような思いをもっていたのか、父親にとって自分がどのような位置づけでいたのかも知りたいと思っている。

――父親にとって、私はどんな存在なのかが知りたいのだと思います。物心がつく前に別離した私にとっては父親とは戸籍謄本に記載された文字だけの存在であり、掴みどころがないものです。もしも、父親が私に関心を持っていたことがわかれば、少しは大切なものとして心に留めておくことができるかもしれません。それが、私にとってどんな意味があるかはわかりませんが。

iii 〈置き去り／特別養子〉Ｙ・Ｆさん（仮名）

一九九〇年代生まれ。男性。関東地方在住。妻・子どもなし。

戸籍謄本や特別養子縁組に際する裁判の記録[44]によれば、Ｙ・Ｆさんは、生後間もなく、へその緒がついた状態で置き去りにされていたところを発見、保護された。生物学的な親に関する手がかりは、父親、母親ともに何も残されていなかった。そのため、Ｙ・Ｆさんは両親に関して何も「知らない」状態で生きてきた。Ｙ・Ｆさんは、保護されてからはしばらく乳児院にて生活した後、養親のもとに特別養子縁組された。その後一〇代のころ、思いがけないタイミングで戸籍上の父親から特別養子であることを告げられた。研究協力時、養親との関係は良好とはいえない状況にあった。

Ｙ・Ｆさんは、生物学的な父親のことが「嫌い」である。自分が生後まもなく遺棄されたことの責任の所在は、父親にあると考えているからである。父親が、母親を子どもを遺棄せざるを得ない状況に追い込んだのだと考えている。父親が、母親の人生を「狂わせた」かもしれないとも思っている。自分がその父親から血を受け継いでいることは苦痛であり、Ｙ・Ｆさんにとって生物学的な父親とは、「いないと思ったほうがありがたい」存在である。そのため、Ｙ・Ｆさんには父親のことを知りたいという気持ちはほとんどない。父親について知りたいのは、容姿と身体的特徴だけである。したがって、アンケートやインタビューにて述べられた思いは、容姿と身体的特徴以外、すべて母親に対するものである。母親の名前は「とても知りたい」。名前がわかれば、母親を探し出すための手がかりになるからである。なお、Y・Fさんの名前は、Y・Fさんが発見された自治体の担当者によってつけられたものである[45]。

母親の容姿と身体的特徴は「とても知りたい」。これにかぎっては、父親のものにも関心がある。似ていないことを確認したいから「とても知りたい」と思っている。もし父親の写真があると知らされたとしたら、ひとりで見ることはしたくない。もしも自分ひとりで写真を見たら、自分と父親が似ているような気持ちになってしまうのではないかと思っている。そのため、もし父親の写真があると知らされたとしたら、まずは第三者にそれを見てもらい、Y・Fさんと似ているかどうかを判断してもらいたいと思っている。自分が写真を見るのはその後である。また、写真を見るにあたっては、第三者の手により父親を隠してもらいたいと思っている。Y・Fさんは、自分が父親と似ていなければ、母親は自分に会ってくれるのではないかと思ったこともあった。母親との接点がない以上、そうなるかどうかはわからないが、いずれにしても、自分と父親との間に類似点がないことを強く願っている。

——知らないでいると不安が続くじゃないですか。だったら、似ていないという事実を知って、まぁ、似ていると知って苦しむ可能性もありますけど、それでも似ていないという事実が可能性としてあるのだったら、似ていないという事実を知って、（これ以上）苦しみたくない。

母親の声や話し方も「とても知りたい」と思っている。もし声や話し方がわかれば、方言などによって、自分の出自を知る手がかりを得られるのではないかと思っているからである。Ｙ・Ｆさんは、生まれ育った地域柄、自分が「純日本人」なのか確信をもてていない。自分自身には差別感情はないものの、今後、自分が結婚することになった際などに、自分の出自がわからないことが障壁にならないかどうか気にかかっている。だから、知りたいのである。

医学的情報も「とても知りたい」。これは自分が結婚する際に、相手に伝える義務があると考えているからである。具体的には、自分が遺伝的疾患を有している可能性や、体質、持病、アレルギーなどを知りたいと思っている。

性格・気性は「機会があれば知りたい」。性格や気性は養育環境など後天的な要素のほうが遺伝的要素よりも影響を及ぼすと考えているため、関心の程度は低い。もしも学術的に、性格や気性が遺伝するなどという説があるならば、親の性格・気性を把握したうえで、自分がそうならないように意識することはできるかもしれないと思うが、知ることが必須だとは思えない。趣味嗜好、職業・職歴は「全く興味がない」。母親の趣味嗜好や職業・職歴は、自分の人生に何の影響も及ぼさないものだと思っているからである。

信仰は「全く興味がない」が、墓の場所は「とても知りたい」と思っている。信仰は、興味がないというよりも、怖いので知りたくないといったほうが正しいかもしれない。Y・Fさんの養親はともに熱心な信仰をもっている。Y・Fさん自身は「無宗教」だと思っている。また、「宗教があっていいことはない」と思っている。しかしY・Fさんは養親から信仰生活を強要されて育った。幼いころから毎日仏壇に手を合わせ、毎月のように墓参りをしていた。真実告知を受け、自分が特別養子であることを知ったとき、Y・Fさんには「自分の生みの親の生死すら知らないのに、のんきに、会ったこともない祖父母（養子縁組時すでに故人）[46]に必死に手を合わせていたなんて、そんなに滑稽なことがあるか」という思いがわいた。それまでの信仰活動も「ばかばかしく」感じられてしまった。墓の場所に関心が高いのは、このような経験があるからである。もし生物学的な母親がすでに死去しているならば、一度くらいは手を合わせに行きたいと思っている。

出身地は特定できるまで「とても知りたい」。理由は声や話し方を知りたい理由と同様である。自分が「純日本人」なのかどうかなどを確かめるための手がかりになるのではという期待がある。現居住地も、同じく特定できるまで「とても知りたい」。母親の現居住地が判明したら、訪ねていきたいと思っている[47]。

母親よりもさらに上の世代については「機会があれば知りたい」。ただ、これは母親本人の各情報より優先順位は低い。なぜ関心があるのかというと、「実親がただただ悪かったのか、実親もまた被害者だったのか知りたい」からである。Y・Fさんは、自分の親のように子どもを育てられない親には、何らかの要因が必ずあると考えている。また、その要因は、その人が親から受けた教育に由来する部分が大きいと考えている。だから、知りたいのである。

Y・Fさんが生まれるまでの母親の人生は「とても知りたい」。それを知ることで、母親に「同情してあげられるかもしれない」と思っているからである。また、Y・Fさんが生まれた後の人生も「とても知りたい」。それは、Y・Fさんの母親が、自分に課された「義務」を果たしているのかを知りたいからである。Y・Fさんは、自分を捨てた母親には、「幸せになる」という義務があると思っている。自分をこのような境遇においた以上、母親にはその「義務」を果たしてほしい。そうでないと納得ができないのである。

Y・Fさん：僕の場合はそれで幸せになれませんでしたなんてもう冗談じゃないと思うんですよね。幸せになるためにそういう手段をとって、なんかそれで幸せになれませんでしたごめんなさい幸せになったらいけないと思っていますみたいなのは、ちょっと一からやりなおしてくださいと思っちゃうので。僕は本当、むしろ幸せになれないほうが許せないですね。納得いかないですよ。それで幸せになれなかったは。もうがむしゃらに幸せになれるように努力する義務がある。彼ら彼女たちには（その義務が）あると思いますし、彼女たちの周りがその人に、なんだろう、育てられない……たとえばその親であれば、その子に施設に預けなさいというふうな選択をさせたのであれば、その子がそういうふうな、ちゃんと幸せになるようなサポートを全力でする義務があると僕は思います。という意味で、やっぱり、それから先の人生についても、やっぱり知りたいですね。ちゃんと責任を果たしたのか。ちゃんと義務を果たしてくれたのかどうか。

筆　者：幸せになるっていうね。

Y・Fさん：そうです。ちゃんと義務を果たしてくれたのか知りたいなっていうのがあります。これ義務だと思っていて。願いとかじゃないんです。義務です。僕にとっては。

同時に、Y・Fさんは母親のことを案じている。母親は大丈夫なのだろうか。自分を生みつつも、育てられなかったということを悲しんでいないだろうか。今後自分は幸せになったらいけないなどと考えていないだろうか。その後子どもを生んだらいけないなどとも思っていないだろうか――Y・Fさんは、母親が苦しんでいないことを願っている。そのため、もしも現在、自分のことを忘れて幸せになっているのであれば、それはそれでよいと思っている。また、母親に会いたい気持ちはあるが、自分が知りたいと思っていることをすべて知ることができたなら、母親とは会わなくてもいいと思っている。母親に会いたいのは、さまざまなことを知りたいからである。無理に会いに行って、母親の人生を壊したくないという思いもある。会えた際に言いたいと思っていることも特にない。「殺さないでくれてありがとう」くらいだと思っている。

母親の現在の思いは「全く興味がない」。人の気持ちは時を経て変わるものだと思っているからである。また、何を言われたとしても、それが事実なのかという確証をもてそうにない。どんなことを言われても、信じられそうにない。だから、興味がない――これが正直な気持ちである。Y・Fさんが生まれたときの母親の気持ちは、当時を振り返った気持ちであれば「あまり興味がない」。信じられそうにないからである。しかしY・Fさんが生まれたその瞬間に聞けたものであったら、「とても知りたい」[48]。Y・Fさんとの別離の経緯、すなわちY・Fさんが置き去りにされた経緯や、Y・Fさんを置き去りにしたときの母親の気持ちも、その瞬間に聞けるのであれば、「とても知りたい」[49]。しかし、当時を振り返って話されるようなことであれば「全く興味がない」。なお、Y・Fさんは、遺棄されることになった経緯を知ることは、そのときの母親の気持ちを知ることだと思っている。

Y・Fさんが生まれた経緯や状況は「とても知りたい」。へその緒がついた状態で遺棄されていたことなどから、Y・Fさんが病院で生まれていないことはたしかである。ただ、それ以上のことは何もわかっていない。母親は、父親と一緒に生んだのだろうか、家族のもとで生んだのだろうか。それともひとりで生んだのだろうか。Y・Fさんは、わからないがゆえにさまざまなケースを想定して苦しんでいる。「ネガティブ」な性格ゆえに、「最悪のパターン」を想像してしまう。たとえば、自分は性的暴行で生まれたのではないか。自分が生まれたことは、歓迎されなかったのではないか。自分の誕生は周囲を苦しめたのではないか。そうならば、自分はどれほど周囲から恨まれたのだろう——考えれば考えるほど、さまざまなケースが頭に浮かんでくる。そしてそれぞれのケースがY・Fさんを苦しめる。Y・Fさんには、さまざまなケースを想像しては泣き、ひとりこもった部屋で土下座をしていた時期があった。「生まれてきたことへの罪滅ぼしをしないといけない」という気持ちも永らくもっている。もし、事実を知ることができたら、想像しうる数々のケースのうち一ケースだけに苦しめばよいことになる。さまざまな想像をめぐらせて、それぞれの「苦しみをシミュレーション」することもなくなる。想像から引き起こされる自己嫌悪の念も多少なりとも和らぐのではないか。だから、「とても知りたい」と思っている。

——わからないってことは全部可能性があるんですよ。それって、全部の苦しみを三〇%ずつ、苦しまないといけなくて、僕の場合は。このケースだったらこうつらいな、このケースだったらこうつらいなって、実際に当事者じゃないから深いところまでの苦しみを想定することってきっとできないんです。実際にそうだった人ほど苦しめはしないんですけど、でもその最初のさわりの部分だけでも三〇%ぐらいずつ苦しむんですよ。それってすごくしんどいので、だったらそれのうち一個、徹底的に苦しんで解消できる方が絶対よくって、僕は。だから真実告知に意味はあると思ってるんですけど。

＊

――実の父親と一緒に生んだのか、実の母親ひとりで生んだのか、実の母親家族のなかで内輪で生んだのかとかわからないんですけど、そのときにいた人たちが、自分が生まれたときどう感じたのか。自分ができたのっていうのを聞いたときに、実の父親とか、その自分の母親自身がどう思ったのか、自分の母親が親に相談したときに親がどう思ったのか、っていうのをすごく気にしていて、なんか、僕ネガティブなので、マイナスなことばっかりずっと考えているんですよね。やっぱりすごく嫌だったんだろうなとか、やっぱり自分の……なんだろう、祖父母の目から見たら、自分の娘にこの子ができてしまったせいで、この子の人生が狂ってしまったとか、この子フェードアウトしてしまった、ここからまともな人生歩めない、みたいに思ってしまったのか。なんか、なんだろう、すごく想像力があるせいで、いろんなパターン思いつくんですよ。かつ一般的に理想的なパターンもたくさん思いつくんですよ。だからそれを比較しちゃうんですよね。一般家庭だったら、子どもができたっていうふうに家族のなかでわかったら、みんなどういう感じでリアクションしてどういうふうに話すんだろう。お父さんお母さんにどういうふうに話して、おじいちゃんおばあちゃんどんなに喜んでくれて、どういう気持ちで待ち遠しいなって思って、で、実際に生まれたっていう病院とか電話とかで知っておじいちゃんおばあちゃんどういう感じで喜ぶんだろうみたいな、すごく考えるんですけど、それと比較して、最悪のケース、自分に対しておじいちゃんおばあちゃんがどんなに嫌がってたんだろうとか、どんなに恨んでいただろうとか、そういうことを考えていくと、なんか、比べてるからなおさらつらい（中略）。そこを、どうにか考えないようにするには、そのときの事実を知りたい。

Y・Fさんは、「自分の存在理由」や、「自分がここに生きていてよいのか」などをしばしば考える。しかし、これは母親の何かを知ることで解消されるものだとは思っていない。また、もしも母親に関するさまざまな情報や、自分のおかれた境遇に関する真実を知ったとしても——それがネガティブな想像をくつがえすようなものであったとしても、変化するものだとも思っていない。自分自身が「ここに生きていていいな」と思えるかどうかは、すべて自分次第だと考えているからである。

もしも母親の連絡先を開示され、母親も面会を望んでいるとわかっている場合は「どちらかというと会いたいとは思わないが連絡する」。母親が面会を望む理由は、Y・Fさんを頼りたいからということ以外考えられない。「イエスマン」だと自覚しているY・Fさんには、その思いに応えるほか選択肢がない。だから、連絡するだろうと思っている。ただ、複雑な問題に巻き込まれたくはない。そのため、直接会うことは避けたいという気持ちがある。連絡先を開示されながらも母親が面会を望んでいるかどうかわからない場合、および母親が面会を望んでいないことがわかっている場合は「全く会いたいとは思わないが連絡はする」。いずれ連絡したいと思ったときのために、連絡をとっておくつもりである。面会は、さまざまな情報をもたらしうるからである。

このように、Y・Fさんは何の手がかりもない母親の情報を求めている。特に知りたいのは、名前、医学的情報、容姿と身体的特徴、声や話し方である。墓の場所にも関心がある。出身地や現居住地も知りたいと思っている。そのほか、当時の母親の気持ちや、自分が置き去りにされるに至った経緯などにも強い関心がある。また、Y・Fさんがアンケートに答える前から気にしていること、知りたいと思っていることは、母親は自分を生んだことで「不幸」になったのではないかということと、Y・Fさんを遺棄したあとに母親が「ちゃんと幸せになれたのか」ということの二つである。

iv 〈置き去り／養子〉常盤圭伽さん（仮名）

女性。日本国内在住。年齢、夫・子どもに関しては非公表。

常盤さんは一〇代の頃、進学を機に、養子であると告知を受けた。告知は、養親から戸籍の写しを渡されるとともに、「（あなたは）捨て子だから」と告げられるというものであった。告知を受けた常盤さんには思い当たる節が次々と浮かび、「やっぱり」と思ったという。常盤さんは、未婚の若い女性から生まれ、その女性によって、生後一か月ほどのころに美容室に置き去りにされた。保護された後は乳児院で過ごし、その後、身元不明のまま養親と養子縁組されることになったが、養子縁組の調整中に、常盤さんの身元が判明した。生物学的な母親とその家族が「赤ちゃんを置き去りにした」と申し出たからである。それから誰が常盤さんを引き取るのか協議が行われたが、予定どおり養子縁組は成立し、生物学的な母親のもとに常盤さんが引き取られることはなかった。常盤さんはこれらの話を、養子縁組の支援者から聞いた[50]。常盤さんの養子縁組が成立した当時はまだ特別養子縁組制度がなく、常盤さんは「養子」として戸籍上に記されている。特別養子縁組ではないため、生物学的な母親との親子関係も継続している。戸籍を見て、母親の名前や本籍地、きょうだいに関する情報などを得ることができる状況である。

常盤さんは、母親を訪ねたことがある[51]。養親が老いていく姿を見て「時間がない」と思ったことがきっかけであった。母親とは事前のやりとりはなく、突然の訪問であったが、母親は在宅しており会うことができた。常盤さんのきょうだいにあたる人物[52]も在宅していた。面会により、常盤さんは母親の口からさまざまなことを聞くことができた。たとえば常盤さんが置き去りにされた日のこと――母親はどこの美容院に、どのようにして常盤さんを置いて行ったのか、常盤さんにどんな服を着せたのかなど――である。また、常盤さんが最も聞きたかったこと――母親は自分と別れた後どのような暮らしをしていたのかということ――も聞くことができた。それらを聞いて、母親は深く考えずに自分を置き去りにしたのだろうと常盤さんは思った。また、その後「私のことを思い出すことはそんなにはなかっただろう」と思った。母親のなかで「自分を肯定するストーリーができあがっている」こともわかった。

このような経緯があるため、研究協力時、常盤さんは、生物学的な母親の名前と容姿、身体的特徴、声や話し方、現居住地、母親の人生（常盤さんが生まれるまでおよび常盤さんを置き去りにした後のこと）、常盤さんが生まれた経緯や状況、常盤さんを置き去りにした経緯、そのときの母親の気持ちを知っていた。また、きょうだいがいることや、母親家系の祖父母がすでに死去していることも知っている。その一方で、父親に関しての情報は、婚姻関係になかった母親の妊娠がわかると去ってしまったということ以外知らない。戸籍の父親欄も空欄になっており、わからなかった。ただ、父親にはさほど関心がない。母親と面会した際にも、父親のことを聞くことを忘れてしまったくらいである。これは我ながら不思議なことだと思っている。

――自分もちょっとこう不思議なんだけど。何だろうな。なんか、もうすでに母親からも、こう望まれて、これ別に悪い意味ではなく、（常盤さんは）望まれてはいなかったし、一緒にいなくてもいいと思っていた子なので、母親にとっての父親はさらに遠い存在ですよね。だから私にとっては、生物学的な構造が誰から来たかっていうよりは、うーん、私にとってどういう意味をもっているか、私に対してどんな意味をこの人はもっているかのほうが、その人に対しての思いが受けやすいけど、生物学的な父親は私の存在すら知らないし。妊娠がわかって別れたのか、別れてから妊娠がわかったのか、ちょっとその辺は定かではないんですけど、母親ですら、そこにはもう、彼のなかではいなくなっていたし、母親としてもいなくなっていたし。

＊

――不思議ですね。父親は誰なんだろうとか、生物学的な私はどこから来たんだろうっていうのは一切思ったことないです。

したがって、アンケートへの回答ならびにインタビューで述べられた内容はすべて母親のみに関する情報への状況と意識である。

先に述べたように、常盤さんは母親の名前、容姿、声や話し方、身体的特徴も面会しているため「知っている」。職業・職歴も面会時に話を聞いており、「知っている」。また、「戸籍の流れだけで通常の会社員ではない」こともわかっている。なお、容姿については面会したとき、「似ているな、嫌だな」と思った記憶がある。医学的情報は「知らない――あまり興味がない」。それを知ることにより、診断や治療が効率的になる可能性はあるかもしれないが、遺伝的な要素が疾患に一〇〇%影響するわけではないと考えている。また、これまで常盤さんは遺伝的疾患、アレルギーを指摘されたことがない。面会した際に聞いた母親やきょうだいの状況から、自分が何らかの遺伝的な特徴を有しているようにも感じられなかった。そのため、関心の程度は低い。

母親の趣味嗜好、性格・気性も「知らない――全く興味がない」。これは面会前からほとんど興味をもっていなかった。また、母親の現居宅を訪問したことで、母親の日頃の生活の様子を想像することができている。それで十分だと感じている。

母親の信仰についても「知らない――全く興味がない」。常盤さんは、特定の信仰をもっているわけではない。また、墓の場所も「知らない――全く興味がない」。先祖とのつながりは、養親の家のほうとつながっているものだと考えている。今後母親が死去し、墓の場所がわかったとしても、手を合わせに行こうとは思わない。もしすでに死去していたとしたら、孫や娘、息子に囲まれて亡くなっていることをその場から「願う、祈る」にとどまるだろうと思っている。

母親の出身地や現居住地は「知っている」。戸籍に記載されているからである。祖父母など、母親より上の世代のことについても、戸籍に記載されている範囲で「知っている」。常盤さんが生まれるまでの母親の人生がどのようなものだったのかも「知っている」。養子縁組の支援者から聞いている。ただ、それは常盤さんが生まれる数年前までの範囲に限られているうえ、本人から話を聞いたわけではないため、真偽のほどはわからない。

常盤さんを置き去りにしてからの母親がどのように生きてきたのかについても、面会により、すべてではないが「知っている」。常盤さんへの母親の現在の思いも「知っている」。面会し、話したときには、はっきりと聞くことができなかった。また、ところどころで「しっくり」こない部分もあった。しかしそれらから母親の思いはかえってにじみでていたように思っている。

常盤さんが生まれた経緯や、生まれた状況、そして別離の経緯についても「知っている」。養子縁組の支援者から話を聞いているからである。ただ、出生時間や出生体重は今もわからないままである。常盤さんが生まれたときの母親の気持ちは「知らない——機会があれば知りたい」。養子縁組の支援者から、母親が妊娠していたときの「気持ちのようなもの」は聞いたことがあるが、本人から聞いたわけではないため、その真偽はわからない。他方、常盤さんを置き去りにしたときの気持ちは「知っている」。

面会時、母親が言葉にした場面が「一瞬」あったからである。ただ、それがすべてであったかはわからないため、機会があれば、それをさらに掘り下げて聞いてみたいと思っている。

もし母親と会うことができていなかったとしたら、どのような情報が開示されようとも会いたいと思っただろうと考えている[53]。母親の気持ちの変化、常盤さんを生んだときや置き去りにしたときなどの細かい心の動きというものを、自分自身で感じとってみたいからである。ただ、「とにかく会いたい」、あるいは「とにかく会いたくない」といった強い気持ちはない。また、常盤さんのなかで「知りたい」と「会いたい」は直結していない。常盤さんが興味をもっているのは、自分の「出自のストーリー」や「なぜ今ここにいるのか」である。会うことは、それらを「知る」ことに貢献するかもしれない。だから、「会いたい」とは思う。しかし、会ったからといって、知ることができるかというと、そうではないとも思っている。なお、先に述べたように、常盤さんは母親に会いに行ったことがある。それ以降は、自らの意志で接触していない。

――自分の出自のストーリーを知りたいんです。どうしても。なぜ今私がここにいるのかっていうのは知りたいんですけど、そこで（戸籍を見たり、支援者からの話を聞いたり、面会をしたりしたことによって常盤さんの出自のストーリーにおける）登場人物を知って、その、何だろうな、私だけかもしれないんですけど、何となくストーリーがつながっちゃったんですよね。人物像と、行動と、戸籍の、その時間軸っていうのが、こうぴたっとはまっていくのと、ちょっとこれまでの経験とかのなかで、現実のそのものとその時間軸、自分の聞いてきた話っていうので、わりと想像できちゃったっていうのがあって。それで、会いたいみたいなのとはちょっと違う。

＊

――やっぱりストーリーは知りたいけど、会うかどうかは別で、会いたいと思うかというと、ちょっと躊躇する気がするんですよね。なんか、知りたいは、きっと実子であっても、自分が生まれてくる前だとか、どうして両親が出会ったかとか、そこにはどんなことがあったかとか。その、ＮＨＫの『ファミリーヒストリー』じゃないですけど、おばあちゃんたちはどうだとかとか、その時みんなはどういうふうに思ってくれていたのかとか、この写真に写っているこの人は誰だとかっていうのを、小さい頃のそういうので、話として知りたい、聞きたいっていうのと一緒なんだけど、養子とか里子とかって、多分そこにもう一つ絡んでくる人間関係があるから、やっぱりそこは知りたい。なぜ多くの人がそうではなく、ちゃんと実子を育てているのに、そこを自分はクリアできなかったのかとか、どうしてそういう状況になったのかっていうのは知りたいし、あの、腑に落としたいと思うんです。

〈中略〉（ストーリーを知ることができると自分は）つながりの中でいるんだっていうふうにやっぱり思えるので、それは知りたい。なんか、荒野の中にほんとにぽこって出てきて、「えっ」みたいな感じにやっぱりなっちゃうので、そうじゃなくて、どんなにしんどい話でも知ることっていうのは、誰かとつながっているし、自分は、こう、湧き出てきたわけではないんだっていうことが分かるので、それは知りたい。ただ、その知るための力とか、こう、受け取るぞっていう力とかがあるかどうかはまた別な話なんですけど。

——その登場人物一人一人に会うっていうことは、また全然別の話で、違う感情が湧いてきたりするので、知りたいから会うっていうのとはちょっと違うし、会えば知れるのかっていうとちょっと違って。会うっていうのは、また違う感情の動きなんだと思うんですよね。

＊

常盤さんには、「自分が価値のない人間だから捨てられたんだ」という思いがわいてしまう時期が長くあった。「急に足元をばんってすくわれる感じ、もっていかれるような感じ」もたびたびあった。もし何らかの情報が開示されたとしても、これらの気持ちに変化は生じないような気がしている。なぜなら、「実親に捨てられた、ということはそこにあって変わらないから」である。ただ、常盤さんは、その苦しみのなかで、ノートに自分の感情をひたすら書き出したことがあった。するとその気持ちは整理された——「めちゃくちゃ抜けた」。そして「自分に理由があったんじゃない。たまたまそういうところに生まれてしまった」だけなのだと考えられるようになった。その経験から、自分の存在理由とは、「出自についてどのように捉えていくのか」によって変わるものなのだと思うようになった。そのため、母親に関する情報そのものは、「自分の存在理由」や「自分がここに生きていてよいのか」という気持ちを変化をさせるものではないと思っている。母親について知ることそれだけでは、自分自身の存在理由を理解したり、自己肯定感に変化を生じさせたりすることにはつながらない。母親について知ることは、自分自身の存在理由を理解するため、あるいは自己肯定感を育むための材料にすぎない――このように考えている。

母親と再び面会するかどうか、そのために連絡するかどうかについては消極的である。連絡先を開示され、親も面会を望んでいるとわかっている場合は「どちらかというと会いたいとは思わないので連絡しない」。母親が面会を望んでいるかわからない場合や、面会を望んでいないとわかっている場合も「どちらかというと会いたいとは思わないので連絡しない」。常盤さんは母親と面会した際に連絡先を受け取っている。しかしその後、訪問はもちろん、連絡すらしていない。生きているかどうかが気になることはあるものの、現時点では、再び面会する気はない。それは、母親と面会したことで、戸籍や養子縁組の支援者の話から推測していたことが「見事に合致」したからである。それにより、常盤さんには「ある意味ちょっと安心」と、「ここで終了」という気持ちが生まれた。また、自分を責めることもなくなった（以前は、そのように思う自分のことを「すごく冷たい人間」だと思うことがあった）。「向こうが先に縁を切ったよね」とも思えている。だから、その後の接触は行っていないのである。

母親についてすでにさまざまなことを知っているなかで、まだ、さらに知りたいという気持ちが大きいものは、常盤さんが生まれたときの母親の気持ち、母親の気持ちの変化、常盤さんを生んだときや置き去りにしたときなどの細かい心の動きである。また、常盤さんを置き去りにしたときの気持ちについても、多少のことは知っているが、機会があればさらに知りたいと思っている。さらに、母親は、美容室に常盤さんを置き、ドアから出るときどう思ったのか、どのように立ち去ったのか——たとえばほっとしたのか、足早に立ち去ったのか——も気になっている。常盤さんを置き去りにした日の天気、出生時間、その日どんな景色を見ていたのか、どんな景色が印象に残っているのか、置き去りにするまで一緒に暮らしていた住まいの近くにどのようなものがあったのかも知りたいと思っている。これは、「自分の出自のストーリーを知りたい」から、また、「なぜ今私がここにいるのか」を知りたいからである。自分が人と人とのつながりのなかに存在していること、自分に思いを寄せてくれている人がいることを知ること、「湧いてきたわけじゃない」ことがわかること——これらによって、自分を大切にできるような気がしている。また、それがわかることは力になるようにも思う。「だから、知りたいと本能的に思うんじゃないかな」——「やっぱり物語をつくろうとしているのかもしれない」。

筆　者：（常盤さんが）生まれた日の天気とかってどんなんだったんだろうとか（知りたいそうですね）。

常盤さん：そうなんです。知りたい。

筆　者：うんうん、他にも（知りたいこと）ありますか。

常盤さん：えー、（生まれた）時間ももちろん知りたいですし、生まれたときの天気もだし、何を見たのかとか。

筆　者：ああ、何を見た。

常盤さん：母親が何を見ていたのかとか、どんな景色が印象に残っているかとか。

筆　者：ああ、うんうん。あの、一緒にいた時にですか。

常盤さん：そうそう、窓の外にはとか、その、（母親と）住んでいたアパートからは、近くに何があったかとか、なんか朝のルーティンがあったのかとか、うん、そういうのは聞きたいですね。だから、なんか、やっぱり物語をつくろうとしているのかもしれないですね。私。

＊

常盤さん：あの、得体の知れないものは怖いから。

筆　者：得体の知れないっていうのは、自分？

常盤さん：うーんとね、自分でもあるし、妄想がこう独り歩きしちゃうと飲み込まれちゃうんで。

筆　者：妄想っていうのは、やっぱりその、出自に関するいろいろな事柄。

常盤さん：そうです。出自に関してもだし、その、診断が付かなくて、症状だけでとらわれているときってしんどいじゃないですか。だから、ちょっと、どんなに大変なことでも、得体の知れないものよりは、得体が知れると、見えるから。ちょっと見える化できると安心する。ちょっとなんかね、取り扱えるじゃないですか。

＊

――（わからないと）荒野にぽこっと湧き出てきたような気持ちになるので、そうじゃなくて、こう、つながりのなかにいるんだっていうふうにやっぱり思えるので、それは知りたい。なんか、荒野の中に本当にぽこって出てきて、「えっ」みたいな感じにやっぱなっちゃうので、そうじゃなくて、どんなにしんどい話でも知ることっていうのは、誰かとつながっているし、自分は、こう、湧き出てきたわけではないんだっていうことがわかるので、それは知りたい。ただ、その知るための力とか、こう、受け取るぞっていう力とかがあるかどうかはまた別な話なんですけど。

＊

――出自を知る、うーん、やっぱりこう、湧いてきたわけじゃないっていうことが分かると、自分を大切にすることになる気がするんですよね。なんか、私、その養子の子とか里子の子とか、そのブログとかツイッター見てて思うのは、自分もそうですけど、究極やっぱり自分を大切にするっていうことをうまくできないんです。あの、だけど、その、つながっているとか、そこに誰かが思いを寄せてくれているることとかを、やっぱり出自を知ることで分かる。絶対にゼロな子はいない気がするんですよね。私はだいぶたくさんいたのであれですけど。なんか絶対にゼロな子はいないから、なんか出自を知るのは、通常と違うことが多くて、それがしんどいかもしれないけれども、〈中略〉わかると、やっぱり力になる気がしますね。うん。だから、知りたいと本能的に思うんじゃないかなと思うんです。

∨〈幼少期に両親離婚〉A・Zさん（仮名）

一九九〇年代生まれ。女性。関東地方在住。夫・子どもなし。

A・Zさんは幼少期から母親と二人で暮らし、父親の記憶を全くもっていない。A・Zさんには、小学生のころ、自分には父親がいないのかといった旨を母親に尋ねたことがあった。母親からは、父親は単身赴任をしており、A・Zさんがお嫁に行くときに戻ってくるかもしれないという答えが返ってきた。ただ、このやりとりの際、A・Zさんは、母親が父親の話題を歓迎してはいないと感じとり、そのため、これ以降、A・Zさんが母親に対して父親のことを聞いたことはない。母親から父親の話題が出ることもなかった。

その後、A・Zさんは母親の話を全く疑うことなく――父親が単身赴任をしていること、A・Zさんが結婚するときに戻ってくるかもしれないこと――二〇代までを過ごした。A・Zさんと母親の苗字が父方のものであったうえ、母親が働きに出ている間、A・Zさんが祖父母宅に預けられることがあったなど父方の祖父母と思春期頃まで交流があったことも、母親の話に疑問を抱かなかった一因であった。しかしあるとき、母親の話が嘘であったことがわかった。進学に際して学費などの工面について母親と相談していたとき、A・Zさんは母親から次のように言われたのである――実は母親と父親は、A・Z

さんが未就学児のころに離婚している。また、父親は再婚している。新しい家庭に子どももいる。だから、進学にあたっての金銭面の援助を、父親から得ることはできない——電話越しにこれらを聞かされたA・Zさんは大きなショックを受けた。A・Zさんの頭は「真っ白」になり、ただ、「そうなんだ」と思うだけであった。質問も出てこなかった。その後、A・Zさんは母親の話が事実であると自分の目で確認した。諸手続きのため戸籍や住民票に関して書類を受け取ったときである。A・Zさんの戸籍の父親欄は空欄になっていた。

A・Zさんと母親との関係性は真実告知時も、研究協力時も良好ではない。告知を受けたときにはすでに別居していた。また、告知を機に、A・Zさんは母親との絶縁を決意した。研究協力時は「理解と納得が違うっていうのは実体験として頭でわかっているけど、感情としては納得していない」「すっきりした部分もありつつ、まだもやもやも残りつつ」という状態である。

父親の名前や職業は「知っている」。単身赴任をしているという母親の話を信じるのも自然な職業である。A・Zさんは、父親の名前をインターネットで検索し、母親や祖父母の話から知っていた父親の職業が本当であることを確かめたことがある。なお、A・Zさんは自分の職業選択にあたって、このような境遇で生きてきたことは関係があるかもしれないものの、両親の職業そのものから影響を受けてはいないと思っている。

容姿や身体的特徴は「知らない——機会があれば知りたい」。祖父母宅や自宅で父親の写真を見たことはない。性格・気性も「知らない――機会があれば知りたい」。A・Zさんは、「父親似」「母親似」という形容をされたことがない。第三者から「母親に似ているね」と言われたことはあるが、どの程度似ているのかわからず、ずっと疑問に思ってきた。そのため、「とても知りたい」わけではないが、自分と似ているのか、似ていないのか、似ているのであればどこが似ているのか興味をもっている。父親の写真や動画があればぜひ見てみたいと思っている。また、もし遠くから父親のことを見るチャンスがあれば、見てみたいとも思っている。自分と父親とに似ている点があってほしいといった気持ちはない。似ているのであれば「あ、似ているんだな。ここが似ていて、やっぱり家族というか、親なんだな」と強く感じるだけなのではないか、父親の写真を見るときの気持ちは、「実験結果を見るような気持ち」なのだろうと思っている。

筆　者：これ（容姿）は機会があれば知りたいということなので、とても知りたいではなかったんですけど、すごく知りたいというわけではないですかね。

A・Zさん：そうですね、機会があればフォトぐらいは今の姿であったり、どういう感じなのかっていうのを見たいです。

筆　者：その理由が自分と似てるかどうか、似ていないのかどうかっていうことを、ちょっと興味があるっていうことだったので単純に興味がある、見てみたい知ってみたいというところですかね。

Ａ・Ｚさん：それもあるんですが、ちょっと別のところも書いたんですが私、父親似であったり母親似であったり、そういう形容をされたことがなくて、どっち似なんだろうなっていう、そういうところの興味です。私はどっちに容姿的には似ていて、こっちからは性質的には似ているって、なんかその自分に引き継がれている部分があるのかっていうのが結構その興味の中心になっています。

〈中略〉

筆　者：たとえば今お写真がありますとか、あるいはここに動画がありますとか言われたら見ますかね。

Ａ・Ｚさん：見ます、見ます。

筆　者：両方とも見たい。

Ａ・Ｚさん：そうですね、その場に機会があればぜひ見たいっていうところです。

筆　者：たとえば、（生物学的父親の）勤務先がもし現在分かっていたら、覗きに行けちゃうかもしれないんですけど、覗きに行けるとしたらちょっと見てみたいなみたいな気持ちとかあります。

Ａ・Ｚさん：とてもあります。そういう気持ちはありますね、遠目に見るぐらいは。

〈中略〉

筆　者：あと身体的な特徴って、これちょっと容姿とかぶってしまって申し訳なかったんですけど、これも容姿と同じですよね、機会があれば知りたい、似ている点と似ていない点を純粋に知りたいっていう。

A・Zさん：はい。

筆　者：もし似てたいらどう思いますか。

A・Zさん：多分想像ですけど「あ、似ているんだな。ここが似ていてやっぱり家族というか親なんだな」って多分そういうところを強く感じるとは思います。

筆　者：嬉しいとか似ていてほしいなみたいな気持ちは、そんなにないですかね。

A・Zさん：ないですね。なんか実験結果を見るような気持ちで。

筆　者：単純に本当に知りたい。

A・Zさん：はい。

父親の医学的情報は「知らない――とても知りたい」。これは最も関心が高く、「最低限そこは教えてほしいな」と思っているものである。これまでに遺伝的疾患が見つかったり、それらしいものに悩んだりしたことはないが、今後自分が遺伝的な疾患を発症するかもしれないと考えると「ちょっと怖い」という気持ちがある。父親の医学的情報を知ることができれば、それなりの対策や心の準備をすることができるのではないかと思っている。また、医学的情報は、家族であれば、「それを当然知っているはず」だという気持ちもある。実際に、母親の家系については多少なりとも知ることができている。父親の家系についても何も知ることができていない。以前は交流のあった父方の祖父母とも、近年は連絡をとっていないため、今後情報を得られる見込みもない。

父親の趣味嗜好は「知らない――全く興味がない」。もしも父親との交流があり、趣味などをともに楽しむことができる状況であれば、知りたかったかもしれないと思っているが、物心がついたころから現在に至るまで全く交流がない状況では「知ったところで（筆者注：どうしようもない）……」という気持ちが大きい。もし知ったとしても、父親と一緒に楽しむことはできない以上、知るだけでは「むなしくなりそう」である。また、この状況で父親の趣味嗜好を知ることができたとしても、それを真似てみよう、やってみようという気持ちになることもおそらくないだろうと思っている。

父親の信仰は「知らない――全く興味がない」。父親がどのような信仰をもっていたとしても自分には関係がないと思うからである。なお、A・Zさん自身は、宗教や信仰に関心はあるものの、自分自身は「無宗教」だと思っている。信仰に熱心な家庭で育ったわけでもない。

父親の出身地は特定できるまで「知っている」。かつては父方の祖父母宅を訪れていたからである。そのため、父方よりも上の世代についても「知っている」[54]。なお、上の世代については、関心は高くない。「家系的な事柄」にはあまり興味がないからである。たとえ自分の先祖に著名人がいたとしても興味がない。そのため墓の場所も「知らない――全く興味がない」。幼いころは母親に連れられて定期的に母方の墓参りをしていた。しかしこれから自分の意志で行こうとは思っていない。墓を前にしても、

「自分とつながっている感じがしない」「ご先祖様ありがとうという気持ちだったり、何か死者を弔おうみたいなそういう気持ちがあまりしない」。もし父親が死去し、その墓地がわかったとしても、わざわざ墓参するかどうかはわからない。

父親の「現居住地」は「知らない——とても知りたい」。A・Zさんは、父親とは物心がつく前から交流がなかったうえ、母親とも現在ほぼ絶縁状態である。今後、経済的な面、あるいは健康の面でA・Zさんが困り、どうしても他者を頼らなければならない状況に陥ったときのことを考え、父親の現居住地を知っておくことができたらいいと考えている。もちろん、よほどのことがなければ実際に訪ねたり頼ったりするつもりはない。

A・Zさんが生まれるまでの父親の人生については「知っている」。これは真実告知を受けた際に、電話越しに母親から聞かされたものである。A・Zさんとしては、唐突で、「よくわからないタイミング」で聞かされてしまったため、それらを聞いても「ふーん、そうなんだ」と思うだけであった。

A・Zさんと別離してから父親がどのように生きているのかは「知っている」[55]。ただ、それは新しい家庭を築いていること、また、その新しい家庭で子どもをもうけていることくらいである。それ以上のことは知らない。それ以上を知るのが怖いという気持ちがある。父親が、もしも自分が生まれていなかったかのような人生を送っているとしたら、「自分っていらなかったのかな」「存在的に（筆者注：父親にとって）自分がいてもいなくても、ある意味一緒だったんじゃないかみたいなところを、やっぱり思ってしまう」ような気がしている。「自分のアイデンティティが揺らいでしまうかもしれない」とも思っている。そのため、自分が現在知っていること――父親が再婚し、再婚家庭で子どもをもうけていること――以上のことには興味をもてない。父親が「好きなように生きているんだったらいいのかな」と思っている。

――たとえば再婚をするだとか、そういうことになったときに子どもが向こうで新しく生まれていて、実際そうなんですけど、ちなみにそうみたいなんですけど。そうなったら自分って要らなかったのかなみたいな。存在的に自分がいてもいなくてもある意味一緒だったんじゃないかみたいなところを、やっぱり思ってしまうので。仕方なく聞かされた部分を除いては、それ以上彼の人生に自分が何か興味をもって知りたいっていうことは、おそらくないだろうなと思ってます。なんか嫌ですよね、自分がいなくなった後の物語を見るってなかなか結構しんどいものがあるので。何ですかね、そこは別に興味ないかな、好きなように生きているんだったらいいのかなとは思います。

父親の現在の自分への思いは「知らない――とても知りたい」。「自分がいなくなった物語」を見るのは怖い。「自己防衛として」知りたくない。しかし、父親が自分のことをどのように思っているのか、また、そもそも自分のことを覚えているのかには大きな関心をもっている。たとえるならば、想い人がパートナーとどのように過ごしているのかは知りたくないが、想い人が自分のことをどんなふうに考えているのかは知りたい――このような気持ちである。

筆　者：あとは（父親がA・Zさんのことを）今どんなふうに思っているのかなっていうところは、とても知りたいっていうことだったんですけど。

A・Zさん：そこは知りたいです。

筆　者：このコメントがちょっと興味深くて、さっきの今どうやって生きているのか、別れた後どうやって生きてきたのかっていうのは、ちょっと自己防衛として知りたくないと思う反面、今どう思っているのか、そもそも覚えているのかはとても知りたいっていう、その何ていうんですか微妙な感じはどういうところですかね。

A・Zさん：そうですね、なんか知りたいけど知りたくないって結構矛盾してるんですけど、でもこれって結構なんか生きているなかで多い感情で、相反するものを自分のなかにあるみたいな。状況とかはなんか恋愛とかでいうと、何だろう、向こうは付き合っている人がいるけど、でも自分のことをどう思っているのかは気になるみたいな、でも知りたくないみたいな、そういう感じの気持ちが近いかもしれないです。

〈中略〉知りたいけど知りたくないっていう、そういうところに結構ずれが生じてます。自分はどう認識されていて、どういう気持ちがあるのか、また覚えているのかというところと、彼の状況っていうのは一致するものではないっていうか、そこの乖離《かいり》がちょっとあります。

自分が生まれた経緯や、自分が生まれたときの状況は「知っている」――両親はお見合いで結ばれ、結婚後にA・Zさんが生まれた。母子手帳は一度だけ見たことがある。

A・Zさんが生まれたときに父親がどんな気持ちを抱いたのかは「知らない――全く興味がない」。気持ちや行動は、いくらでも「後付けで説明ができる」と思っている。これから父親に、あのときどんな思いだったのかと聞いたとしても、それが本当かを検証する術がない。それならば、知らないほうがいいと思っている。ただ、もしもA・Zさんが誕生した際の録画などで、当時の父親の思いがわかるのであれば、それは知りたいと思っている。

父親との別離の経緯は「知らない――機会があれば知りたい」。なぜ両親が離婚することになったのか、そして父親と自分との縁は切れたのか――「自分は捨てられたのか、状況的にやむを得ない選択だったのか」――これらには興味をもっている。両親が、互いに「どうしようもなくて」、その選択をとったのであれば「ちょっとだけ救われるような気もする」。ただ、どちらかがA・Zさんのことを「いらない」というような状況であったとしたら、とても「嫌だな」と思う。知りたい気持ちが強いが、知りたくない気持ちも混在しているといえる。

自分と別離する際に父親がどんな気持ちを抱いたのかは「知らない——全く興味がない」。興味がないというよりも、聞きたくない。聞いたら辛い気持ちになりそうだからである。また、これは「お互いあまり得をしないような、そういう蒸し返し、記憶の想起」だと感じている。だから、聞きたくないのである。

——人の心情的なところって、いや、でも聞いていてしんどくなる話とかって多いと思うんですけど、やっぱり親なので、一応親なので生々しい話はあんまり聞きたくないなっていう。何だろう、いい部分での嬉しいとかなら、まだいいんですけど、そういう完全にお互いあまり得をしないような、そういう蒸し返し、記憶の想起というか、そういうところはあんまり意味がないんじゃないかなと思って回答しました。

A・Zさんは、「自己肯定感が下がってばかり」の人生を過ごしてきた。「自分の存在理由」に関する疑問も長い間、抱えたままである。父親や母親には、「そこについて責任は感じていらっしゃいますか」「どうやって補償していくの」と言いたい気持ちである。また、A・Zさんは、「自分の存在理由」「なぜ自分はここにいるのか」「自分は生きていてよいのか」といったことを幼少期から考えてきた[56]。考えてきた結果、現在、A・Zさんは、自己肯定感は「おそらく幼少期の環境や周囲からの言葉によって『外部』から育まれるもの」だと考えている。低くなった自己肯定感や、「自分がここにいていいのか」

という問いは、成人後にかけられる親や周囲からの言葉――「後付けのような言葉」――で容易に補填されるようなものではない。たとえば、A・Zさんは、父親と縁が切れているのは、「自分がいらない子」と判断されたからだろうと思っている。もしもそれを父親本人が否定したとしても、A・Zさん自身が「自分の存在理由」を肯定的に捉えられるようにはならないと思っている。また、たとえ父親に関わるさまざまな情報を今になって知ったとしても、それも「自分の存在理由」や「なぜ自分はここにいるのか」「自分は生きていてよいのか」といった疑問を直接解決するものにはならない――答えを考えるために寄与する可能性はあれども――だろうと思っている。

――何か寄与にはなるかもしれないんですけど、そうですね、直接的な解決にはならないと思います。たとえば親に「あなたは生きていていいの。私はあなたがいて嬉しいわ」って言われても、それですべて、まるっと解決するわけではなくて、でもそれをそういう言葉を受けたとして、それを受けたうえで自分が引き受けて、もっと考えて悩まなきゃいけないことなのかなとは思っております。

A・Zさんは父親との面会を切望しているわけではない。「基本的には会いたくない」「でも機会があれば会いたい」という気持ちである。どんなケースであったとしても、自分から積極的に会いに行くことはないだろうと思っている。ただ、相手が自分に対して「肯定的な態度」を明示した場合には、そのかぎりではないかもしれない。たとえば相手の連絡先が開示され、相手がA・Zさんに会いたいと思っていることが明らかな場合は、「どちらかというと会いたいとは思わないが連絡する」。父親が自分に対してどんな態度をとり、どんな言葉を選んで接するのか、興味をもっているからである。なお、もし父親が自分に対して肯定的な思いから「会いたい」と思っているのであれば、それは態度や言葉遣いに現れるだろうと推測している。連絡先を開示されても、相手がA・Zさんに会いたいと思っているかどうかわからない場合は「どちらかというと会いたいとは思わないので連絡しない」。相手がA・Zさんとの面会を望んでいないとわかっている場合は「全く会いたいと思わないので連絡しない」。相手が会いたいと思っていないのであれば、無理に会わないほうが、互いのためによいのではないかと考えるからである。なお、もしも面会に向けて動くとしたら、第三者を介さず、一対一でやりとりを行うほうがよいのではないかと思っている。「個人的な話の連続」になるからである。ただ、「コミュニケーションのとりやすさ」を考慮すれば、第三者がいたほうがよいかもしれないと思っている。

また、「会いたい」と「知りたい」は連続するものだと思っている。ただ、A・Zさん自身のように縁が切れている人に関連する場合には、両者に大きな溝があると思っている。そして、その溝をつくったのは――「亀裂を入れた」のは――親や環境であると思っている。「知りたい」は、「知りたい」。何に関しても、「一応、知りたい」。知りたくないものもあるが、基本的には「知りたい」。ただ、大きな溝が間にあるゆえに、「会いたい」に移行するわけではない。「知りたい」に残され、「会いたい」にたどり着かない子どもは、自分以外にも多くいるのではないかと考えている。また、自分の場合、もしも医学的情報や、性格・気性、父親のA・Zさんへの現在の思い、父親との別離の経緯などを知ることができたなら、「自分の境遇に納得がいきそう」なので、「会いたい」という気持ちに若干の変化が生じる可能性があるかもしれないと思っている[57]。

筆　者：知りたいと会いたいっていう話がちょっと、さっきもあって。というか何回か出てきたと思うんですけど、知りたいと会いたいの違いっていうのをもうちょっと聞いてもいいですか。

A・Zさん：知りたいと会いたいって結構連続するものだと思うんですけど、私というか縁が切れている場合は、かなりそこまでにハードルというか溝があると思っていて。知りたいは一応知りたいんですよ、何に関しても。知りたくないもあったんですけど、基本的には知りたい。でも会いたいってなると、かなりその、ただその人に、たとえばネットで知り合った人に知りたいから会いたいっていうそこに移行するよりは、もうだいぶハードルというか心的な意味でのハードルが高いので。何ていうんでしょう、連続するものじゃあ非連続というかそういう感じにはなっていますね。知りたい止まりの人がきっと多いのではないかなと予想しますが。

筆　者：そうですね。やっぱり違うと思うんですよね。今回いわゆる親側、当事者の親には実はあまり話は聞けてないんですけども、親側の話とかを聞いてると向こうは会いに来られたくないから全部教えられない、教えたくないっていうケースがあるんですけども。子ども側からしたらそこは必ずしも、つながっていないんだよっていうのは今回の研究でちょっと思っていて。会うと知れるから知りたいとか、知りたいのはさっき長谷川さんのお言葉だと納得したいとか、自分を理解するために知りたいっていう場合があるので、本当会いたいと知りたいはイコールじゃないなって本当、今回は思ってるんですよね。

A・Zさん：そのとおりだと思います。基本的には本当に連続しているところを、ある意味そこに亀裂を入れたのって、周囲の親だったり環境だったりだと思うので、多分そこにたどり着かない子どもというか残された側っていうのは、かなり多いんじゃないかなと思います。

筆　者：ありがとうございます。あと、もしよかったらもうちょっと父親に対して思っていることとか率直な気持ち、ちょっと言えたら言いたいことみたいなのあったら、ちょっと教えてもらえますか。

A・Zさん：なかなか母子家庭で私自身はあまり苦労したことが、金銭的にも周りからの態度とかでも一切なかった、大学までは一切なかったんですけど。いや、でも自己肯定感ってさっきちょっとお話してたと思うんですが、自己肯定感は本当に爆下がりの人生だったので、そこについて責任は感じていらっしゃいますかっていうのを結構、親に母親に対してもですし父親に対してもそれは言いたいですね。子どもの自己肯定感であったり、そういうところに疑問を抱かせてしまったとか、そういうところの責任っていうのは、どうやって補償していくのかっていうのは、ちょっと恨みごと、つらみごとっぽいんですけど言いたいことではありますね。あまりポジティブなところは聞きたくないな。聞ければいいんですけど、自分からは質問を投げ掛けるっていうことは、きっとないんだろうなと思ってます。

このように、A・Zさんが特に知りたいのは医学的情報である。そのほか、現居住地や、A・Zさんへの父親の現在の思いにも大きな関心がある。父親が自分のことをどのように思っているのか、また、そもそも自分のことを覚えているのか、大きな関心をもっている。また、A・Zさんは、「説明が誰からもなされない状態」は、何もわからない状態よりも「悪い」と思っている。情報があるはずなのにそれが故意に開示されないという状態は酷である。「あるはずの父親の情報」を知ることができたなら、「こういうことがあって、こうなったんだなとか、今こういう状態だからこうなんだな」などと思いを巡らせ、自分のおかれている境遇に納得できるかもしれない――このように思っている。

※A・Zさんは実体験から、真実告知のタイミングについても語ってくださったので、紹介しておきたい。

A・Zさん：（出生に関する真実や秘密を、親が）墓場まで持っていく説っていうのはある意味すごく理想的だとは思うんです。誰も傷つかない、自分だけが告知する人だけが黙っていれば完結する話なので、その状態が崩れないままずっといくのが理想だと思うんですけど、なかなか人生うまくいかないところも多くて。私が思うのは、小さい頃って理解できない、あなたにはお父さんがいないお母さんがいない、または亡くなっているとか、そういうことって本当に、物心付く前だと本当に理解できないと思うんですよ。なので私としては二〇、二二、まあ二〇歳を超えた辺りで知らされたのが一番最適なタイミングだったなと感じていて。ちょっと話があれなんですけど、周りの人だと自分の親は自分が就職をしたら離婚をするとか、そういうタイミングで家族の何かを決めるっていうことがたまにあるみたいで。私も大学を出て社会人になるタイミングであったり、結婚するタイミングであったり、そういうときに知らされたほうが、受け止め方としてはちょっと大人になれるかなというか、大人な受け止め方ができるかなとは思っていて、そうですね、ある意味成人する辺りが目安じゃないかなとは思っています。

筆　　者：社会的にもちょっと動きがあるようなタイミングっていう感じですか。

A・Zさん：そうですね。早過ぎたら理解できなくて、それはそれでもう一回お互いつらい、もう一回話さなきゃいけない、もう一回聞かなきゃいけないっていう、もう一度が多分出てきちゃって。遅過ぎたら遅過ぎたで、まあ遅過ぎたらいいのかもしれないんですけど、やっぱりある意味ちゃんと受け止められる土台ができてきた頃、年齢的にできてきた、そういう過渡期みたいなところで伝えられるのが一番衝撃としては小さいのではないかなと思います。

(3) 参考：アクロスジャパン小川多鶴さん

本研究では、社会的養護の関係者、「こうのとりのゆりかご」の関係者、特定妊婦の支援者など社会的養護の関係者など、当事者と接する機会を多くもっている人も研究対象とし、特別養子縁組支援団体アクロスジャパンの小川さんより、本研究に際して参考となる情報を聞くことができたので紹介する。

一般社団法人アクロスジャパンは、東京都に拠点をおく特別養子縁組支援団体である。単に特別養子のあっせんを行うだけでなく、妊娠・子育てに関する相談も受けている。思いがけなく妊娠し、子どもを養子に出したいと考える人からの相談も受けている。また、特別養子縁組をした家族同士の交流会も主催している。インタビューは、アンケート用紙を読みながら、親との縁を否応なく喪失し、親の情報を十分に得ているとは感じられていない人の心情がどのようなものなのか、各情報に関する関心の程度がどのくらいなのかを述べてもらった。なお、小川さんは、この仕事に携わって一五年（研究協力当時）になる女性である。インタビューでの発話は、主にアクロスジャパンのクライアント――つまり思いがけなく妊娠し、子どもを他者に託そうとしている女性――の考えに関するものであり、子どもの心情に関する話は少なかったが、本調査に関連する事項をここに参考情報として記したい。

小川さんは、特別養子縁組をした家族同士の交流会にて子どもたちから質問を受けることがある。これまでの経験から、生物学的な親のことについての質問内容には特徴がみられるように思っている。たとえば、子どもの年齢が低ければ低いほど、親に関する質問よりも自分に関する質問が多くなる傾向にあるのではないかと思っている。具体的には、自分は小さいころどんな子だったのか――「どんな服を着ていたのか」「おむつのなかでうんちをしていたのか」「軽かったのか重たかったのか」「すごくいっぱい泣いていたのか」「どんな声だったのか」――幼い子どもはこのようなことを質問することが多い。なお、小川さんは、こうした質問はアイデンティティを確立する過程で出てくるものなのではないかと考えている。また、「生んでくれたお母さんが、ママとパパ（筆者注：養母、養父のこと）に渡してくれたときの気持ちってどう、どんな感じだったの」「私ってどうだったの」といった質問を受けることもある。小川さんは、これら子どもが抱く疑問は養子であるがゆえに抱く疑問ではないように思っている。小川さん自身も「私小さいときどんなだったの」と親戚に聞いたことがあったからである。

子どもたちは、養親に聞けないことを小川さんに質問する傾向があるように思っている。たとえば、自分が可愛かったのかどうか、委託された日の自分はどんな感じだったのかといったことである。とりわけ子どもが養親に委託された日の様子については、養親に一度質問してみたものの、十分な回答を得られず、小川さんにも質問してみたという子どもはこれまで少なくない。たしかに、養親のなかには、神経の高ぶりから委託時のことを覚えていないという人がいる。委託時に泣いたり大汗をかいたりしていていたことを恥ずかしく思い、子どもにそれを伝えられない人もいる。小川さんは、それらを間近で見ている存在である。つまり、養親の言葉を補ったり、養親の代わりに伝えたりできる立場にいる。子どもたちはそれをわかっているから小川さんに質問するのである。

3　調査のまとめと考察

ＡＩＤ出生者四名からの回答、ならびにＡＩＤで生まれたということ以外で親を知らずに育った人五名からの回答、さらに養子縁組支援団体関係者からの話（参考情報）をまとめ、考察を行った。考察を行うにあたっては、次の三点に留意した。

まず、本研究協力者は、原則として精子ドナーや親のことを知りたいという思いをもっている人たちである。また、自分にはあらゆることを知る権利があるはずだとの思いから、「知りたい」を選択したという人もいた。たとえば鳰さんは、その考えのもと、すべてに対して「とても知りたい」を選択していた。大羽さんは、自分の回答が他のＡＩＤ出生者の権利を阻害しうることを心配し（自分が「興味がない」と回答したことで、それをＡＩＤ出生者の出自を知る権利から外してもよいとは思われたくない）、関心の程度にかかわらず「知りたい」を選択したという項目があると述べていた。

研究協力者がおかれている状況にはばらつきがあることにも留意した。たとえばＡＩＤ出生者のなかでも、精子ドナーのことが全くわからない人（鳰さん、大羽さん、若草さん）、精子ドナーが親族だとわかっている人（木野さん）がいた。また、遺棄児であったがゆえに両親のことが全くわからない人（Y・Fさん）がいた一方で、戸籍や裁判記録の閲覧、養親の話などから何らかの情報を得られている人（長谷部さん、スズキさん、常盤さん、A・Zさん）がいた。両親が離婚し、父親との縁が断絶してしまいつつも、母親や親族から父親について何らかの情報を得られている人（スズキさん、A・Zさん）もいた。

さらに、回答そのものも、回答の理由を述べることも、すべて任意としたため、回答を得られなかった問いもある。述べられた回答理由のうち明確でないものもあった。これらには十分留意のうえ、考察を行った。

（1）集計結果：関心の所在

アンケートおよびインタビューから得られた研究協力者の考えを、表1-5 AIDで生まれたために生物学的父親との縁を絶たれている方へのアンケート結果、表1-6 AIDで生まれたということ以外で親との縁を絶たれている方へのアンケート結果、表1-7a AIDで生まれたために生物学的父親との縁を絶たれている方へのアンケート結果、表1-7b AIDで生まれたということ以外で親との縁を絶たれている方へのアンケート結果にまとめた。研究協力者のうち、精子ドナーや親が死去していることがわかっている人は二名であった（木野さん、スズキさん）。

研究協力者から総じて高い関心が寄せられたものは、次の七点である。精子ドナーや親の名前、容姿、身体的特徴、出身地、現居住地、研究協力者が生まれるまで精子ドナーや親がどのような人生を送っていたのか、研究協力者と別れてから（ＡＩＤの場合、精子提供を行ってから）精子ドナーや親がどのような人生を送っているのか——これらについては、「あまり興味がない」「全く興味がない」を選択した人が一名もいなかった。また、このなかでも容姿については複数名が「特に知りたい」と述べていた。それぞれの項目についての集計結果は次のとおりである。

名前は、「知っている」人が五名、「とても知りたい」が二名、「機会があれば知りたい」が二名であった。

容姿は、「知っている」が二名、「とても知りたい」が三名、「機会があれば知りたい」が四名であった。身体的特徴は「知っている」が二名、「とても知りたい」が二名、「機会があれば知りたい」が五名であった。なお、容姿や身体的特徴を知ることができていない研究協力者（鳰さん、大羽さん、若草さん、長谷部さん、スズキさん、Ｙ・Ｆさん、Ａ・Ｚさん）はいずれも、写真があれば見てみたいと述べていた。

出身地は、「知っている」が四名（うち二名が「特定できるまで細かく知っている」、他の二名が「区町村まで知っている」）、「とても知りたい」（「特定できるまで細かく知りたい」）が二名、「機会があれば知りたい」が三名（うち一名が「特定できるまで細かく知りたい」、他の二名が「都道府県程度まで知りたい」）であった。

現居住地は、「知っている」（「特定できるまで細かく知りたい」）が一名、「とても知りたい」が二名（いずれも「特定できるまで細かく知りたい」）、「機会があれば知りたい」が三名（うち一名が「特定できるまで細かく知りたい」、他二名が「都道府県程度まで知りたい」）であった。また、死去していることがわかっているため「回答なし」と判断した人が二名いた。

研究協力者が生まれるまで精子ドナーや親がどのような人生を送っていたのかについては「知っている」が二名、「とても知りたい」が四名、「機会があれば知りたい」が三名であった。

研究協力者と別れてから（ＡＩＤの場合、精子提供を行ってから）精子ドナーや親がどのような人生を送っているのかについては「知っている」が四名、「とても知りたい」が三名、「機会があれば知りたい」が二名であった。

研究協力者が生まれることになった経緯（ＡＩＤの場合、精子提供の経緯）は、「知っている」が四名、「とても知りたい」が三名、「機会があれば知りたい」が二名であった。

研究協力者が生まれたときの状況については「知っている」が三名、「とても知りたい」が四名、「機会があれば知りたい」が二名であった。

これら七点の次に、関心が示されたものには、精子ドナーや親の声や話し方と、精子ドナーや親の自分への現在の思い（死去しているならば死去するまでの思い）である。この二点については、それぞれ「あまり興味がない」「全く興味がない」のいずれかを選択した人がそれぞれ一名いた。それぞれの内訳は次のとおりである。

声や話し方についての回答は、「知っている」が二名、「とても知りたい」が二名、「機会があれば知りたい」が四名、「あまり興味がない」が一名であった。

精子ドナーや親の自分への現在の思い（死去しているならば死去するまでの思い）は、「知っている」が一名、「とても知りたい」が三名、「機会があれば知りたい」が四名、「全く興味がない」が一名であった。そのほかについては回答にばらつきがみられた。内訳は次のとおりである。

医学的情報は、「とても知りたい」が五名、「機会があれば知りたい」が二名いた一方で、「あまり興味がない」と述べた人が二名いた。

趣味嗜好は、「とても知りたい」が一名、「機会があれば知りたい」が五名いた一方で、「全く興味がない」と述べた人が三名いた。

性格・気性は、「とても知りたい」が一名、「機会があれば知りたい」が六名であった一方、「あまり興味がない」と「全く興味がない」がそれぞれ一名ずついた。

職業・職歴は、「知っている」が二名、「とても知りたい」が一名、「機会があれば知りたい」が四名であった一方、「あまり興味がない」と「全く興味がない」がそれぞれ一名ずついた。

信仰は、「とても知りたい」が一名、「機会があれば知りたい」が四名、「あまり興味がない」が一名、「全く興味がない」が三名であった。

精子ドナーや親よりも上の世代については、「知っている」が一名、「機会があれば知りたい」が四名、「あまり興味がない」が一名、「全く興味がない」が二名であった。

墓の場所は、「知っている」が一名、「機会があれば知りたい」が二名いた一方で、「あまり興味がない」と「全く興味がない」がそれぞれ二名ずついた。

精子提供時の気持ちについてはＡＩＤ出生者四名のみに質問した。「とても知りたい」が二名、「機会があれば知りたい」が二名であった。

研究協力者との別離の経緯に関しては、ＡＩＤ出生者以外の五名のみに質問した。これを「知っている」としたのは二名、「とても知りたい」は一名、「機会があれば知りたい」は一名であった。もう一名は、当時を振り返って述べられるものであれば「全く興味がない」が、その瞬間の記録が残っているのであれば「とても知りたい」と述べていた。

研究協力者と別離したときの気持ちに関しても、ＡＩＤ出生者以外の五名のみに質問した。これを「知っている」としたのは一名、「とても知りたい」が一名、「機会があれば知りたい」が一名、「全く興味がない」が一名であった。もう一名は、当時を振り返って述べられるものであれば「全く興味がない」が、その瞬間の記録が残っているのであれば「とても知りたい」と述べていた。

(2) なぜ知りたいのか、なぜ関心がないのか

次に、アンケートへの回答理由や、回答の背景にあるものをまとめていきたい。回答の理由を述べることは任意としたため、それぞれの回答理由がすべて明確にわかっているわけではない。

①なぜ知りたいのか

「知りたい」理由で挙げられていたものには、縁の切れている精子ドナーや親のことを「実在する人物」として確認したいから、あるいは身近に感じたいからというものがあった。たとえば鳰さんやスズキさんは、それゆえに容姿や身体的特徴などについて知りたいと述べていた。スズキさんは、同じ理由から、父親の声や話し方、趣味嗜好、性格・気性、信仰などにも関心をもっていた。木野さんは、精子ドナーの「人となり」を知るために、精子ドナーの出身地や、精子提供時の状況、自分への気持ちを知りたいと考えていた。

自分と似ているのかどうか、似ていないのかどうか気になっているから「知りたい」という回答もあった。たとえば鳰さんは、精子ドナーの容姿や身体的特徴を、自分や自分の子どものものと比べてみたいと思っていた。長谷部さんは、自分の将来像が気になるため、両親の容姿や身体的特徴を知りたいと思っていた。スズキさんも、父親から自分がどの程度容姿を受け継いでいるのか関心をもっていた。A・Zさんも、自分と父親とを見比べてみたいので容姿や身体的特徴を知りたいと考えていた。

精子ドナーや親について知ることが、何かをもたらすのではないか、あるいは何かを変えるのではないかと期待しているから「知りたい」と述べる人もいた。たとえば鳰さんは、精子ドナーの出身地や現居住地を知りたいと思っていた。それらを知ることができたなら、「自分の空白」が埋まるのではないか、精子ドナーの人間性をイメージできるのではないかと期待していた。また、自分の存在理由を理解する一助になるのではないかという期待から、精子ドナーのあらゆる情報を得たいと願っていた。鳩さんには、精子ドナーについて知ることで、自分が生きていてもよいのだと多少なりとも納得できるのではないかという期待もあった。木野さんが精子ドナーの「人となり」を知りたいのは、それが自分を「再構築」する手立てになるのではないか、また、安心感をもたらしたり、自分を知る手立てになったりするのではないかという期待をもっているからであった。若草さんが、精子ドナーのことを「一通り」知りたいのは、それを知れば、自分の身の置きどころや、自分が何者かわからなくなったときに気持ちが整理できるようになるのではないか、気持ちのやり場を見つけられるようになるのではないかという期待をもっているからであった。長谷部さんが母親に関する情報を知りたいと思っているのは、自分自身が母親の人生に何らかの影響を及ぼしたのかどうかを知りたいからであった。長谷部さんは、自分と縁を切ることを選択した母親が、長谷部さんを妊娠し、出産したことを「なかったこと」にはできていないだろうと想像している。つまり、長谷部さんに向けて何らかの思いを抱いているものと思っている。つまり、母親に自分が及ぼした影響について知ることができるのではないかとの期待――「私を手放したことを後悔してくれているといいな」――とともに、さまざまな情報をえたいと願っていた。常盤さんの関心の所在は、「自分の出自のストーリー」や「なぜ今ここにいるのか」であった。また、自分が「湧いてきた」わけではないことがわかれば、自分を大切にできるのではないかと思っていた。母親の気持ちなどを知れば、「自分の出自のストーリー」や「なぜ今ここにいるのか」がわかるのではないか、また、自分が人と人とのつながりのなかに存在してきたことがわかるのではないかという期待があり、母親の気持ちなどを知りたいと思っていた。

わからないと不安だから、言い換えれば、知って安心したいから「知りたい」という回答もあった。たとえば精子ドナーや親の医学的情報を知ることができていない現状を危険だと感じ、医学的情報を知りたいと述べている人がいた（鳰さん、A・Zさん）。木野さんは、精子ドナーと、自分や自分の子どもとの間に容姿の類似点を見出すことができたなら、安心できるような気がすると述べていた。大羽さんは、もしも精子ドナー由来の遺伝的疾患を自分の子どもが隔世遺伝で受け継いでいたらと考えると不安になってしまう。その不安を払拭するために、医学的特徴を知りたいと思っていた。Y・Fさんは、遺棄され両親の情報を何ももっていないため、「最悪のパターン」をいくつも想像したり、父親と似ているのではないかと考えたりして苦しんでいる。事実を知り、苦しみのパターンを減らすため「いないと思ったほうがありがたい」とさえ思う父親の容姿や、自分が生まれた状況や経緯を知りたいと思っていた。

知らないがゆえに困っているから、あるいは、困った経験があるから「知りたい」という意見もあった。それを知っていれば役に立つのではないかとの思いから「知りたい」という回答もあった。たとえば、精子ドナー由来と推測できる疾患を発症している鳰さん、問診票に記入ができず困った経験を有している大羽さん、遺伝情報を聞かれて答えられなかった経験のある木野さんである。長谷部さんは、母親と物理的な距離をとりたいからが母親の現居住地を知りたいと述べていた。Y・Fさんは、その他の情報を探す手がかりにできるので母親の名前を知りたいと思っていた。出身地を知る手がかりになるのではないかとの思いから、声や話し方を知りたいとも考えていた。大羽さんも、精子ドナーの職業・職歴を知ることができれば、精子ドナーの他の情報にもつながるのではないかと考えて、精子ドナーの職業・職歴を知りたいと述べていた。A・Zさんは、いざというときに頼れるように父親の現居住地を知っておきたいと思っていた。

子どものために知りたいという回答もあった。研究協力者のうち、子どもがいるのは四名である（鳰さん、木野さん、大羽さん、若草さん）。四名はいずれもAID出生者で、その全員が、子どもへの隔世遺伝を考慮して、医学的情報や精子ドナーや親よりのさらに上の世代の情報を得たいと願っていた（大羽さんは、自分が精子ドナーの情報を知りたいと思うのは、精子ドナーやAIDのことについて母親と話をしたいと考えているのにもかかわらず、それができないからではないかと考えていた）。

そのほか、いずれの情報に関しても、知る権利をもっているはずだから知りたいという意見があった（鳰さん、大羽さん）。A・Zさんは、たとえば医学的情報などは家族であれば「当然知っているはず」という思いをもっていた。Y・Fさんは、母親が幸せになったのかどうかを知りたいと述べていた（自分を捨てた母親は、自分を捨てた以上、幸せになっていないと納得ができない。幸せになっているかどうかを確かめたいから、母親の人生を知りたい）。アクロスジャパンの小川さんは、子どもが自分に——養子縁組支援団体職員に——質問してくるのは、養親からの返答が十分だと感じていないからなのではないかと述べていた。

②なぜ関心がないのか、なぜ知りたくないのか

関心が低い理由、関心がない理由には、それを知ったところで自分との間につながりがあるとは感じられないからというものがあった。たとえば精子ドナーの墓は、自分との間につながりがあるとは感じられないものだから精子ドナーの墓への関心は大きくはないという声があった。同様の理由で、母親の家の墓の場所や母親よりも上の世代には関心があまりわかないという声もあった。父親の医学的情報と自分の医学的情報とにつながりを感じていないことを、医学的情報への関心が低い一因に挙げた人もいた。先祖とのつながりは養親の家のほうが強いと考えていることから、母親の墓の場所には興味をもっていない人もいた。父親がどのような信仰をもっていたとしても自分には関係がないので、父親の信仰には興味がないと述べた人や、墓の前に行っても、先祖とつながるような気持ちがしないので、墓の場所にも関心がないと述べ他人もいた。「家系的な事柄」にもともと興味がないため、父親より上の世代に関しても興味をもっていないという声もあった。

後天的な影響のほうが遺伝的な影響よりも大きいのではないかとの考えから、関心の程度が低くなっているものもあった。たとえば母親の趣味嗜好や性格・気性への関心についてである。

それを知らないことで困ったことがないから「興味がない」という意見もあった。たとえば父親の医学的情報を知らなかったことで不利益を被ったと感じたことはなく、医学的情報を知らなくとも、健康診断などを受けていれば必要な情報は手に入ると思っていたという声があった。それを知ったところで

自分の人生に影響があるとは思わないから「興味がない」という意見もあった。たとえば母親の趣味嗜好や職業・職歴は、自分の人生に関係ないので関心をもっていないと述べた人がいた。

知ったとしても信じられそうにないから「興味がない」との回答もあった。たとえばＹ・Ｆさんは、人の気持ちは時とともに変わるものであるとともに、今さら何を言われたとしても、自分を捨てた母親の言うことを信じられそうにないと思っている。それゆえ、母親の現在の思いには興味がない。Ｙ・Ｆさんが生まれたときの母親の気持ちにも関心はない。ただ、その瞬間の気持ちを聞けるのであれば――記録が残っていたら――知りたいということであった。Ａ・Ｚさんも、自分が生まれたときの父親の気持ちについて、その瞬間の記録が残っているのであれば知りたいが、そうでなければいらない、全く興味がもてないと思っていた。気持ちや行動は「いくらでも後付けできる」うえ、それが本当であるのかを検証する術がないからである。

自分への関心がない人には関心が向かないといった回答もあった。たとえば長谷部さんは、自分のことを認知しなかった――自分のことを「知らなかったものとして生きることを望んだ」――父親に関しては興味がわかないと述べていた。その一方で、精子ドナーのこと全般に強い関心を抱いていた鴫さんは、自分の提供精子で生まれた子どもに関心をもたない人はいないのではないかと述べていた。長谷部さんは、自分と縁を切ることを選択した母親が、長谷部さんを妊娠し、出産したことを「なかったこと」にはできていないだろうと想像していた。つまり、長谷部さんに向けて何らかの思いを抱いているものと思っていた。そのうえで、母親の人生——長谷部さんを出産するまで、および、出産後の人生——に大きな関心を抱いていた。それが「いい」ものであっても「悪い」ものであっても知りたいとのことであった。スズキさんは、父親から自分に関心が向けられていたことがわかれば、自分の父親への関心も増すかもしれないと述べていた。

知りたくないという回答もあった。養親から信仰活動を強要されていた経験から、母親の信仰については興味がないというよりも知りたくないと述べていた人や、父親が自分と別離した際に何を思ったのか、聞いたら辛い気持ちになりそうだから、また、それは双方にとって得をしない話だと思うため知りたくないと述べていた人がいた。

関心はあるが知ることが怖いという回答もあった。たとえば、知ったとしても、自分が望むような内容ではないのではないか。それならば、関心はあるが、知るのは怖い——たとえば大羽さんは、精子ドナーの大羽さんへの思いについて、そう考えていた。スズキさんは、自分が生まれた経緯や、生まれたときの状況に関して知っているがその情報はわずかであるため、より多くのことを知りたい、ただ、それを知ることにより、知りたくないことを知ってしまうのではないか、怖いという気持ちもあると述べていた。A・Zさんも、父親がA・Zさんと別れてからどのように生きているのか知っているがそれはごくわずかな情報であるためそれ以上のことを知りたい、ただ、もしも父親が、A・Zさんがいなかったかのような人生を送っていた場合、自分のアイデンティティがゆらいでしまう可能性がある——そうなると、父親の人生については、知りたい気持ちがありつつも、強い興味をもつことができない。また、父親が現在自分のことを覚えているのか知りたいと思いつつ、自分のことをどのように思っているのかは「自己防衛として」知りたくないという気持ちがある——自分が存在していない物語を知るのは怖いと述べていた。父親と別離することになった経緯についても知りたい気持ちと知りたくない気持ちとが混在しているとのことであった。

そのほか、若草さんは、名前を「符号というか記号」のようなものだと捉えていることから、精子ドナーの名前への関心は低いと述べていた。A・Zさんは、父親の趣味嗜好を知ったところで、一緒に楽しむことができない状況では興味がわかないと述べていた。

(3) 何を知りたいのか

調査結果からは、本研究協力者から関心の抱かれる傾向にあるものは、次の三点と考えられるのではないだろうか。

①精子ドナーや親を立体的に思い描くために有用なもの

縁の切れている精子ドナーや親のことを「実在する人物」として確認したいから、あるいは身近に感じたいから、精子ドナーや親に関する諸情報を知りたいという声があった。また、精子ドナーの「人となり」を知りたいから諸情報を知りたいのだという声もあった。自分と似ているのかどうか、似ていないのかどうか気になっているから、あるいは自分の将来像が気になるから知りたいという声もあった。精子ドナーや親を「実在する人物」として想像するための材料は、たとえば容姿、身体的特徴、声や話し方、精子ドナーや親の人生、出身地や居住地、その時々の気持ちである。そのほかの事柄に関しては、興味の程度を決めるのは、研究協力者のこれまでの経験によって関心の度合いが高まるものなのではないだろうか。研究協力者と、精子ドナーや親との間には、血縁がある。しかし血縁しかないともいえる。見たことも、会ったこともなく、場合によってはその人生史の一部分すら知らない相手のことを「実在する人物」として想像するためには、研究協力者がこれまでの経験上、人生を送るうえで重要な要素となると考えているもの——たとえば自分自身に篤い信仰心があれば信仰心——が必要なのではないだろうか。

②実生活で必要だと思うことや実生活で役に立つと思うもの

ある情報を知らないがゆえに困っているから、あるいは、ある情報を知らなかったことで困った経験があるから知りたいという声があった。将来の配偶者のために、また、子どものために知りたいという回答もあった。他の情報の手がかりになると思うので知りたいという回答もあった。さらに、いざというときに頼れるように知っておきたいという回答もあった。その一方で、それに関して情報をもっていないからといって困ったことがないので関心があまりないといった声があった。また、それを知ったとしても自分の人生には影響がないと思うので関心がないといった声もあった。後天的な影響のほうが遺伝的な影響よりも大きいのではないかとの考えから、関心の程度が低くなっているものもあった。

これらからは、それまでの経験から、自分が生活を送っていくうえで必要だと思う情報には関心が抱かれる傾向があると考えられるのではないだろうか。また、知っておくことで、今後生きていくなかで役に立つのではないかと思うことについても関心が抱かれる傾向があると考えられるのではないだろうか。

③自己肯定感の向上や「恐れ」の払拭に寄与するのではないかと期待できるもの

わからないと不安だから、言い換えれば、知って安心したいから「知りたい」という回答もあった。事実を知れば、さまざまなケースを想像して苦しむことが減るのではないかと思い、知りたいと述べる人もいた。情報を得ることができたなら、「自分の空白」が埋まるのではないかという期待ゆえに知りたいのだという回答もあった。また、自分の存在理由を理解する一助になるのではないかという期待から、精子ドナーのあらゆる情報を得たいと願っていた人もいた。精子ドナーについて知ることで、自分が生きていてもよいのだと多少なりとも納得できるのではないか、精子ドナーの情報が自分を「再構築」する手立てになるのではないか、また、安心感をもたらしたり、自分を知る手立てになったりするのではないかという期待をもっているから知りたいという声もあった。知ることができたなら、自分の身の置きどころや、自分が何者かわからなくなったときに気持ちが整理できるようになるのではないか、気持ちのやり場を見つけられるようになるのではないかという期待をもっているから知りたいという声もあった。また、自分の存在が、精子ドナーや親に与えた影響を知りたいから、知りたいのだという声もあった。

その一方で、先にも紹介したように、それを知ったところで自分に何の影響もないだろうと予想しているから関心がないという声もあった。知ったとしても信じられそうにないから「興味がない」との回答もあった。自分の嫌な思い出を想起させるもの——たとえば強要されていた信仰活動——については知りたくないという回答もあった。聞いたら辛い気持ちになるのではないか、あるいは、聞いても自分の望む回答が返ってこないのではないかと思われるものについては知りたくないという声もあった。また、そもそも、自分への関心がない人には関心が向かないといった声もあった。

研究協力者のなかには、自分のことを肯定できなかったり、自分の生きている意味を探したりしてきた人が少なくなかった。そのような研究協力者のほとんどは、精子ドナーや親の情報を知ることそのものには、自己肯定感を上げたり、自分の生きている意味を見つけたりする力はないだろうと述べていた。ただ、情報を知ることが、自己肯定感の上昇を直接もたらすものとは思っていないものの、自己肯定感の上昇に寄与する可能性はあると述べていた人がいた。情報を得られれば、自分の存在理由が多少なりともわかるような気がすると述べていた人もいた。情報を知ることが、自分の存在意義への認識にどのような変化をもたらすのか現時点では「わからない」と言葉を濁しつつも、情報を知ることが、自分の

表1-5　AIDで生まれたために生物学的父親との縁を絶たれている方へのアンケート結果

※選択肢は「知っている」「知らない——とても知りたい」「知らない——機会があれば知りたい」「知らない——あまり興味がない」「知らない——全く興味がない」の5つである。表内では「知らない——」を省略している。

	鳰さん	木野さん	大羽さん	若草さん
	1960年代生まれ 女性 夫および実子がいる	1950年代生まれ 女性 夫および実子がいる	1980年代生まれ 女性 夫および実子がいる	1960年代生まれ 女性 夫および実子がいる
親を知らない理由	AIDによる出生	AIDによる出生	AIDによる出生	AIDによる出生
情報を求めている親とその関係性	精子ドナー：どこの誰であるのか全くわからない	精子ドナー：親族。死去している。存命時に複数回会ったことがあった	精子ドナー：どこの誰であるのか全くわからない	精子ドナー：どこの誰であるのか全くわからない
精子ドナーの名前	とても知りたい	知っている	機会があれば知りたい	機会があれば知りたい
精子ドナーの容姿	とても知りたい	知っている	機会があれば知りたい	機会があれば知りたい
精子ドナーの声や話し方	とても知りたい	知っている	機会があれば知りたい	機会があれば知りたい
精子ドナーの身体的特徴	とても知りたい	知っている	機会があれば知りたい	機会があれば知りたい
精子ドナーの医学的情報	とても知りたい	機会があれば知りたい	とても知りたい	機会があれば知りたい
精子ドナーの趣味嗜好	とても知りたい	機会があれば知りたい	機会があれば知りたい	機会があれば知りたい
精子ドナーの性格、気性	とても知りたい	機会があれば知りたい	機会があれば知りたい	機会があれば知りたい
精子ドナーの職業・職歴	とても知りたい	機会があれば知りたい	機会があれば知りたい	機会があれば知りたい
精子ドナーの信仰	とても知りたい	機会があれば知りたい	機会があれば知りたい	機会があれば知りたい
精子ドナーの出身地	とても知りたい (特定できるまで細かく)	機会があれば知りたい (特定できるまで細かく)	機会があれば知りたい (都道府県まで)	機会があれば知りたい (都道府県まで)
精子ドナーの現居住地	とても知りたい (特定できるまで細かく)	回答なし (死去しているため)	機会があれば知りたい (都道府県まで)	機会があれば知りたい (都道府県まで)
精子ドナーよりも上の世代について	とても知りたい	機会があれば知りたい	機会があれば知りたい	機会があれば知りたい
精子ドナーの家の墓の場所	とても知りたい	機会があれば知りたい	あまり興味がない	機会があれば知りたい
自分が生まれるまでの精子ドナーの人生	とても知りたい	機会があれば知りたい	とても知りたい	機会があれば知りたい
精子提供後のドナーの人生	とても知りたい	知っている	とても知りたい	機会があれば知りたい
現在の自分への思い(亡くなるまでの思い)	とても知りたい	機会があれば知りたい	機会があれば知りたい	機会があれば知りたい
精子ドナーが精子提供をした経緯	とても知りたい	知っている	とても知りたい	機会があれば知りたい
精子ドナーの精子提供をしたときの状況	とても知りたい	知っている	とても知りたい	機会があれば知りたい
精子ドナーの精子提供時の気持ち	とても知りたい	機会があれば知りたい	とても知りたい	機会があれば知りたい

表1-6 AIDで生まれたということ以外で親との縁を絶たれている方へのアンケート結果

※選択肢は「知っている」「知らない――とても知りたい」「知らない――機会があれば知りたい」「知らない――あまり興味がない」「知らない――全く興味がない」の5つである。表内では「知らない――」を省略している。

	長谷部さん	スズキさん	Y.Fさん	常盤さん	A.Zさん
	1980年代生まれ 女性 夫および実子はいない	1970年代生まれ 男性 妻がいる 子どもはいない	1990年代生まれ 男性 夫および実子はいない	非公表 女性 非公表	1990年代生まれ 女性 夫および実子はいない
親を知らない理由	幼少期の 特別養子縁組	幼少期の両親離婚	誕生後まもなく 遺棄された	幼少期の養子縁組	AIDによる出生
情報を求めている親とその関係性	母親：名前は知っているが会ったことはない	父親：死去していることがわかっている。記憶は全くない。写真を遺族に求めたが断られた	母親：どこの誰であるのかわからない ※容姿および身体的特徴のみ父親に関しても知りたいと考えている	母親：一度だけ会ったことがある。そのとき連絡先を受け取ったが連絡していない	父親：記憶が全くない。写真を見たこともない
親の名前	知っている	知っている	とても知りたい	知っている	知っている
親の容姿	とても知りたい	機会があれば知りたい	とても知りたい	知っている	機会があれば知りたい
親の声や話し方	あまり興味がない	機会があれば知りたい	とても知りたい	知っている	機会があれば知りたい
親の身体的特徴	機会があれば知りたい	機会があれば知りたい	とても知りたい	知っている	機会があれば知りたい
親の医学的情報	とても知りたい	あまり興味がない	とても知りたい	あまり興味がない	とても知りたい
親の趣味嗜好	機会があれば知りたい	機会があれば知りたい	全く興味がない	全く興味がない	全く興味がない
親の性格、気性	あまり興味がない	機会があれば知りたい	機会があれば知りたい	全く興味がない	機会があれば知りたい
親の職業・職歴	あまり興味がない	機会があれば知りたい	全く興味がない	知っている	知っている
親の信仰	あまり興味がない	機会があれば知りたい	全く興味がない	全く興味がない	全く興味がない
親の出身地	知っている （区町村まで）	知っている （区町村まで）	とても知りたい（特定できるまで細かく）	知っている（特定できるまで細かく）	知っている（特定できるまで細かく）
親の現居住地	とても知りたい（特定できるまで細かく）	回答なし （死去しているため）	とても知りたい	知っている（特定できるまで細かく）	とても知りたい（特定できるまで細かく）
親よりも上の世代について	あまり興味がない	全く興味がない	機会があれば知りたい	全く興味がない	知っている
親の家の墓の場所	あまり興味がない	全く興味がない	とても知りたい	知っている	全く興味がない
自分が生まれるまでの親の人生	機会があれば知りたい	機会があれば知りたい	とても知りたい	知っている	知っている
自分と別離してからの親の人生について	機会があれば知りたい	機会があれば知りたい	とても知りたい	知っている	知っている
現在の自分への思い(亡くなるまでの思い)	とても知りたい	機会があれば知りたい	全く興味がない	知っている	とても知りたい
自分の誕生の経緯	機会があれば知りたい	知っている	とても知りたい	知っている	知っている
自分の誕生時の状況	とても知りたい	知っている	とても知りたい	機会があれば知りたい	知っている
自分が誕生したときの親の気持ち	とても知りたい	機会があれば知りたい	振り返って聞くものであれば「全く興味がない」がその瞬間の記録があるのであれば「とても知りたい」	知っている	振り返って聞くものであれば「全く興味がない」がその瞬間の記録があるのであれば「とても知りたい」
自分との別離の経緯	とても知りたい	知っている	振り返って聞くものであれば「全く興味がない」がその瞬間の記録があるのであれば「とても知りたい」	知っている	機会があれば知りたい
自分と別離したときの気持ち	とても知りたい	機会があれば知りたい	振り返って聞くものであれば「全く興味がない」がその瞬間の記録があるのであれば「とても知りたい」	知っている	全く興味がない

存在理由や、自分の生きている意味の捉え方に変化を及ぼす可能性があることを示唆した人もいた。さらに、さまざまなことを知り、自分がふいに「湧いてきた」わけではないことがわかると、自分を大切にできるような気がしていると述べた人もいた。

これらからは、研究協力者には、自己肯定感の向上や、恐れの払拭に寄与しうると考えられることであれば――それを自覚しているかどうかにはかかわらず――「知りたい」と思う傾向があると考えられるのではないだろうか。また、そうでないものには、関心はあったとしても、「知りたい」という思いにブレーキがかかると考えられるのではないだろうか。精子ドナーや親の情報であれば、どのようなものであっても知りたいと述べる人もいたが、傾向としては、知ることが自分にメリットをもたらすものと思えないことへの関心は低くなる傾向がみられた。

(4)〝知りたい〟と〝会いたい〟――精子ドナーや親との面会に関する意識

アンケートおよびインタビューでは、精子ドナーや親との面会の関係についても質問した。回答は表1-7a　AIDで生まれたために生物学的父親との縁を絶たれている方へのアンケート結果、表1-7b　AIDで生まれたということ以外で親との縁を絶たれている方へのアンケート結果にまとめた。

研究協力者のうち、木野さんは精子ドナーと会ったことがあった。しかしそれは幼少期であり、真実告知を受ける前のこと、そして、研究協力時、ドナーは死去していた。そのため、もし今も精子ドナーが存命であったらと仮定して回答してもらった。また、スズキさんの父親も死去していた。そのため、もし今も父親が存命であったらと仮定して回答してもらった。常盤さんは、母親と会ったことがあった。真実告知を受けてからのことである。回答は、会ってからのことをふまえて行ってもらった。

相手の連絡先が開示され、相手が自分に会いたいと思っている場合には連絡すると答えた人は六名、連絡しないと答えたのは一名であった。そのうち「とても会いたいので連絡する」は二名（木野さん、若草さん）、「機会があれば会いたいのでとりあえず連絡する」は二名（長谷部さん、スズキさん）である。「どちらかというと会いたいとは思わないが連絡する」も二名（Y・Fさん、A・Zさん）いた。「どちらかというと会いたいとは思わないので連絡しない」は、面会経験のある常盤さんのみである。回答なしも二名（鴎さん、大羽さん）いた。両名とも、精子ドナーに会いたい気持ちはあるものの、自分や家族の身の安全が守られるかどうか、また、相手がなぜ会いたいと思っているかどうかなどを確かめなければ、行動にうつすことは難しいと思っていた。

相手の連絡先が開示されつつも、相手が自分に会いたいと思っているかどうかわからない場合、連絡すると答えたのは五名、連絡しないと答えたのは三名であった。そのうち「機会があれば会いたいのでとりあえず連絡する」は四名（若草さん、大羽さん、長谷部さん、スズキさん）、「全く会いたいとは思わないが連絡はする」は一名（Y・Fさん）、「どちらかというと会いたいとは思わないので連絡しない」が二名（A・Zさん、常盤さん）、「とても会いたいが連絡はしない」が一名（木野さん）であった。回答なしも一名（鳰さん）いた。回答なしとした理由は、前の質問へのものと同じである。つまり、精子ドナーに会いたい気持ちはあるものの、自分や家族の身の安全が守られるかどうか、また、相手がなぜ会いたいと思っているかどうかなどを確かめなければ、行動にうつすことは難しいと考えているとのことである。

相手の連絡先が開示されつつも、相手が自分に会いたいと思っていないことがわかっている場合に、連絡すると答えたのは三名、連絡しないと答えたのは五名であった。そのうち「機会があれば会いたいのでとりあえず連絡する」は三名（長谷部さん、大羽さん、若草さん）、「とても会いたいが連絡はしない」は一名（木野さん）、「機会があれば会いたいが連絡はしない」も一名（スズキさん）、「どちらかというと会いたいと思わないので連絡しない」は二名（A・Zさん、常盤さん）、「全く会いたいとは思わないが連絡はする」が一名（Y・Fさん）であった。回答なしも一名（鳰さん）いた。回答なしとしたのは、精子ドナーに会いたい気持ちはあるものの、自分や家族の身の安全が守られるかどうかということを確かめてからでなければ、行動にうつすことは難しいと考えているからであった。

精子ドナーとのやりとりができるようになるとしたら、その際には第三者の仲介を求めたいと述べた人が三名いた（鳰さん、木野さん、大羽さん）。その一方で、A・Zさんは、父親とのやりとりは一対一で行ったほうがよいのではないかと考えていた。「コミュニケーションのとりやすさ」を考慮すれば、第三者がいたほうがよいかもしれないと思うものの、父親との面会では「個人的な話の連続」になると思うからとのことであった。

精子ドナーや親との面会について考えるとき、条件や前提を考慮しないといけないと述べた人もいた。たとえば鳰さんは、どのような情報が開示されようとも精子ドナーに会いたいが、面会によって自分や家族に危害が及ばないことがわかってからでないと行動にはうつせないと思っていた。木野さんは、自分が精子ドナーに「会いたい」と思えるのは、精子ドナーが危険な人物でないことがわかっているから、かつ、自分の気持ちが落ち着いているからだと思っていた。大羽さんも同じような感覚をもっていた。また、大羽さんは、もしも精子ドナーとの面会が実現するならば、それはドナーと大羽さん双方が「win-win になる感じ」になる状況に限られるだろうとも考えていた。面会にはリスクが伴う。また、自分には自分の人生があるように、精子ドナーにも精子ドナーの人生がある。そのため、お互いにメリットがあると思えない状況では、面会は実現しないのかと考えていた。なお、大羽さんは、現時点で自分が精子ドナーに会いたいのかどうか、自分の気持ちがよくわからない状態にあり、精子ドナーに会いたい、あるいは会いたくないという気持ちがはっきり生まれるのは、今後、精子ドナーに関して何らかの情報を得て、精子ドナーのことを〝人〟として受け止められときなのではないかと思っていると述べていた。長谷部さんは、どのような情報が開示されようとも母親に会いたいと述べていた。ただ、まずは写真や手紙のやりとりを行うなどの段階を踏み、双方がそれぞれに関心をもち、会ってみたいと思えたならば会ってみたいと思っていた。

また、五名が、どのような情報が開示されようとも、精子ドナーや親に会いたいと述べた（鳰さん、

表1-7a AIDで生まれたために生物学的父親との縁を絶たれている方へのアンケート結果

※選択肢は「とても会いたいので連絡する」「機会があれば会いたいので連絡する」「どちらかというと会いたくないが連絡する」「全く会いたいと思わないが連絡する」「とても会いたいが連絡はしない」「機会があれば会いたいが連絡はしない」「どちらかというと会いたいとは思わないので連絡しない」「全く会いたいと思わないので連絡しない」の8つである。

	鳰さん	木野さん	大羽さん	若草さん
精子ドナーについて	どこの誰であるのか全くわからない	どこの誰であるのか全くわからない	親族。死去している。存命時に複数回会ったことがあった	どこの誰であるのか全くわからない
情報の開示と面会との関係について	どのような情報が開示されたとしても会いたい	現時点ではよくわからない。提供者を人として受け止めたときに、会いたいという気持ち、もしくは会いたくないという気持ちが生まれる気がしている。また、会うことと知ることは別だと考えている。	どのような情報が開示されたとしても会いたい※ドナーが存命中は、このように考えられなかった。会いたいと思えるのは、気持ちが安定した今だからこそかもしれない	どのような情報が開示されたとしても会いたい
精子ドナーが存命で、連絡先を開示され、精子ドナーが会いたいと望んでいることがわかったとしたら、連絡しますか	回答なし	回答なし ※会いたいが、自分や家族へ危害が及ばないと確信できるまでは行動に移せない。連絡は第三者に依頼したい	とても会いたいので連絡する ※ドナーは死去している。存命中は、このように考えられなかった。会いたいと思えるのは、気持ちが安定した今だからこそかもしれない	とても会いたいので連絡する
精子ドナーが存命で、連絡先を開示され、精子ドナーが会いたいかどうかはわからない場合、連絡しますか	※自分や家族へ危害が及ばないと確信できれば会いたい。また、会いたいと思っている理由を知りたい。連絡は第三者に依頼したい	機会があれば会いたいのでとりあえず連絡する ※ただし実際にそうなってみないと自分が会いたいと思うかどうかはわからない	とても会いたいが連絡はしない ※相手の気持ちがわからなければ行動にはうつせない	機会があれば会いたいのでとりあえず連絡する
精子ドナーが存命で、連絡先を開示され、精子ドナーは会いたいと思っていないことがわかっている場合、連絡しますか	※会いたいが、自分や家族へ危害が及ばないと確信できるまでは行動に移せない。連絡は第三者に依頼したい	機会があれば会いたいのでとりあえず連絡する ※メールでの連絡が可能なのであれば連絡するかもしれない。相談先がほしい	とても会いたいが連絡はしない ※相手が会いたくないのであれば会わない	機会があれば会いたいが連絡はしない

木野さん、若草さん、長谷部さん、常盤さん）。

　では、なぜ会いたいのか――精子ドナーや親と会い、自分で情報収集をしたいからだという意見があった（鳰さん、木野さん、A・Zさん）。鳰さんは、精子ドナーのことであれば何でも知りたいという気持ちに加えて、双方向的なやりとりをしたいと述べていた。だから、会いたいということである。木野さんも、文書から知ることと、会話などから精子ドナーのことを知ることとは異なるものだと考えていた。また、木

表1-7b AIDで生まれたということ以外で親との縁を絶たれている方へのアンケート結果

※選択肢は「とても会いたいので連絡する」「機会があれば会いたいので連絡する」「どちらかというと会いたくないが連絡する」「全く会いたいと思わないが連絡する」「とても会いたいが連絡はしない」「機会があれば会いたいが連絡はしない」「どちらかというと会いたいとは思わないので連絡しない」「全く会いたいと思わないので連絡しない」の8つである。

	長谷部さん	スズキさん	Y.F さん	常盤さん	A.Z さん
情報を求めている親とその関係性	母親：名前は知っているが会ったことはない	父親：死去していることがわかっている。記憶は全くない。写真を遺族に求めたが断られた	母親：どこの誰であるのかわからない	母親：一度だけ会ったことがある。そのとき連絡先を受け取ったが連絡していない	父親：記憶が全くない。写真を見たこともない
情報の開示と面会との関係について	どのような情報が開示されようとも会いたい気持ちはあるが、いずれのケースでも、写真や手紙のやりとりなど段階を踏んでから考えたい	相手の気持ちが自分に向いているのであれば、会いたい、知りたいという気持ちが大きくなるが、父親がすでに死去しているうえ、遺族も自分との接触を望んでいないことがわかっているので、無理に会いたいとは思わない	知るために会いたい。知りたいことをすべて知ることができたなら会わなくてもいい。	どのような情報が開示されたとしても、自分自身で、母親の心の動きなどを感じ取りたいため、会いたい	何らかの情報が開示されたら会わなくてもいいような気がしているが、情報の開示状況と、会いたいという気持ちは関係がないような気もしている。いずれのケースでも、自分から積極的に会いたいという気持ちはもっていない
親が存命で、連絡先を開示され、親が会いたいと望んでいることがわかったとしたら連絡しますか	機会があれば会いたいのでとりあえず連絡する	機会があれば会いたいのでとりあえず連絡する※自分の成長を見てもらいたかったという気持ちがある。ただ、これは死去していることがわかっているから抱いている思いかもしれない	どちらかというと会いたいとは思わないが連絡する※ただし複雑な問題に巻き込まれたくないので直接会うことは控えたい	どちらかというと会いたいとは思わないので連絡しない	どちらかというと会いたいとは思わないが連絡する
親が存命で、連絡先を開示され、親が会いたいかどうかはわからない場合連絡しますか	機会があれば会いたいのでとりあえず連絡する	機会があれば会いたいのでとりあえず連絡する※これは死去していることがわかっているから抱いている思いかもしれない	全く会いたいとは思わないが連絡はする※知りたいことを知るために連絡する	どちらかというと会いたいとは思わないので連絡しない	どちらかというと会いたいとは思わないので連絡しない
親が存命で、連絡先を開示され、親は会いたいと思っていないことがわかっている場合、連絡しますか	機会があれば会いたいのでとりあえず連絡する	機会があれば会いたいが連絡はしない※自分にとっては現状のままでも支障がない。父親にとってもそうであるなら連絡しない。ただ、内緒で覗きに行くかもしれない	全く会いたいとは思わないが連絡はする※知りたいことを知るために連絡する	どちらかというと会いたいとは思わないので連絡しない	全く会いたいと思わないので連絡しない※相手が会いたいと思わないのであれば会わない

野さんは、精子ドナーとＡＩＤのことを話したり、精子ドナーの気持ちと自分の気持ちを共有したりできたなら、自己肯定感に変化があったかもしれないと思っているとのことであった。Ａ・Ｚさんは、自分が親の表情や言葉などから感じ取るものを大切にしたいから会ってみたいと述べていた。長谷部さんは、母親に接触してみたいのだと述べていた。スズキさんは、自分の成長を見てもらいたい思いがあると述べていた。また、面会により、自分と父親との関

係性や、自分の人生観や死生観にプラスの変化がもたらされるのではないかという期待ももっていた。

なぜ会いたいと思わないのか——精子ドナーや親の意向にかかわらず、精子ドナーや親に会いたいという気持ちはないと答えたのは三名であった（Y・Fさん、常盤さん、A・Zさん）。Y・Fさんは、面会は、自分や母親の情報を得る手段のひとつと考えている。そのため、現居住地がわかれば訪ねに行きたいと思っているが、母親の意向にかかわらず、母親に会いたいという気持ちはもっていない。母親が自分に会いたいと思っていることがわかっている場合は特に、直接会うことを避けたいと思っていた。母親が自分に会いたいと思うことがあるとするならば、それは自分を頼りたいからだろう、自分をあてにされ、複雑な問題に巻き込まれることは避けたいと考えてい流とのことであった。常盤さんは、母親と一度面会したことにより、自分の母親への気持ちが一区切りしたような気がしていると述べていた。面会時に、自分がそれまでに推測していたことを確認できた——推測と現実が見事に合致した——ため、母親とまた会いたいとは思わないとのことであった。A・Zさんは、相手が自分に会いたいと思っていないのであれば、自分も会いたいとは思わないと述べていた。また、相手が自分に会いたいと思っていない状況での面会は双方にとってよくないのではないかとも述べていた。さらに、自分は父親のことを「知りたい」に取り残され、父親に「会いたい」に移行していないと述べていた。

なぜ連絡するのか——会いたいから連絡するという回答が多数であった。会いたいと思う理由は前述のとおりである。ただ、会いたいとは思わなくても連絡するという人もいた。たとえばY・Fさんは、母親に会いたいという気持ちはもっていないが自分は「イエスマン」であるため、もし母親が面会を望んでいることがわかれば、連絡してしまうだろうと思っていた。母親の意向がわからない場合や、母親が面会を望んでいないことがわかっている場合でも、連絡するだろうと思っていた。いずれ自分が連絡したいと思うかもしれないからとのことであった。A・Zさんは父親に会いたい気持ちはないが、父親が自分に肯定的な態度を明示した場合にかぎっては、連絡しようと思っていた。父親が自分にどのような態度をとり、どのような言葉を選んで接するのか興味があるからとのことであった。

なぜ連絡しないのか――相手が会いたいと思っていないのであれば自分からは連絡しないという回答があった（木野さん、A・Zさん）。スズキさんは、相手の気持ちが自分に向いているのであれば、「会いたい」や「知りたい」という気持ちが大きくなるかもしれないと述べていた。スズキさんの場合、父親はすでに死去しているうえ、その遺族が自分との接触を望んでいないことを理解しているため、父親に強いベクトルを向けることができなくなってしまっているとも述べていた。常盤さんは、母親と一度面会したことにより、自分の母親への気持ちが一区切りしたような気がしているため、母親に再度連絡しようという気持ちが起こらないと述べていた。

これらの回答からは、子どものなかでは、精子ドナーや親のことを「知りたい」という気持ちと、精子ドナーや親と「会いたい」という気持ちが必ずしも直結していないと考えられる。また、精子ドナーや親の連絡先を入手できた子どもは、精子ドナーや親に連絡する可能性があると考えられる。精子ドナーや親が子どもに会いたいと思っていることがわかった場合には、その可能性は若干増すだろう。ただ、子どもが精子ドナーや親に連絡したからといって、子ども側が面会を熱望しているとは限らないだろう。精子ドナーや親のことを何も知らない状態で連絡先を提示されただけでは、連絡することを躊躇う子どもがいるとも考えられる。また、精子ドナーや親が子どもに会いたくないと思っていることがわかった場合には、子どもが精子ドナーや親に連絡をする可能性は低くなると考えられるほか、子どもと精子ドナーや親との仲介をする第三者がいれば、これらの傾向には変化が生じるかもしれないとも考えられる。

■註

1 二〇〇九年一一月二九日、関西大学千里山キャンパスにて開催されたものである。その講演録などは『学術の動向』にまとめられている［非配偶者間人工授精で生まれた人の自助グループ会員 2010］。

2 二〇〇五年一月に、AIDで生まれた人が、ひとりで悩まず互いに話し合える場をつくること、AIDのもつ問題について生まれた人の立場から社会に訴えていくことを目的として結成された自助グループである［石塚 2013］。

3 DOGのメンバー六名と、長沖暁子による手記集である。AIDで生まれたことを知ってから手記執筆までの心情や、AIDで生まれ、生物学的な親を知ることができないことへの思いが当事者の言葉で綴られている［非配偶者間人工授精で生まれた人たちの自助グループ、長沖 2014］。

4 ［石塚 2014］［石塚 2015］

5 ［大野和 2011］［加藤英 2014］［川村 2014］

6 「よりよい家族になるため」に互いに学び、情報交換をできる場としての勉強会や交流会を定期的に開催しているほか、ＡＩＤに関する諸情報も発信している［すまいる親の会ウェブページ https://www.sumailoyanokai.com/index.html 最終アクセス：二〇二一年一〇月一日］。

7 ＡＩＤで生まれた人（日本人女性二名、日本人男性一名、アメリカ国籍男性一名、オーストラリア国籍女性一名）の体験談のほか、ＡＩＤを選択した夫婦の体験談、ＡＩＤの動向、ＡＩＤを選択する前の「心の準備」などについて記されている［すまいる親の会（文責 清水清美）2014］。

8 日本国籍をもつ人三名、オーストラリア国籍をもつ人二名へのインタビュー調査である。二〇〇三年から二〇〇五年にかけて、それぞれ一回から二回、インタビュー調査が実施されたとある［日下 2006］［長沖、日下、清水 他 2006: 152-163］。

9 仙波が三つの資料（資料Ａ：一九九六年に開催された Donor Issue Forum の記録集『Let the offspring speak』、資料Ｂ：二〇〇〇年に開催された国際会議の記録集『The Offspring Speak-An International Conference of Donor Offspring』、資料Ｃ：その他）から当事者の声を抜粋し、要約したものである。この報告書に登場するＡＩＤで生まれた人はイギリス、アメリカ、オーストラリアなどの国籍を有している［仙波 2006］。

10 二〇〇七年八月、アメリカ国籍の女性カトリーナ・クラークと匿名女性へ実施されたインタビュー調査である［才村 2008］。

11 一九九九年からビル・コードレイが継続的に行っている調査である。参加者は二〇〇八年時点で七か国一五～五九歳のＡＩＤで生まれた人一〇五名であったという。二〇〇八年八月に開催された第一一回世界乳幼児精神保健学会世界大会における才村眞理のワークショップ「生殖補助医療によって出生した子どもたちの権利」のなかで発表された［才村 2008］。

12 ［大野和 2011］

13 ＡＩＤで生まれた人が登録することにより、自分と同じ精子ドナーから生まれた人（いわゆる異母きょうだい）を探すことのできるウェブページである［The Donor Sibling Registry ウェブページ http://www.donorsiblingregistry.com/ 最終アクセス：二〇二一年一〇月一日］。

14 ［Kramer 2018］

15 久慈らが都内の高校二、三年生の女子生徒四三八名を対象に行った調査である。この調査は、養護教諭がＡＩＤについて解説を行った後、無記名のアンケートで行われた。質問項目は大きく二つに分かれており、ひとつは、結婚相手が無精子症であることがわかったとしたら妻としてＡＩＤを受けるか、受けるとしたらその事実を子どもに話すか、もうひとつは、自分がＡＩＤで生まれていたとしたらその事実を知りたいと思うか、また、精子ドナーに会いたいと思うか、である。調査期間は明記されていないが、平成一五年度の研究報告書であるため、二〇〇三年前後と推測される［久慈、吉村、末岡、浅田 他 2004］。

16 吉村らが、配偶子提供の提供者となりうる年齢（男性五〇歳以下、女性四〇歳以下）の日本人成人男女一八三名を対象に無記名のアンケートを用いて行った調査である（回収期間は二〇〇五年一一月から二〇〇六年一月までの三か月間）［吉村、久慈 2006］。

17 ここに登場する「こうのとりのゆりかご」に預け入れられた子ども（仮名・翼くん）は預け入れられた当時、物心がついていたという。自分を「こうのとりのゆりかご」に預け入れた男性のことも、その日のことも断片的に記憶しているという。しかし取材時、翼くん本人の名前、年齢、出身地はわかっていない。預け入れにきた男性が生物学的な親であるのかも不明である［ＮＨＫ取材班 2018］。

18 ［熊本日日新聞「こうのとりのゆりかご」取材班 編 2010］

19 彼女が母親との面会を望んだ理由は、「社会人になる一つの区切り」および「将来、子どもの気持ちを理解する上で、少しでも役に立てば」（乳児院で働くと決意していた）と思ったから、自らのおかれた境遇の理由などについて母親に尋ねなかった理由は、「何らかの訳があってのことだろうから、あえて聞く必要はないと思った」からとのことである［熊本日日新聞「こうのとりのゆりかご」取材班 2010］。

20 ［共同通信社社会部編 2014］

21 児童養護施設での生活を体験した高校生など一五名が、その体験について、また、その体験のなかで感じていることなどをまとめたものである［『子どもが語る施設の暮らし』編集委員会 編 2003］。

22 六歳から一九歳までの約一三年間を児童養護施設で過ごした女性による手記である。彼女は児童養護施設に入所するまでは父母と弟との四人暮らしをしていたが、父親はいつの間にか失踪（一五年後に死去）したため、父親に関する記憶はほとんどなく、葬儀で対面した際には「そういえばこういう顔だったな」との感想を抱いたという。母親は一一歳頃までは面会できていたものの、その後失踪しているとある［加藤美 2003］。

23 児童養護施設での生活を体験した人によって綴られた自分史を単行本化したものであり、一九六〇年代から一九九〇年代生まれの人二一名の手記が収載されている［『施設で育った子どもたちの語り』編集委員会 編 2012］。

24 三歳になる前に乳児院から里親に委託され、一八歳までに二組の家庭に委託された一九九〇年生まれの男性による手記である。「実のお母さんは死んでしまって、お父さんは行方がわからない」と説明されて育ったといい、なぜ自分には親がいないのか、なぜ自分が生まれてきたのかという気持ちは小学生のころから抱いていたと記されている［高橋 2012］。

25 著者は一九三二年に東京に誕生、新聞広告を介して「もらい子」として両親（養親）に受け入れられたことを結婚後に告げられたという［野中 1991］。

26 二〇〇七年から二〇〇九年にかけて、乳幼児期に養子として引きとられ、継続的に生物学的親（野辺の論文内では「実親」）を知らずに育った養子一〇名を対象として実施されたインタビュー調査である。質問項目は、主に①基本事項（本人と養親の年齢、学歴など）、②現在の家族構成、③真実告知の時期と内容、④養親子関係、⑤ルーツ探しと実親子関係、⑥今後の家族関係の展望、⑦養子であることの問題経験であり、そのほか「実親のことを知りたいと思ったか／思わなかったか、それはなぜか。知りたかったとすれば、何を知りたかったか。それはなぜか」「実親に会いたいと思ったか／思わなかったか。それはなぜか」との質問も行ったとある［野辺 2011］。

27 野辺は、この調査結果の背景にはＤＮＡ（遺伝子）がアイデンティティを規定するという規範と、「望まれて生まれてきた」ことがアイデンティティを規定するという規範が現代の日本には存在していること、そのために、生物学的な親を知りたいという欲求を、人間の生物学的な本能に還元して説明するのではなく、文化社会的な面からも検討していく必要性について述べている。

28 研究開始当初は対面式のインタビューのみ想定していたが、研究実施中である二〇二〇年に新型コロナウイルスが流行し始めた。そのため上智大学「人を対象とする研究」に関する倫理委員会の承認を受け、オンライン会議ツール（Zoomなど）上でのインタビューを行えるようにした。

29　アンケートで尋ねた各情報は、表1‐2に示したように、精子ドナーの名前や容姿、医学的情報、出身地などである。

30　鳰さんは、日本人ではなく海外の人が精子ドナーとなる可能性があるのならば、宗教に関することについても出自を知る権利として保障したほうがよいと述べていた。

31　精子ドナーの現居住地も「知っている」が選択されていたが、精子ドナーが死去していることがわかっているため「回答なし」として集計した。

32　もし、「知っている」と答えた情報を全く知らなかったならば、知りたいと考えただろうと思っていると話していた。

33　木野さんによれば、精子ドナーは饒舌ではなかったものの、問われたことには答えてくれそうな雰囲気をもっていたという。それに対して、木野さんの家族は「なんか会話が成り立たない感じの家族だった」「なんか怒っているか機嫌悪いかなんかなだめているか言われているままにしているか……民主的じゃなかった」とのことである。

34　「髪や瞳の色は日本人であるかぎりそれほど違いはないので、自分については区別できる特徴ではないと思って意識してはいませんでしたが、最近海外に行って子どもを持とうとする親がいると聞いているので（台湾が多いそうですが、将来的にそれ以外も考えると）、今後生まれる子どもからすれば、他の身体的特徴も大切な情報源になるのかなという気持ちでいます（一番の気持ちは、そういうのはやめてほしい、ということです）」と補足があった。

35　大羽さんは成績優秀であった。大羽さんの母親は、大羽さんが優秀なのは医学部生の精子提供を受けて生まれたからではないかと思ったと話したことがあったという。

36　もしも自分が何かを熱心に信仰していたうえで、精子ドナーが異なる信仰をもっていることを知ったら、大きな衝撃を受けるかもしれないと思っているという。

37　真実告知を受けたとき、若草さんは、養子ではなくＡＩＤで子どもをもとうと思った理由を母親に尋ねたという。それに対して母親は、「片方であっても親と血がつながっていたほうがいいと思った」と述べたそうである。また、母親のお腹が大きくなることに意味がある——地域柄、母親のお腹から、その家の子どもとして生まれることに意味があった——との旨も述べたという。

38　若草さんと戸籍上の父親の関係は良好ではなかった。若草さんの母親は、真実告知とともに「お父さんと血がつながっていなくて嬉しいでしょう」と言ったという。若草さん自身、告知を受けて「にやっとした」記憶があると述べていた。なお、若草さんは戸籍上の父親との血縁を疑ったことはなかったが、血縁がないと聞き、「そういえばあのときのことはこういうことなのか」とつじつまがあうような出来事をいくつも思い出したそうである。

39 二〇二一年現在、本人あるいは戸籍筆頭者の戸籍抄本を取り寄せれば、本人の戸籍上の氏名、本人の本籍地のほか、出生地、出生日、出生届出日、出生届出人、戸籍の編成や消除・改製・氏の変更などに関わる諸情報、戸籍上の父母の氏名、生年月日などを知ることができる。つまり、長谷部さんのように、特別養子縁組制度により特別養子となった人は、閲覧手続きを行えば、特別養子となる前の父母の個人情報を得られる。

40 何らかの情報開示により「自分の存在理由」や「自分がここに生きていてよいのか」という気持ちに変化が生じるかという質問に対しては、「これらのうち何らかが開示されたらわかる気がする」が選択されていた。しかしインタビューにて確認したところ、長谷部さんはそもそも「自分の存在理由」や「自分がここに生きていてよいのか」を考えたことがなかったことがわかった。

41 そのほか、母親が妊娠中どのように過ごしていたのかも、知りたいと述べていた。長谷部さんの母親は、未婚かつ高齢出産とみなされる年齢（当時）で長谷部さんを出産していたようである。また、母親と父親とは結婚が難しい関係性であったようである。「絶対、産んでも育てられないのに産んだ」のはなぜなのか——長谷部さんは、母親本人に聞いてみたいと思っている。

42 スズキさんは、自分が父親を知りたいと思うのは自分自身の問題であり、母親の問題ではないと思っている。

43 スズキさんは、その変化を表す適切な語を探しあぐねていた。「回復」「構築」「再構築」を挙げていたが、そのどれがふさわしいか迷っていた。

44 生後まもなく置き去りにされたことや、乳児院にいた期間、特別養子になった年齢は、戸籍謄本や、特別養子縁組に関する裁判記録の閲覧により知った。養親から聞いたわけではない。

45 棄児の名付けは、その児が発見された地方自治体の長が行う（戸籍法五七条二項）。

46 養父方祖父母は養子縁組時すでに故人であったが養母方祖父母は物心がついてからも存命で、関係も良好、Y・Fさんは、養親との関係は良好とはいえなかったが、養母方祖父母のことは大好きだと話してくれた。

47 Y・Fさんは、特別養子縁組前の住所を調べ、そこに行ってみたことがある。当時のY・Fさんは、自分が棄児であったことを知らなかった。そのため、特別養子縁組前の住所、すなわち戸籍に記されていた住所には、母親がいると思っていた。つまり母親を訪ねようと思って、そこに行った。しかし、Y・Fさんがたどり着いたのは、母親の自宅ではなく、Y・Fさんが入所していた乳児院であった。

48 アンケートの回答では「知らない――あまり興味がない」であったが、インタビューにて話を聞いたところ、〝生まれた当時の気持ちがわかるのであればとても知りたい〟とのことであった。

49 アンケートの回答では「知らない――全く興味がない」であったが、インタビューにて話を聞いたところ、遺棄時の気持ちがわかるのであればとても知りたいとのことであった。

50 常盤さんには、物心がついたときから、人生の節目に連絡をするよう養親から促される人物がいた。真実告知を受けて、その人が養子縁組の支援者だったことがわかった。

51 常盤さんは、この前にも母親を訪ねようとしたことがあった。二〇歳のときである。しかしこのときは面会できなかった。常盤さんが訪れたのは、戸籍に記されていた本籍地で、そこには母親が住んでいなかったからである。その帰路、常盤さんは役所に立ち寄り、母親の居住地情報を得た。しかし、「あ、ここなんだ」と思っただけで、「一回目の（筆者注：母親）探しは終わり」「なかったことにしよう」と、改めて訪問することはなかった。その後も、時折その住所を見たり、「ああ、そうか、ここか」と思ったりすることがあったが、足は向かなかった。会いたくないとは思わなかったが、積極的に会いたいとも思わなかったのである。二回目の訪問――面会につながった訪問――は、それから長い時間が過ぎたころであった。

52 常盤さんには複数名のきょうだいがいる。常盤さんはそれを戸籍上の記載や、面会時の母親からの話によって知った。

53 「開示にともなって、会いたいという思いに変化が生じるというもの」を選択してもらったところ、母親の名前、母親の人生（常盤さんが産まれるまで、および常盤さんを置き去りにした後）、常盤さんが産まれた経緯とそのときの状況、常盤さんが置き去りにされた経緯、そのときの母親の気持ち、が選択された。これは、真実告知で開示されたものだという。これらを開示された常盤さんは、すぐに母親に会いたいと思ったわけではなかった。また、これらは、「ある程度ストーリーができるくらいの情報であった」とも思っている。ただ、実際に母親に会って、確認をしてみたいという気持ちも生じたそうである。

54 アンケート回答では「知らない——全く興味がない」であったが、インタビューにて修正された。

55 アンケート回答では「知らない——全く興味がない」であったが、インタビューにて修正された。

56 A・Zさんは、「自分の存在理由」「なぜ自分はここにいるのか」「自分は生きていてよいのか」といった問いは、幼いころから抱いていた「違和感」が生み出したものだろうと自己分析していた。

57 「これまでにお聞きした項目のうち、何らかの情報が開示されたら、親に会いたいという気持ちに変化が生じますか」への回答は、「これらのうち何らか（複数可。すべても可）が開示されたら会わなくてもいい」であったが、「基本的には会いたくない」「でも機会があれば会いたい」と思っているため、選択が難しかったとのことである。

第2章

何を守りたいのか——匿名を希望する親が伝えられることはあるのか

「はじめに」で述べたように、本書の目的は、AIDや「こうのとりのゆりかご」の匿名性を保持しながらも、AID出生者や「こうのとりのゆりかご」に預けられる子どもの出自を知る権利を尊重する策を検討することである。本章では、その検討を精子ドナーや「こうのとりのゆりかご」に子どもを預ける親——すなわち生物学的な子どもと縁を切る〝親〟の視点を通して行っていく。

1 アンケート・インタビュー調査より

子どもが生物学的な親に関して知りたいことを明らかにするためのアンケート（表1－2 研究対象者〈A〉へのアンケート項目、四八頁）をもとに新たなアンケートを作成し、調査を行った。また、研究協力者のうち、インタビュー調査にも応じられると答えた人を対象に任意のインタビュー調査も実施した。インタビュー調査では、アンケートへの回答についての補足や、回答理由を尋ねた。本項では、これらアンケートへの回答とインタビューでの発話を合わせて、ＡＩＤ出生者や、「ゆりかご」に預け入れられた子どもが求める〝出自〟の情報のうち、精子ドナーや「ゆりかご」に子どもを預ける親が、自分の生物学的な子どもに開示できる情報とは何かを検討する。

（1）調査の概要

①目的

アンケートならびにインタビュー調査の目的は、匿名原則により守られている精子ドナーが、自分の精子提供で生まれた子どもに伝えられる情報はあるのか、「こうのとりのゆりかご」に子どもを預ける親が、その子どもに残せる情報はあるのか、あるとすればそれは何であるのか、また、自分の生物学的な子どもへの情報開示に関してどのように考えているのかを明らかにすることである。

②対象者

研究対象者は精子ドナー経験のある人や、「ゆりかご」に預け入れを行った人とした。子どもを遺棄した経験のある人や、秘匿養子制度を利用した人も研究対象者とした。そのほか、幼少の子どもを他者に委託した後、交流をもたずに生きている人も研究対象者とした。これら当事者と接する機会を多くもっている人、たとえば、社会的養護の関係者、「ゆりかご」の関係者、特定妊婦の支援者なども研究対象者とした。彼らの話からも、本研究を行うにあたって重要な示唆を得られると考えられたからである。

③調査手順

まず、研究対象者に問い合わせを行った。ウェブページなどで連絡先を公開している個人には、公開されている連絡先宛に問い合わせを行った。知人の情報により研究対象者であると推測される個人には、知人を通して問い合わせを行った。いずれの場合も、研究の趣旨を簡潔に伝えたうえで、研究協力の可能性がある場合に返信をいただくという形式をとった。知人を通して研究対象者に問い合わせを行う際は、知人にはあくまでも仲介役に徹していただけるようにした。つまり知人から研究対象者に対して研究協力の可否についての打診を行わないようにしていただいた。また、その後のやりとりについて知人を介すか否かは研究対象者に一任した。

次に、研究協力の可能性があると返信があった方に対して、改めて研究内容説明書などを送付し、これを正式な研究依頼とした。本研究に関心をもち自ら連絡をくださった方に対しては、本研究についての情報を得た経緯を伺い、懸念事項がないことを確認のうえ研究依頼を行った。研究依頼時には、研究の趣旨や方法のほか、研究への協力は任意であること、研究の途中でも辞退できること、不参加や辞退によって不利益を被らないことなどを説明した。また、プライバシー配慮のため、研究協力は匿名・仮名でも可とした。研究協力同意については、同意書への署名（仮名可）をもって得ることとし、研究協力者が匿名を希望する場合は、アンケートの提出によって同意を得たものと見なすということを説明した。版元や団体を通して研究依頼の打診を行った方や、本研究に関心をもち自ら連絡をくださった方に対しては、インフォームド・コンセントの際に本人の自由意思について書面で確認し、研究協力をやめられることを保障した。

送付した研究内容説明書を熟読したうえで参加の意思を示していただけた方にアンケート調査を実施した。質問項目は、子どもが知りたいことを明らかにするためのアンケートに記した項目――すなわちＡＩＤ出生者や「こうのとりのゆりかご」に預け入れられた人が求める〝出自〟の情報と考えられるもの（表1-2研究対象者（A）へのアンケート項目）――を設定し、それぞれについて、開示状況とその意識を尋ねた。選択肢は「開示している」「開示していない――絶対に教えられない／教えたくない」「開示していない――どちらかというと教えられない／教えたくない」「開示していない――機会があれば教えてもよい」「開示していない――ぜひ教えたい」の五つとした。さらに、本研究の目的を達するにあたり示唆を得られるのではないかと思う事柄についても適宜質問した。アンケート項目は、表2-1研究協力者（B）へのアンケート項目に示した。これら当事者と接する機会を多くもっている人への調査においては、当事者がどのように考える傾向にあるのか、あるいは当事者がどのように考えていると思うかを

表2-1　研究協力者（B）へのアンケート項目

<table>
<tr><th colspan="2">精子ドナーへの質問項目</th></tr>
<tr><td>● 自分自身の諸情報
・名前
・容姿
・声や話し方
・身体的特徴
・医学的情報
・趣味嗜好
・性格・気性
・職業・職歴
・信仰
・出身地
・現居住地
・自分より上の世代の何らかの情報
・墓の場所
・精子提供をするまでの自分の人生
・精子提供後の自分の人生
・精子提供をした経緯
・自分の精子提供で生まれた子への現在の思い
・精子提供時の気持ち</td><td>●その他
・精子提供時の状況

●子どもが存命で、連絡先を開示された場合にどうするか
・子どもが自分に会いたいと思っていることがわかっている場合
・子どもが自分に会いたいかどうかわからない場合
・子どもが自分に会いたくないと思っていることがわかっている場合</td></tr>
<tr><th colspan="2">AIDを除く諸事情により生物学的子どもに十分な情報を残さないまま子どもと離別した方への質問項目</th></tr>
<tr><td>●自分自身の諸情報
・名前
・容姿
・声や話し方
・身体的特徴
・医学的情報
・趣味嗜好
・性格・気性
・職業・職歴
・信仰
・出身地
・現居住地
・自分より上の世代の何らかの情報
・墓の場所
・子どもが生まれるまでの自分の人生
・子どもと離別した後の自分の人生
・子どもと離別した経緯
・子どもへの現在の思い
・子どもと離別した時の気持ち</td><td>●その他
・子どもと離別したときの状況

●子どもが存命で、連絡先を開示された場合にどうするか
・子どもが自分に会いたいと思っていることがわかっている場合
・子どもが自分に会いたいかどうかわからない場合
・子どもが自分に会いたくないと思っていることがわかっている場合</td></tr>
</table>

答えてもらった。選択理由などを自由に記述できる欄も設け、選択肢のなかにふさわしいものがない場合にはその欄にコメントを記述できるようにした。回答は紙媒体またはウェブ上のいずれかを選択できるようにした。

アンケート調査の際、インタビューに応じていただける可能性の有無も尋ね、応じていただける可能性がある場合には連絡先を記載していただいた。インタビュー調査はひとり一回、対面式またはオンライン会議ツール（Zoom）上での半構造化面接、あるいはメールでのインタビューとした。どの方法にて行うかは、研究協力者の希望に応じた[1]。

なお、本調査は上廣倫理財団の助成を受けて行っている研究「出自を知りたい〝子〟と身元を明かすことができない〝親〟に関する研究」の一部として実施した。また、当該研究は上智大学「人を対象とする研究」に関する倫理委員会の承認を受けて実施した（承認番号2018-52、2018-85、2018-98、2019-4、2020-72、2020-87、最新承認年月日二〇二一年一月二六日）。

2 結果

二〇一九年五月から、研究協力の可能性ありと返信をいただいた精子ドナー一五名に正式な研究依頼を行った。最終的な協力者は一三名であった[2]。そのうち一一名が、医療機関を介さず、インターネット上で活動する精子ドナー（うち一名は医療機関での精子ドナー経験あり）であり、一名は、インターネット上では活動したことはなく医療機関の精子ドナー経験のみを有する人であった。研究依頼年月と調査実施年月は、**表2－2研究対象者（B）で回答を得られた人への研究依頼年月と調査実施年月**に示したとおりである。本文中および表内で示した精子ドナーで研究協力者一三名の名前の表記は研究協力者の希望に応じている。本人が希望する仮名がある場合はそれを優先させ、研究協力者が希望する仮名がない場合や匿名を希望する場合などは、研究協力者の了承を得て、研究実施者が適宜仮名をつけた。また、インタビューからの抜粋については、プライバシーや読みやすさの観点から、内容に支障をきたさない程度に変更した箇所がある。——のあとは研究協力者の語り、（　）内は筆者による補足である。本文中で、研究協力者のウェブページやブログ、SNS上の記載にふれている場合、それはそれぞれのインタビュー時点での情報である。

回答については、一二名がウェブ上での回答を、一名が紙媒体での回答を選択した。インタビュー調査への協力は全員から得られた。インタビューは、二〇一九年一一月から二〇二〇年一二月にかけて、ひとり一回を原則に実施した[3]。インタビュー手段に関しては、対面式を選択した方が一〇名、メールを選択した方が三名であった。なお、新型コロナウイルスの流行時には対面式でのインタビューは実施せず、Zoomでのインタビューに切り替えた。研究協力者は、精子ドナーであるため全員が男性であった。配偶者がいる人は一三名中八名、配偶者のいない人は四名、非公表が一名であった。実子がいると

表 2-2　研究対象者（B）で回答を得られた人への研究依頼年月と調査実施年月

		研究依頼年月	アンケート回答年月	インタビュー実施年月
精子ドナー	M.N さん	2019 年 9 月	2019 年 11 月	2019 年 11 月 ※ 2021 年 9 月～ 10 月補足あり
精子ドナー	西園寺優さん	2019 年 5 月	2019 年 5 月	2020 年 11 月
精子ドナー	ゆきのぶさん	2019 年 5 月	2019 年 5 月	2020 年 12 月
精子ドナー	Z.N さん	2019 年 5 月	2019 年 5 月	2020 年 12 月
精子ドナー	尾形太郎さん	2019 年 5 月	2019 年 5 月	2020 年 12 月
精子ドナー	H.N さん	2019 年 5 月	2019 年 5 月	2020 年 12 月
精子ドナー	スタリオンさん	2019 年 6 月	2019 年 6 月	2020 年 11 月
精子ドナー	N.W さん	2019 年 5 月	2019 年 6 月	2020 年 12 月
精子ドナー	K.E さん	2020 年 11 月	2020 年 11 月	2020 年 12 月
精子ドナー	S.R さん	2020 年 11 月	2020 年 11 月	2020 年 12 月
精子ドナー	D.T さん	2020 年 11 月	2020 年 11 月	2020 年 12 月
精子ドナー	和人さん	2020 年 11 月	2020 年 11 月	2020 年 12 月
精子ドナー	K.I さん	2020 年 11 月	2020 年 12 月	2020 年 12 月

答えた人は八名、実子のいない人は四名、非公表が一名であった。生まれた年代は、一九三〇年代が一名、一九七〇年代が二名、一九八〇年代が七名、一九九〇年代が二名、非公表が一名であった。

精子提供方法については、インターネット上でのドナー経験はなく、医療機関でのみ精子提供を行っていたM・Nさん以外の回答を集計すると、タイミング法およびシリンジ法の両方に応じている人が六名（西園寺さん、Z・Nさん、H・Nさん、スタリオンさん、K・Eさん、K・Iさん）、シリンジ法のみに応じている人が六名（ゆきのぶさん、尾形さん、N・Wさん、S・Rさん、D・Tさん、和人さん）であった。また、人工授精のために医療機関に持ち込みたいという希望に応じていると答えている人も一二名いた（西園寺さん、ゆきのぶさん、Z・Nさん、尾形さん、H・Nさん、スタリオンさん、N・Wさん、K・Eさん、S・Rさん、D・Tさん、和人さん、K・Iさん)。なお、この場合の「タイミング法」とは性交渉のことを、「シリンジ法」とは性交渉を行わずに精子提供を行うことを意味する。「タイミング法」、「シリンジ法」という語は、インターネット上で活動するドナーのなかでは当然のように使われる語とのことであった。

「こうのとりのゆりかご」に預け入れを行った人で、研究依頼を行える状況にいる研究対象者については、二〇一九年五月から探したが、見つけられなかった。また、子どもを遺棄した経験のある人や、秘匿養子制度を利用した人、幼少の子どもを他者に委託したあと交流をもたずに生きてきた人で、研究依頼を行える状況にいる研究対象者も見つけることができなかった。当事者と接する機会を多くもっている人――たとえば、社会的養護の関係者、「こうのとりのゆりかご」の関係者、特定妊婦の支援者など――に関しては、研究協力の可能性ありと返信をいただいた四団体と一名に正式な研究依頼を行った[4]。最終的な協力者は一名であった。なお、この一名からは、アンケートへの回答ではなく、アンケートを見ながらのインタビュー(二〇一九年一〇月に実施)という形での協力を得た。これについては、本項末尾にて紹介する。

①〈精子ドナー〉M・Nさん(仮名)

一九三四年生まれ。関西地方在住。男性。妻、四人の実子あり。

Ｍ・Ｎさんは、医学生であった一九五八年に複数回、無償で精子提供を行った。在籍する医学部付属の大学病院で行われるＡＩＤのための提供である。産婦人科医の父親から、不妊の辛さを聞いていたＭ・Ｎさんは、その人たちを助けられるのであればとの思いから、一回だけでなく複数回、精子提供を行った。自分の提供精子を用いたＡＩＤで子どもが生まれたのかどうか、もし生まれていたとしたらそれは何名なのかについては、いずれも知らされなかったが、精液検査の結果から、自分の精子が受精しやすいことがわかっていたので、自分の提供精子を用いたＡＩＤにより一〇名ほどの子どもが生まれたのではないかと推測している。

提供時（研究協力時から六三年前）、医学生であったＭ・Ｎさんは、ＡＩＤで生まれた子どもにはＡＩＤで生まれたことを知らせないほうがよいと考えていた。もし、ＡＩＤで生まれ、出自を知りたいと述べる人がいたなら「それは知らなくてよい」「育ての親を親と思うべきだ」「自分は親じゃない、あなたを育てた人が親だ」と言おうとも思っていた。「子は育ての親を実の両親と信じきって生涯を終わるのが幸せ」と信じていたからである。また、Ｍ・Ｎさんはその後、精子提供をしてから数十年間、精子提供をしたことを忘れて生きていた。しかし二〇一〇年代頃、Ｍ・Ｎさんは、かつて自分が精子ドナーとなっていたことを思い出した。出自に関する情報を求めるＡＩＤ出生者がいると知ったことがきっかけである。現在では、ＡＩＤ出生者の出自を知る権利を認めるべきだと考えており、ＡＩＤ出生者が精子ドナーのことを知りたいと思うのはごく自然なことであり、その思いがかなわないのは「気の毒だな」「かわいそうだな」と思っている。今後、自分の提供精子によるＡＩＤで生まれた子どもがＭ・Ｎさんの情報を求めてきたなら、その気持ちに応じ、どのようなことでも――名前など個人が特定できる情報を教えてもよいと考えている。それゆえ、アンケートへの回答は、すべて「機会があれば教えてもよい」であった。名前、容姿、身体的特徴、医学的情報、趣味・嗜好、性格・気性、職業・職歴について「機会があれば教えてもよい」と思っているのである。出身地や現在地に関しては、都道府県や市町村にとどまらず、特定できるまで教えてもよいと思っている。先祖や自分より上の世代、墓の場所に関しても「機会があれば教えてもよい」と考えている。もしもＭ・Ｎさんの提供精子によるＡＩＤで生まれた子どもが、Ｍ・Ｎさんの家の墓参りをしたいと考えているなら、Ｍ・Ｎさんの実子――すなわちＡＩＤで生まれた子どもにとっての異母きょうだい――と一緒にお参りくださいと言いたいと思っている。精子提供を行うまでの人生や、精子提供後の人生も「機会があれば教えてもよい」と思っている。教えることに、何の支障も感じないからである。さらに、自分の提供精子によるＡＩＤで生まれた子どもへの思いも「機会があれば教えてもよい」と思っている。精子提供を行った経緯――すなわち医学生時代に、医学部付属の医療機関から求められて精子ドナーとなったこと――も「機会があれば教えてもよい」と思っている。秘密にする必要があるとは思っていない。精子提供時の状況や、そのときの気持ちについても同様である。

M・Nさんの語り（インタビューより抜粋）

――（ＡＩＤのことは）秘密であることがいいんだっていうようにね、思っていたわけ。僕が提供したころは。むしろ秘密にして、もう本当にあの、親族もそのことを忘れてしまって、で、育ての親が自分の子どもだと思う、子どもも、これが唯一の親だと思って。それがいいと思っていたのが、ＡＩＤ出生者についての研究報告を聞いたときに、やっぱり出自を求める気持ち、かなり遺伝的な素質を知りたいという人（がいるということ。そしてその人は）、実の（精子）提供者がわからなくても、その（精子提供者の）子どもでもいい、なにか遺伝的につながった人と出会いたいっていう（ケースがあるということ）、そういうことが研究報告のなかにもあって、〈中略〉遺伝的にこれまでどういうつながりをもっているのかという、それを知りたいというのは、これは切実やなと思ったね，うん。だからそれから、（自分の意識が）がらっと変わったわけですよ。まぁ前はね、もう秘密にするのがいいんだ、そうだそうだと思っているから、まぁ仮にあの、出自を求める人があっても、いやそんなことは求めるべきじゃない、育ての親を親と思うべきやっていうふうに……もし（そのＡＩＤ出生者が自分を）訪ねて来たら、俺は親じゃないんだって、親はあなたを育てたのが親だと言うたろうと、いうくらいの思いだったけどね。だけどこれだけね、遺伝子のことがね、そうしてみると、出自はね、単なる慕うというレベルじゃなくて、本当にこれは切実だと。で、そういうこと知りたい人にはね、やっぱり知る道をひらくべきやと、そう思ったわけ。

＊

――私としてはあの、切実に思うのは、出自を求め、知りたいっていうね、（ＡＩＤ出生者）本人の要求は、私は当然で、もしそういうことをね、私の血を分けた子が求めるならぜひ協力してあげたいという、そういう思いなんだよね。

ただ、Ｍ・Ｎさんは、自分が精子ドナーであったことを自ら不特定多数に向かって公言してはいないので、ＡＩＤで生まれた子ども側からの申し出がない限り、出会うことができない。つまり、Ｍ・Ｎさんは、自分の提供精子によるＡＩＤで生まれた子どもに、自ら情報を発信することができない状況にいる。自分の情報を伝えてもいいと思いながらも、自分が精子ドナーであったことを公言していないのは、妻からの反対があるからである。Ｍ・Ｎさんは、自分がかつて精子ドナーであったことを妻と実子には伝えている。妻も実子も、その過去に対して否定的な反応を示しはしなかった。ただ、妻から、その過去について公言しないでほしいと言われた。もしもＭ・Ｎさんが精子ドナーであったことが判明したら、Ｍ・Ｎさんの家族がマスコミから追いかけられるのではないかと妻は恐れているのである。また、もしも今後、自分の提供精子から生まれた子どもからコンタクトがあったとしたら、その子どもとのやりとりを行うにあたっては、それをサポートしてくれる第三者がいてくれたらよいと考えている。子どもとのやりとりで誤解が生じたときに仲介をしてくれる存在である。またＭ・Ｎさんは、金銭的な支援や、臓器移植の依頼などをされたら断りたいと思っている。子どもがM・Nさんに対してどのような気持ちを抱いているのか、その本心を第三者から確かめてもらいたいという気持ちもある。もしも子どもから何かを依頼された場合、M・Nさんは、できることとできないこと、受け入れられることと受け入れられないことを伝えようと思っている。たとえば、もしも養育費を請求されたなら、M・Nさんへの養育費の請求は「筋違い」だと考えているので、それを説明したい。また、臓器移植の依頼をされたなら、適切な医療機関をともに探し、ソーシャルワーカーへの相談を勧めたい。これらのやりとりを行う際にも、第三者がいると助かると考えている。

M・Nさんは、AID出生者が精子ドナーに会えない現状に同情するが、M・Nさん自身は、自分の提供精子によるAIDで生まれた子どもに会えないことを寂しく感じたことはない。自分の提供精子によるAIDで生まれた子どもの連絡先が開示された場合の面会については、相手が会いたいと望んでいる場合は、機会があれば会いたいと連絡する[5]。相手の気持ちがわからない場合も機会があれば会いたいと連絡する[6]。「遊びにおいで」と言いたい気持ちである。他方、相手が面会を望んでいないとわかっている場合は、「あなたが会いたいとき、いつでも会いましょう」と伝えたい[7]。子どもの意思を尊重したいと考えているからである。もし、自分の提供精子によるAIDで生まれた子どもとの面会が可能になったときは、まずはその母親（AIDを受けた女性）に、「よく育ててくれましたね」「生まれてよかったね」と伝えたうえで「子どもさんが会いたいと言われている。そうなら私も会いたい。会ってもいいですか」と聞きたいと考えている。Ｍ・Ｎさんにとっては、実子と、自分の提供精子によるＡＩＤで生まれた子どもは対等な存在であり、どちらも「自分の子ども」と呼びたい気持ちでいる。しかし、自分の提供精子によるＡＩＤで生まれた子どもの母親――つまりＡＩＤを受けた女性――が、自分のこのような気持ちを快く思わない可能性もあるのではないかと思っている。また、自分とやりとりをすることが、自分の提供精子によるＡＩＤで生まれた子どもとその戸籍上の親との関係にマイナスにならないとも限らないと思っている。そのため、面会をするのであれば、その前に、子どもの母親に許可をとりたいと考えている。なお、自分にとって、実子と、自分の提供精子によるＡＩＤで生まれた子どもが対等な存在であったとしても、子ども同士がそう思えない可能性があることは承知している。子ども同士が親しくなれなかったとしてもやむを得ないが、できれば仲良くしてほしいと思っている。

Ｍ・Ｎさん：子どもっていうのは、子どもの（遺伝子の）半分が、私からいってるわけね。で、それは私の実子にも、私の遺伝子が半分入っている、で、異母きょうだいの子（自分の提供精子を用いたＡＩＤで生まれた子どもに）にも、私の半分が入っていて、半分は違う人。だから同じことは、私にしてみれば、みんな半分ずつもっているんだから、対等なわけよね。だから私は、分け隔てなく、子どもと呼びたいなと。思うね。それは感情的に、そんなに簡単にね、長年育ててきた（実）子と、ある日突然異母きょうだいとわかった人、同じように親しくなれるかっていったら、それはわからないし、なれなくても、やむを得ないと思うけれども，私としては，私から差別する気持ちはない。

〈中略〉そうね、（自分の提供精子を用いたAIDで生まれた子どもに）会ってみたい。うん、もしそういう人がいるってなったら、遊びにおいでって、言いたいね。ただ、ちょっと向こうのね、育てた親に、前もって会いたいな、できればね。まずは、私と関わりをもったのは、やっぱりその女性（精子提供を受けた人）だからね。どんな人か知らないけど、あ、よく育ててくれましたねっていう。生まれてよかったね，よく育ててくれましたねと。親にねぎらいの気持ちを伝えたいね。で、子どもさんが会いたいと言われている、そうなら私も会いたいと、会っていいですかって（その母親に聞く）。いやそれは，向こうの親がどういう思いかっていうのがわからないからね。「私（AIDで子どもを産んだ母親）の子どもだと思ってきたのに」、突然ね、それは血はつながってるかもしれないけど、あれは自分の子だってことを思う人（＝精子提供者）がいると思うと面白くない、ということがあるかもしれないよね。だからまず私との関係から言うと、出会ってもいないけれども、親（AIDを受けた親）との関係のほうが早いし、だから親（AIDを受けた親）に、まず会って、お子さんが会いたいと言ってらっしゃるよと。それなら私も会いますよ、と、そう言ってから子どもに会いたいなと。

筆　者：そうですね，親御さん（AIDを受けた親）がいるわけですものね。

Ｍ・Ｎさん：そうなんですよ。それは長年育ててくれた人、ほんとにありがたいと思うよ。私は遺伝子を提供しただけであってね、それ以上何もしていない。その人がいなくちゃ、（そのＡＩＤ出生者は）立派な人に、仮に立派でなくても、とにかくこの世に生きておられるっていうのは親があってだからね。だからまずは親にね、よく育ててくれましたねって言いたい気持ち。

Ｍ・Ｎさんは、今後二〇年ほどのうちに、精子ドナー情報が開示されることが当たり前になるのではないかと思っている。しかし一九三四年生まれのＭ・Ｎさんは、そのころまで自分が生きているかどうか確信をもてない。そこで、Ｍ・Ｎさんが死去した後に自分の提供精子によるＡＩＤで生まれた子どもからアクセスがあった場合には、代わりに対応してほしいと実子に依頼している。Ｍ・Ｎさんの実子は、Ｍ・Ｎさんの提供精子によるＡＩＤで生まれた子どもといわば異母きょうだいであるため、遺伝的な情報を含めた多くの情報を、Ｍ・Ｎさんの代わりに伝えることができると考えているからである。

そのほか、近親婚を避けるためにも、出自を知る権利の保障は必要だと考えている。ＡＩＤ出生者同士が近親婚をしてしまう危険性は否定できないと考えているからである。また、出自を知る権利が保障されていない現在でも、ＡＩＤ出生者の近親婚を避ける努力をするべきだと考えている。たとえば、結婚する前に遺伝子検査を受けたり、遺伝カウンセラーを活用したりしてはどうかと思っている。

もしも現在の記憶や知識を保持したまま医学生に戻り、精子ドナーになることを求められたとしたら、次の二つの条件が満たされれば、また精子ドナーになりたいと思っている。不妊に悩む夫婦の「子をもちたい」という気持ちがよくわかるからである。しかし、二つの条件が満たされなければ精子ドナーにはならない。二つの条件とは、①子どもの出自を知る権利が保障されること、②自分が一生独身を貫くと決めている場合である。①は、二〇一〇年代から意識している条件である。AID出生者の心情を知ってから、出自を知る権利が保障されない精子提供は子どもを不幸にする可能性があると思っている。②は、二〇二一年に入ってから、必須のものだと思うようになった。なぜそう思うようになったかというと、それはM・Nさんが、妻の心情をより深く理解するようになった――M・Nさんの推測も含まれるが――からである。精子提供時、独身であったM・Nさんは、将来、自分が結婚するとしたら、その相手に精子提供のことを「言えるかな」という気持ちをもっていた。しかし、精子提供を「いいこと」だと信じていたM・Nさんは、精子提供は愛情が伴うものではないことなどを話せば、相手はわかってくれるのではないかと思っていた。しかし、本研究の実施中のさまざまな出来事や、精子提供をしていたことを話した後の妻とのやりとり――妻は、M・Nさんが精子提供をしていたことを責めないが、公言することは頑なに拒んでいる――のなかで、M・Nさんは気がついた。妻は、M・Nさんが精子提供を「いいこと」だと信じて行っていたことや、精子提供は愛情が伴うものではないことを「理解」していても、「感情的に受け入れられない」ところがあるのではないか。妻は、自分以外の女性が夫の子どもを生んでいるということが嫌なのではないか。男性は精子提供を「いいこと」だと割り切れても、女性はそうではないのではないか。これらに気が付いたM・Nさんには、つい最近になって、自分が精子提供をしていたことを妻に申し訳ないと思うようになった。そしてもしも妻がこのような思いを抱くことを知っていたら、精子提供などしなかったのにと思っている。また、自分は精子提供という妻に不愉快な思いをさせることをすべきではなかったという思いも抱くようになった。そのため、もしも現在の記憶や知識を保持したまま医学生に戻り、精子ドナーになることを求められたとしたら、子どもの出自を知る権利が保障されており、かつ、自分が一生独身を貫くと決めているのであれば、精子ドナーになりたいが、そうでなければ、精子ドナーにはならないだろうと考えるようになったのである。なお、M・Nさんは、独身時、こうした男女の考え方の違いを全く想像できなかったという。一方で、親子関係を築くものは血縁だけではないとの考えは、医学生時代から現在に至るまで変わっていない。育てた夫婦の愛情や家庭がより大切だと思っている。

②〈精子ドナー〉西園寺優さん（仮名）

東京都在住。男性。年齢非公表。妻・実子あり。妻には、精子ドナーとして活動していることを伝えている。子どもにはまだ伝えていないものの、いずれ伝える予定である。「隠すことでもないし、恥ずかしいことでもあると思っていない」からである。

西園寺さんが初めて精子提供を行ったのは二〇〇八年である。その後数年間、「口コミで」一年間一

〜二件のペースで提供を行っていた。二〇一四年頃からはウェブページ（https://t.co/s1dx1otbt8　最終アクセス二〇二一年一〇月一日）上でクライアントを募っている。これまでのクライアントは一〇五名、西園寺さんの精子提供で生まれたと考えられる子どもの数は四〇〜五五名ほどである。人数がはっきりしていないのは、妊娠・出産報告を必須としているものの、メールのやりとりが途絶えてしまったケースなどがあるからである。

西園寺さんは、日本では医療機関でＡＩＤを受けることも精子バンクを利用することも簡単ではない、「養育能力がある選択的シングルマザー希望者や同性愛者が排除・差別されている」、個人精子ドナーの数が増えてはいるものの「誠実で良識的なドナー」が少ないと感じている。そんな現在の日本においては、精子提供という活動のメリット――苦悩する人の力になれるというメリットが、デメリット――たとえば自分の遺伝子を継ぐ子ども同士の近親婚の確率が上がること――を上回ると考え、活動を続けている。もし、日本の状況が変われば――たとえば医療機関や公的な機関が十分な精子ドナーを確保し、「半年くらい待てば誰でも（ＡＩＤを）受けられるようになりました」という社会が到来すれば――精子提供活動を辞める可能性がある。

西園寺さんは、自分の遺伝子を継ぐ子ども同士が結婚してしまう可能性は極めて低いと考えているが、そのリスクを無視してはならず、また、クライアントがその点について不安を抱かないように配慮する必要があると感じている。そのため、一都道府県につき出生児数は二〇名、かつ、自分の精子提供で生まれる子どもの総数は一〇〇名までという上限を設け、その上限に達したら活動をやめようと思っている。

今後もし医療機関や公的な機関が精子ドナーを募集した場合、応募する可能性があるが、前述した〝現在の日本の状況〟に変化が生じれば、応募しないかもしれない。

西園寺さんは精子提供の依頼を無条件で受諾しているわけではない。たとえば、精子提供を希望する人には、パートナーからの同意を得ることを必須の条件だと伝えている。また、「子どもが不幸になる可能性が高いとき」には提供しないようにしている。「子どもが不幸になる可能性が高いとき」とは、クライアントの経済状況や精神的な状況が芳しくないときである。ただ、実際に依頼を断ったことはこれまでに数件しかない。

精子の提供方法は、タイミング法およびシリンジ法、クライアントの希望によりどちらにも応じている。郵送での提供希望にも応じている。郵送の場合、精液が適温に保たれている状態で迅速に届けられるような方法を用いている。希望される方法は、タイミング法が最も多い。提供方法の選択について理由を深く聞くことはないものの、タイミング法を選択するクライアントは、シリンジ法ではロスが出るのではないか、あるいは、シリンジを用いて精子を挿入する過程で精子が劣化するのではないかと心配しているのではと推測している。感染症リスク[8]を懸念する人もいると考えている。また、長らく不妊に悩み、四〇代に近くなってから西園寺さんのもとにやってくるクライアントの場合、シリンジ法よりタイミング法のほうが「確実にできる可能性が高いもの」と考えているのではないかとも推測している。人工授精のために医療機関へ持ち込みたいとの希望にも応じている。夫の精子であると言って西園寺さんからの提供精子を医療機関に持ち込み、人工授精を受けるクライアントは少なくない。

西園寺さんは、できるだけ子どもの出自を知る権利を尊重したいと考えている。自分の情報をいくつかウェブページ上で公開しており、ウェブページは、今後五〇年は残していく予定である。ウェブページで公開しているのは、たとえば、妻や実子がいることや、趣味嗜好、身長、性格、血液型、身体的特徴（毛髪の特徴）、性感染症の検査結果といったことである。これら公開している情報の大半は、これまでにクライアントから聞かれたことがあるものである。

西園寺さんは、子どもが知りたいことは「個人情報ではなくて私がどういう人か」だと考えている。また、出自を知る権利を尊重したいとはいえ、「どちらかというと教えられない／教えたくない」こともある。トラブルを防ぐためである。トラブルとは、養育費を請求されることや、実子などとの相続権争いを想定している。「プライバシーが侵害されることによるリスク」も想定している。たとえば、個人を特定され、ウェブ上で誹謗中傷されるリスクがあるのではないかと考えている。そのため、いくつかの情報については「開示していない――どちらかというと教えられない／教えたくない」。しかし、もし子どもが成人し、自ら問い合わせを行ってきた場合はケース・バイ・ケースで検討したい――そのように考える西園寺さんの自己情報の開示状況とその意識は、次のとおりである。

名前は、「開示していない――絶対に教えられない／教えたくない」[9]。容姿[10]と声や話し方[11]、身体的特徴[12]は「開示していない――機会があれば教えてもよい」。ウェブページ上では、身長や体型、二重まぶたであることや毛髪の特徴を公開している。また、西園寺さんは、精子提供を行う前にオンライン上で面談をするなどしているため、面談によって伝わる場合もある。

医学的特徴は「開示している」。医学的情報は、クライアントに安心してもらうために重要な情報だと考え、ウェブページ上では、血液型や、性感染症の検査結果、さらに持病がないことを公開している。趣味嗜好や性格・気性も「開示している」。これも、伝えることによりクライアントを安心させられると考えており、ウェブページ上で、飲酒の頻度や非喫煙者であることを公開している。他方、信仰については「開示していない――機会があれば教えてもよい」である。

出身地は出身国のみ「開示している」。現居住地は「開示していない――絶対に教えられない」。西園寺さんの両親すなわち精子提供で生まれた子どもの祖父母にあたる人物についての何らかの情報や、家の墓の場所も「開示していない――絶対に教えられない」。ただ、自分の墓を「デジタル」で遺すことを計画しており、それを何らかの条件のもと開示する可能性はある。

職業・職歴は「開示していない――どちらかというと教えられない／教えたくない」。これも想定される「トラブル」を未然に防ぐためである。ただ、ウェブページ上で簡単な職歴を公開している。面談時に、特定されない範囲で伝えることもある。

精子ドナーとなるまでの自分の人生や、精子ドナーとなってからの人生については「開示していない——どちらかというと教えられない／教えたくない」。しかし、ウェブページ上で簡単な経歴を公開しているほか、想定される「トラブル」につながらないと考えられる範囲で、必要に応じて伝えることはある。精子提供で生まれた人への現在の思いは「開示している」。これもクライアントに安心してもらうために重要な情報だと考えているからである。精子提供を行った経緯や、提供時の状況、また、提供時の気持ちも「開示している」。同じ理由からである。

このように、西園寺さんは、いくつかの情報を開示してもよいという姿勢である。ただ、これら西園寺さんが子どもに伝えたいと思っている情報、あるいは伝えてもよいと思っている情報が、実際に子どもに伝わるかどうかは、クライアント次第である。西園寺さんが直接やりとりをしているのはクライアントであり、子どもたちはまだ生まれていないか、幼少だからである。真実告知については「なるべく自然な形で早めに教えてあげたほうがいい」と思っているが、クライアントに強制しているわけではない。

クライアントから特に聞かれることは、前述したように、ウェブページにて公開している。たとえば、妻や実子がいることや、趣味嗜好、身長、性格、血液型、身体的特徴（毛髪の特徴）、性感染症の検査結果といったことである。スポーツ歴などはあまり聞かれないため、ウェブページ上にも記載していない。

精子提供で生まれた子どもの連絡先が開示された場合の面会については、相手が会いたいと望んでいる場合は「とても会いたいので連絡する」。相手の気持ちがわからない場合は「全く会いたいと思わないので連絡しない」。相手が面会を望んでいないとわかっている場合も、「全く会いたいと思わないので連絡しない」。相手が望まないかぎり、自分からは連絡をしないという姿勢である。なお、これまで生まれてきた子どもの写真を見たことはある。会ったこともある。クライアントが写真を送ってきたり、出産後に子ども連れで面会にきたりしたからである。ただ、いずれもそれは子どもの物心のつく前、ごく幼い時期に限られている。また、もし生まれてきた子どもと会うのであれば、子どもが成人してからが望ましいと考えている。ただ、ケース・バイ・ケースと考えるようにしている。もし今後、生まれてきた子どもがクライアントを介さずに西園寺さんに連絡してきた場合は、まずはクライアントの同意をとるよう促したいと考えている。それでもクライアントの同意をとる意思がみられない場合や、同意をとることが困難となる事情がある場合――たとえば「保護して事情を聴かなきゃいけない」と考えられる場合など――には、面会に応じるだろうと考えている。

西園寺さんは近年、自分のような個人の精子ドナーが増えていると感じている。とりわけ二〇二〇年（インタビュー実施年）に入ってから、その増加の速度が上がったと感じている。精子ドナー増加の要因は、精子ドナーに関する報道ではないかと考えている。たとえば、精子提供を行っていることをメディア上で自ら発信したり、取材を受けたりする精子ドナーが西園寺さんを含めて複数名いる。それら報道を見て、「ああ、こんなのがあるんだ。じゃあ俺もやろうと言って始める人が増えている」のではないか――このように考えている。

——子どものことを第一に考えてくださいっていう。そのへんがやはり、おいていかれた議論って大きいんですよね。精子提供にトラブルがあった報道とかもそうですけど、被害者女性と男性とかの関係とかばかり語るんですよね。そうではなくて、最初に、かつ最も本当は重要視して考えないといけないのは、生まれてきた子どもの権利じゃないですか。それがなされてないというのは非常によくないことだと思うんですよ。生まれてくる子どものことを放り出して、ＡＩＤとか、その家族の在り方とかの議論をする、それはよくないと思うんですね。子どもの権利条約にも反していると思う。まあ、なので、そこは子どものこと大事に考えてくださいっていうふうに、強く言いたいですね。

③〈精子ドナー〉ゆきのぶさん（仮名）

一九八〇年代生まれ。男性。関東地方在住。妻および実子については非公表。

ゆきのぶさんは二〇一一年の東日本大震災の後、社会のため、人のために何かをしたいという気持ちから献血を始めた。献血に通う日々のなか、精子提供を扱ったテレビ番組を見る機会があった。その番組を見たゆきのぶさんは、献血だけでなく精子提供でも、社会のため、人のために役立てるのではないかと考えるようになった。ゆきのぶさんは男性不妊因子により子どもをもてない友人から話を聞いたことがあったほか、自分自身にも不妊検査を受けた経験があったことから、不妊に悩む人の気持ちもよくわかっていた。そこで精子提供活動を始めるべくブログやＳＮＳで、クライアントを募るようになった。初めて精子提供を行ったのは二〇一六年頃と記憶している。これまでのクライアントは四一名である。クライアントからの妊娠・出産報告は必須としていないが、報告率は高いと感じている。クライアントの自己申告がすべて正しいとすれば、ゆきのぶさんの精子提供で生まれたと考えられる子どもの数は一六名である。研究協力時点で妊娠中のクライアントも二名いる。

ゆきのぶさんは、クライアントからの出産報告をもとに、自分の精子提供で生まれた子どもの生年月日を記録している。そのうえで、男児を出産したクライアントには自分の精子提供で生まれた女児の生年月日を、女児を出産したクライアントには自分の精子提供で生まれた男児の生年月日を伝えている。また、自分の精子提供で生まれる子どもの総数の上限——研究協力時点では二〇名前後と考えている——を設けることを検討している。これらは、自分の精子提供で生まれた子どもたちの近親婚対策である。精子提供活動を引退する目安は、四〇歳頃を予定しているが、自分の精子提供で生まれる子どもの総数が二〇名前後に達したときには、四〇歳になっていなくとも精子提供活動を辞めようと考えている。あるいは、今後、需要に見合ったＡＩＤが実施されるようになり、自分のような個人精子ドナーのもとに依頼が来ない状況になった場合にも、精子提供活動を辞めようと考えている。「引退」の仕方としては、それが理想だと思っている。

クライアントには、精子提供前に必ず会うようにしている。また、提供前の面談は、可能なかぎり、ゆきのぶさん、クライアント、クライアントのパートナーの三者で行うよう努めている。ゆきのぶさんから依頼を断ったことは、これまで一件のみある。断った理由は、やりとりを行っていくなかで、「その人が子どもをもつことに不安を感じてしまった」からであった。

精子の提供方法はシリンジ法のみであり、タイミング法には応じていない。人工授精のために医療機関に持ち込みたいという希望にも応じているが、実際に求められた例はまだわずかである。一度は体外受精のためにゆきのぶさんから提供精子を受け取り、医療機関に持ち込んだものの、それ以降はシリンジ法を希望するようになったというクライアントもいた。医療機関への持ち込み希望がなぜわずかなのか、その理由は、三者のスケジュールを――クライアントとゆきのぶさん、そして医療機関――合わせることのハードルが高いことにあるのではないかと考えている。また、提供精子を医療機関へ持ち込み、人工授精や体外受精を受けるよりも、シリンジ法で妊娠を試みたほうが安価であることも影響しているのではないかと考えている。

ゆきのぶさんのクライアントのなかには、子どもの生まれについて告知するつもりだと話す人がいる一方で、告知しないつもりだと話す人もいる。ゆきのぶさんは、真実告知をするかどうか、するとしても何をどこまで、どのように子どもに伝えるかどうかはクライアントに一任している。ゆきのぶさん自身は、子どもの出自を知る権利を尊重したいと考えており、クライアントには、「（筆者注：生まれについて）早めに伝える方が多いですよ」と伝えている。また、いくつかの自己情報はブログに記載し、公開している。たとえば、居住地、血液型、趣味嗜好、性格などである。また、精子提供活動を始めたきっかけについてもブログに記載している。ただ、子どもの出自を知る権利を尊重したいと考えつつも、自分の個人特定につながる情報は明かせないと考えている。養育費の請求をされたり、個人を特定されてメディア上で「炎上」したりすることを避けたいからである。また、現時点ではクライアントの状況が良好であったとしても、その後何らかのトラブルが起きることも予想できる。たとえばゆきのぶさんの精子提供で生まれた子どもとゆきのぶさんとのＤＮＡ鑑定をされ、クライアントから「私はこの人に乱暴されました」と訴えられる恐れもあるのではないかと思っている。また、精子提供を行う前に、養育費や認知の請求には応じられないことをクライアントに説明し、了承を得るようにしているものの、誓約書の取り交わしなどは行っていない。その状況では、その約束が反故にされる可能性は皆無でないと考えている。そのため、子どもの出自を知る権利を尊重したいと考えつつも、ゆきのぶさんには開示できる情報と開示できない情報とがあるのである。

たとえば名前は、「開示していない――絶対に教えられない／教えたくない」。ゆきのぶさん自身や、ゆきのぶさんの周囲を守るためである。容姿、声や話し方は、ブログやＳＮＳ上では「開示していない――絶対に教えられない／教えたくない」。写真を送ってほしいと依頼があっても断っている。個人特定につながる可能性、ウイルス感染や携帯電話の紛失などにより画像が流出してしまう可能性を恐れてのことである。しかし提供前に必ず面談を行うことにしているため、面談まで進んだクライアントにはわかってしまう。そのため、「機会があれば教えてもよい」ともいえるかもしれない。身体的特徴は

「開示している」。ブログやSNS上では部分的に開示しており、また、面談前であっても問い合わせがあれば回答している[13]。問い合わせを受けることが多いのは身長である。医学的特徴も「開示している」。なお、ウェブページ上では自分の血液型を公開している。また、特に開示するほどの遺伝的疾患や体質を有してはいない。趣味嗜好は「開示していない――どちらかというと教えられない／教えたくない」。もともと趣味が少なく、あえて開示するほどのものがないからである。非喫煙者であることと、飲酒の頻度についてはブログ上で公開している。

性格・気性は「開示している」。他者から評される性格――「優しそう」「真面目そう」――のほか、温厚である旨をブログやSNS上に掲載している。また、ゆきのぶさんは頻繁にブログやSNSを更新しており、それによって性格や気性が伝わるのではないかとも考えている。実際に、「ブログを全部読みました」「文章とかから優しそうな感じがするので」と連絡してきたクライアントがいた。ゆきのぶさんは、クライアントが精子ドナーを選ぶ基準は人柄ではないかと思っている。

職業・職歴は「開示している」が、「会社員」と述べるにとどまっている。細かな職種などは伝えていない。

信仰については「開示している」。ただ、特記するほどの信仰心や、宗教に関する強い主張をもっているわけでもないため、ブログやSNS上には、信仰について記載していない。

出身地は「地方」まで開示している[14]が、出身地から本名などが特定される可能性は低いと考えているものの、リスクが〇でない以上、積極的に開示することはできないと考えている。現居住地も「地方」まで「開示している」。現居住地についてはクライアントが精子ドナーを選択するにあたって、また、提供を受けるにあたって必要な情報だと考えているからである。

ゆきのぶさんの両親など、ゆきのぶさんよりも上の世代の情報は「開示していない――どちらかというと教えられない／教えたくない」。とりわけ開示するほどのことはないと考えている。クライアントから質問を受けることもあまりない。墓の場所も「開示していない――どちらかというと教えられない／教えたくない」。これまで問い合わせを受けたことはなく、開示する理由もないと考えている。

精子ドナーとなるまでの自分の人生や、精子ドナーとなってからの人生については「開示していない――どちらかというと教えられない／教えたくない」。個人特定につながる可能性を否定できないからである。精子提供で生まれた人への現在の思いは「開示していない――機会があれば教えてもよい」。しかし、ゆきのぶさんは単に精子を提供しただけの人物であり、父親ではないと考えるようにしている。クライアントも、パートナーのいる人が多いため、ゆきのぶさんに父親であることを求める人もいない。そのため、積極的に伝えようとは考えていない。

精子提供を行っている経緯は「開示している」。それは冒頭に述べたとおり、東日本大震災後に社会貢献をしたいと考えるようになったこと、男性不妊の知人から話を聞いたこと、自分自身が検査を受けた経験があったことなどである。これらは部分的にブログにも記載しているほか、これまでのクライアントからの関心も高いことから、積極的に伝えるようにしている。精子提供時の状況も「開示している」。精子提供の具体的な流れを事前に示すことでクライアントが安心するのではないかと思っているからである。ブログにも記載している。ただ、細かく伝えることは「生々しい」と感じられてしまう側面があるので簡単に示すようにしている。精子提供時の気持ちも「開示している」。

ゆきのぶさんは、今後もし医療機関や公的な機関が精子ドナーを募集したとしても、応募しないだろうと考えている。なぜなら、精子提供で生まれた子どもの出自を知る権利に関する議論の終着点が見えてこないと思っているからである。また、ゆきのぶさんは精子提供を行うなかで、クライアントと直接やりとりをし、「ちゃんと役に立てている」ということを実感したいという思いをもっている。医療機関や公的な機関で精子を提供した場合、「ちゃんと役に立てている」ということを実感できるのかどうかはわからないのではないか――実際に、現在、国内の医療機関で行われているＡＩＤの場合では、それを実感することができないのではないかという思いがある。国内の医療機関で行われるＡＩＤの場合、精子ドナーは、クライアントが誰であるのかを知ることも、自分の精子提供で子どもが生まれたかどうかを知ることも知ることができないからである。そのため、医療機関や公的な機関の精子ドナー応募にはためらいを覚える。なお、これらの思いは精子提供活動を続けてきた今だからこそ抱いているものであり、精子提供活動を始めた当初であれば応募した可能性はあったのではないかという気持ちがある。

自分の精子提供で生まれた子どもの連絡先が開示された場合の面会については、相手が会いたいと望んでいる場合は「機会があれば会いたいのでとりあえず連絡する」。将来、子どもが会いたいと願っていることがわかった場合には面会にも応じられる可能性がある。ただ、匿名かつ短時間の面会にしたいと考えている。相手の気持ちがわからない場合や、相手が面会を望んでいないとわかっている場合は「機会があれば会いたいが連絡はしない」。ゆきのぶさんは、自分は「あくまでお手伝いをしたくらいの立場」の者であると自覚しており、子どもの気持ちよりも自分の願望を優先させたいとは思っていない。将来、子どもがクライアントを通さずにゆきのぶさんに連絡してくるケースについては、研究協力時点では想定していなかった。もしクライアントを通さずに子ども本人が連絡をしてきたとしたら、それはクライアントと子どもとの間で「摩擦か何か」がある場合や、クライアントからの愛情が十分であると感じられていない場合である可能性が高いのではないかと推測する。ゆきのぶさんは、自分がそのときの子どもの気持ちを収めてあげられると思えない。子どもの気持ちを収められるのはクライアント、あるいはクライアントとそのパートナーであると考えている。そのため、メールでのやりとり程度であれば、一対一でも応じるとしても、面会についてはクライアント同席のもとで行うことが望ましいのではないかと考えている。

ゆきのぶさん：子どもさんから直接（連絡が）くる可能性は、そこまで想定してはなかったですけど、ま、もし、その連絡くれれば、メールでやりとりはできるかなと思いますね。ただ、もし会いたいってなった場合は、親御さん同席のほうがいいのかなと思っています。

筆　者：その理由とかがもしあれば。

ゆきのぶさん：その子どもさんがコンタクトしてくるきっかけとか、連絡をしてくる理由にもよるとは思うんですけれども。一番やっぱり大事だろうなって思ってるのは、その、親御さんがどういう思いで、ま、子どもを欲しいと思ったのか。で、まあ、そのなかで、ちゃんとその子どもを愛して育てていますよっていうことが、しっかり伝わっているかどうかっていうのが大事だと思うんですよね。で、子どもさんがそれを、親御さんに何も言わずに、僕に直接連絡してくるっていうことは、おそらく何かしらの、うーん、親御さんとの間での、まあ、摩擦か何かあるのではないかと。今この場で仮定するとして。そうなった場合に、その子どもさんの気持ちを収めてあげるっていうことは、多分僕にはできないと思うんですよ。ま、あくまで、（ドナーは）こういう人だよっていうのがわかるだけであって、何かその、その子にとって、何か本人が足りないって感じたものがもしあったとして、それを補ってあげるっていうことは、おそらくそんなにできないと思うんですよね。で、それを補えるのは、きっと多分親御さんでしかないと思うんですよ。で、そういう、漠然としたですけど、そういう考えがあるので、そこで僕とその子どもさんだけで直接あっても、あまり意味がないし、もしかしたら、その子どもさんのなかに何か、心の穴みたいなものがあったとして、それが広がっちゃうようなことにつながるような気もするので、親御さん同席のほうがいいのかなって思いますね。

クライアントから聞かれることで最も多いことは身長である。そのほか健康状態、アレルギーの有無、精子提供の経緯もよく質問される。そのほかスポーツ歴も時折聞かれることがある。また、ゆきのぶさんのもとには、クライアントから妊娠中のエコー写真や誕生後の子どもの写真が送られてくることがたびたびある。

ゆきのぶさんは近年、自分のような個人の精子ドナーが増えていると感じている。とりわけTwitter上でクライアントを募る人が増えていると感じている。その理由は、精子提供に関する報道が増加したことではないかと思っている。それらの報道が、「提供したい側の掘り起こし」と「提供を受けたい側の掘り起こし」につながったのではいかと考えている。また、ＡＩＤを取り巻く諸問題については、技術に対して倫理が追い付いていない部分があると思っている。さらに、不妊治療の需要が高まるなかで、法律の整備や、それらに関わる人々の気持ちに関する議論が「置いてきぼりになっている部分」もあると感じている。それらの議論を進まないのは、当事者が声を上げにくい状況にあるのではないか――声を上げにくいのは、偏見などへの恐れのほか、声を上げるだけの「余力」が当事者にもはやないのではないかと考えている。不妊という現実のなかで「どうしよう、どうしよう」と悩みながら、現状を変えるために社会に向けて何かを発信するためには、大きな力がいる。それを持ち合わせている当事者は、それほど多くはないのではないか——このように考えている。

ゆきのぶさん：法律とかのことに関して言うと、うーん、わりとその、日本、ま、日本っていうくくり方もちょっとあれですけど、その、進んだ技術に対して、倫理が追い付いてないような部分あると思うんですね。うーん、できるから、病院とかでもそうですけど、不妊治療とかっていうものがどんどん進んでいくなかで、それを法律的に、どういうふうに解釈するのかとか、あとはその、それぞれの、人の気持ちをどう、折り合いをつけていくのかっていう部分は、かなりその、置いてけぼりになってる部分があると思うので。そういう部分が、もう少しクリアになってくるといいなっていうのは、思います。ただ、おそらくそれが進まない理由のひとつっていうのは、当事者の人が声を上げづらいんじゃないかっていう部分があるんじゃないかなと思っていて。上げづらいっていうのは、偏見が怖いとかっていうのは、もしかしたらあるかもしれないんですけれども、声を上げるだけの余力がないっていうのが一番大きいんじゃないかなと思っていて。たとえば男性不妊で悩んでるっていう、ご夫婦とかだと、やっぱりあの、ショックがかなり大きいと思うんですよね。で、「どうしよ、どうしよ」ってなって、えっと、ま、悩んでるなかで、そういう現状を、社会に訴えて変えていかなきゃいけないって思える人って、そんなにいないと思うんですよね。っていう部分があって、進まないのかなっていうのは思いますね。うん。ま、あとは、その、ＬＧＢＴの問題とかも。ね、最近でさえ、やっといろいろ、こう、話題になってきてるというか。まあ、話題になっているだけみたいな感じもちょっとあるんですけど、そういう部分があるので。逆に何か、その、ＦＴＭの方たちのほうが、すごい妊活に対してポジティブというか。あの、年齢層がちょっと、あの、低いんですよ。

筆　　者：ＦＴＭの方たちのほうが。

ゆきのぶさん：低い。そうそうそう。低いような印象があって。まあ、もちろんその、もう付き合う段階から、将来的なそういう話が、もう先が見えているから、子どもが自力ではできないっていうのが。だからそのアクションが早いっていうのも、多分あるんだとは思うんですけど。

筆　　者：なるほど。

ゆきのぶさん：そうそうそう。だから、まあまあ、そういうのもあるのかなとは思いますけどね。うん。と、まあ、あとは、何だろうな。何かその、子どもが欲しいっていうのって、わりともう生物的な欲求だと思うんですね。その、頭で考えられるものではなくて、漠然と、あの、感じるものだと思うんですけど、そういう気持ちに対して、その、現実がやっぱり追い付けていない人っていうのは、まあ、かなりいて。まあ、そういう人たちを、ちょっとでも何か助けられたらっていうのは思いますけどね。

④〈精子ドナー〉Z・Nさん（仮名）

東北地方在住。男性。一九八〇年代生まれ。妻と複数名の実子あり。精子ドナーとなっていることは、家族に伝えていない。今後も伝える予定はない。

Z・Nさんが精子提供活動を行っているのは「自分と血のつながった子どもがたくさんいてくれたらいいなという本能的な思い」があるからである。精子提供活動により男性不妊で困っている人を助けたいとの思いもあるが、それは「あとからついてきたっていう感じ」である。

「自分と血のつながった子どもがたくさんいてくれたらいいなという本能的な思い」があっても自分自身で養育できる子どもの数には限度がある。そこで二〇一八年頃、精子提供を行いたいと考え、インターネットでの情報収集を始めた。精子提供活動については、映画『セレブの種』（二〇〇四年、アメリカ合衆国）などから知っていた。情報収集を行っていくなかで、マッチングサービスを介した精子提供のほか、個人でウェブページなどを作成して精子提供を行う方法があることを知った。検討の結果、Z・Nさんが選んだのは、個人でSNSやウェブページを立ち上げ、活動をすることであった。SNSやウェブページを立ち上げてから短期間で、Z・Nさんのもとには依頼が届き、二〇一八年の秋には初めて精子提供を行った。その後、複数の精子バンクへのドナー登録もしており、今後もし医療機関や公的な機関が精子ドナーを募集した場合には応募したいと考えている。

これまでのクライアントは一四名、Z・Nさんの精子提供で生まれたと考えられる子どもは二名である。死産や母体に危機が生じた場合などを想定し、自分からクライアントに積極的なコンタクトをとらないようにしているため、また、妊娠・出産報告を任意としているため、正確な数はわからない。

Z・Nさんは、自分の精子提供で生まれた子どもの人数の上限を都道府県別に設定している。その上限は、各都道府県の人口や、慶應義塾大学病院の事例——同一ドナーから生まれる子どもの数を一〇名以内とすること——を参考にして独自に設定した。また、Z・Nさんは、自分の精子提供で生まれた子どもの出生地、出生体重、生年月日を記録している。これらは、子どもたちの近親婚対策のためである。

Z・Nさんから依頼を断ったことはないが、「交渉決裂」をしたケースはある。たとえば、精子提供を行う前のやりとりで意思疎通が全くできなかったクライアントや、精子提供に関わる交通費の支払いを拒否したクライアントとの案件である。

精子の提供方法は、タイミング法およびシリンジ法どちらにも応じている。依頼される割合は、タイミング法が五％、シリンジ法が九五％である。人工授精のために医療機関へ持ち込みたいという希望にも対応しているが、依頼数はまだ少ない。

Z・Nさんは、自分の精子提供で生まれた子どもの出自を知る権利を尊重したいと考えている。そのため、いくつかの情報はブログに記載し、公開している。たとえば、身長および体重、身体的特徴（まぶたや毛髪の特徴）、血液型など医学的情報、性感染症の検査結果、趣味嗜好、性格などである。また、次の条件が満たされれば、個人特定につながる個人情報でさえ子どもに伝えてもよいと考えている――その条件とは、①Z・Nさんがクライアントや自分の精子提供で生まれた子どもに対して経済的な義務を負うことがないと保障されること、②Z・Nさんの家族に影響が及ばないと保証されることの二点である。条件①が満たされる場合とは、たとえば精子提供で生まれた子どもの認知請求や養育費請求を受けないという法が整備された場合である。自分の精子提供で生まれた子どもが成人かつ就職し、経済的に自立した場合にも、満たされるのではないかと考えている。条件②が満たされる場合とは、たとえば今後Z・Nさんが離婚し、家族と離れ、独りで暮らすようになった場合である。研究協力時点でZ・Nさんは、家族に精子提供を行っていることを伝えていない。今後伝える予定もない。この活動について家族に知らせないことで、家族の「安全」を守りたいと考えているからである。

個人特定に至らない程度の情報で自分がクライアントに伝えている情報については、すべて子どもにも伝わって構わないと考えている。精子提供前の面談の際には、子どもへの真実告知をクライアントに勧めている。ウェブページやSNSのアカウントも、数十年先まで残したいと考えている。ただ、クライアントに真実告知を強制しているわけではないため、子どもが実際に告知を受けられるかどうか、Z・Nさんの情報をどこまで知ることができるのかは、クライアント次第である。このように考えるZ・Nさんの個人情報の開示状況とその意識は次のとおりである。

名前は、現時点では「開示していない――絶対に教えられない／教えたくない」。しかし、前述した二つの条件が満たされれば、「機会があれば教えてもよい」に回答は変わる[15]。また、この二つの条件が満たされるのであれば、名前を教えるにとどまらず、自分の精子提供で生まれた子どもと面会してもよいと考えている。

容姿や声や話し方は「開示していない」が、「機会があれば教えてもよい」。これらを教えたところで、Z・Nさんが恐れていること――自分に経済的な負担が発生することや、自分の家族に影響が及ぶこと――には至らない可能性が高いと考えているからである。また、まだ前例はないものの、今後もしクライアントが真実告知にあたってZ・Nさんの写真を子どもに見せたいと希望した場合には、写真を送ってもよいと考えている。なお、Z・Nさんのもとにクライアントから妊娠中のエコー写真が送られてくることは、研究協力時点でもたびたびある。

身体的特徴は、「開示している」。ウェブページ上にも、身長、体重や頭髪の有無、一重まぶたであることを掲載している。また、精子提供前に面談を行っているため、面談まで進んだクライアントにはわかる状況である。医学的特徴も「開示している」。血液型、持病の有無、アレルギーの有無や近しい親族の病歴、性感染症の検査結果、精液検査の結果などをウェブページ上に掲載している。また、提供前の面談時に、自ら積極的に伝えるようにしている。これらの情報を気にするクライアントが多いと考えているからである。これら事前の開示情報を多くすることで、自分を選んでもらいたいという気持ちもある。

趣味嗜好や性格、気性は「開示していない——機会があれば教えてもよい」。生まれてくる子どもの健康に大きな影響を与えるとは思わないからである。また、どちらも遺伝的要素が関わる可能性があるとは思うものの、環境的な要因のほうが大きいと考えているため、自分から積極的に言うことではないと思っている。とはいえ、ウェブページ上には、非喫煙者であることと、酒に弱い体質であるためにほとんど飲酒をしないことを記載している。また、そのほかのことであっても質問されれば答えられるよう準備している。信仰についても「開示していない——機会があれば教えてもよい」。これも生まれてくる子どもの健康に大きな影響を与えるとは思わないため開示していない。聞かれたこともない。ただ、今後質問されれば答えるつもりである。なお、Z・Nさんは特定の信仰をもっているわけでもなく、宗教行事などにも社会生活上、必要となった際に参加する程度である。

職業・職歴は「開示している」。職場が特定されない範囲で、大まかな職業を、大まかな学歴とともにウェブページ上に掲載している。面談時にも伝えている。

出身地は、「地方」まで「開示している」[16]。自分の提供精子によるＡＩＤで生まれた子どもたちがどの地域にいるのかを知り、近親婚リスクを避けてほしいとの思いからである。現居住地は、精子提供時に区町村程度までは「開示している」。特定できるほど細かく伝えないようにしているのは、Ｚ・Ｎさんが家族と一緒にいるときに、クライアントや子どもが目の前に現れると困るからである。

Ｚ・Ｎさんの両親などさらに上の世代については、医学的情報に関しては「開示している」。それを気にするクライアントが多いと考えているからである。家の墓の場所は「開示していない――絶対に教えられない／教えたくない」。これを開示したとしても、生まれた子どもの健康には影響しないだろうと考えられるうえ、墓の場所は個人特定に至る個人情報であり、これを開示することで家族に影響が及んでしまう可能性があるからである。なお、Z・Nさんは家の墓を継ぐ予定がないため、「墓がない」といったほうが正しいかもしれないと思っている。

精子ドナーとなるまでの自分の人生や、精子ドナーとなってからの人生については「開示していない――機会があれば教えてもよい」。精子提供を行っている経緯も「開示していない――機会があれば教えてもよい」。いずれに関しても自ら積極的に教えるつもりはないが、聞かれれば個人特定に至らない範囲で答える準備はある。精子提供で生まれた人への現在の思いは「開示していない――ぜひ教えたい」。Z・Nさんは、自分の精子提供で生まれた人のことを「自分が生きた証」「遺伝子を継いでくれた人」として大切に思っている。今後もし子どもと面会することがあれば、この気持ちをぜひ伝えたいと考えている。精子提供時の状況や、そのときの気持ちも、「開示していない――機会があれば教えてもよい」。これも自ら積極的に教えるつもりはないが、質問されれば答えるという姿勢である。

筆　者：提供して生まれた方のことをどのように思っているのかっていうことについては、今のところ開示してないっていうのは多分（生まれた方が）小さいからだと思うんですけれども、あの、教えたいというふうなことを選択してくださっていて。

Z・Nさん：はい。

筆　者：はい。今もお気持ち変わりませんか。

Z・Nさん：そうですね。あの、何だろう、その、無機質なものではなくて、私はあなたが生まれてほしいというか、あなたのお父さんお母さん、まあ親になる方から愛されて生まれてきたように、私も、育てたりはできないけれども、私の遺伝子を継いでくれた人として、大切に思っているっていうことは伝えたいなというふうに考えています。

筆　者：どうやって伝えようっていうのは、何かありますか。クライアントにはきっと伝えていると思うんですけれども。

Z・Nさん：ああ、もしその、あの、面会とかそういうふうな、連絡があったときに、そういう話ができればいいなというふうには考えています。

自分の精子提供で生まれた子どもの連絡先が開示された場合の面会については、相手が会いたいと望んでいる場合は「機会があれば会いたいのでとりあえず連絡する」。自分の精子提供で生まれた子どものことは、養育はできないものの、「自分が生きた証」として大切な存在だと思っているからである。子ども本人の意思を尊重したいと考えているため、相手が面会を望んでいるかわからない場合や、相手が面会を望んでいないとわかっている場合は「機会があれば会いたいが連絡はしない」。前述したように、Z・Nさんは子どもの出自を知る権利を尊重したいとの思いから、ウェブページやSNSのアカウントを数十年先まで残すつもりでいる。そのため、自分の精子提供で生まれた子どもがクライアントから告知を受け、Z・Nさんのウェブページにたどりつく可能性や、ウェブページ上に掲載している連絡先からZ・Nさんにコンタクトをとってくる可能性があることも承知しており、もし子どもから直接連絡を受けた場合、つまりクライアントを介さずに連絡を受けた場合にも応じたいと考えている。ただ、Z・Nさんの個人特定がなされてしまわないように何らかの対策を考えたいと思っている。もし、個人特定がなされる可能性がないと判断できるのであれば、現時点でも、オンライン上での面会や電話には応じられるという方針である。

クライアントから頻繁に質問されることは、何歳まで精子提供活動を続けるつもりかということでZ・Nさんは四〇歳までと答えている。クライアントがそれを知りたがる理由のひとつは、Z・Nさんの精子提供で第一子を妊娠した場合に、第二子、第三子のための提供を受けられるかどうかを知りたいからだという。また、Z・Nさんの精子提供による子ども同士の近親婚リスクへの心配から、その質問をする人もいる。妊娠できるまでの期間や費用を聞かれることも多い。Z・Nさんは、それらの質問を受けた際には、自分が精子を提供して妊娠したクライアントの例——彼女らがどれくらいの期間と提供頻度で妊娠に至ったのか——を伝えている。既婚であるかどうかも頻繁に聞かれるが、この質問には回答しないようにしている。なぜなら、妻がいると答えてしまうと「奥さんはどう思っているんですか」と聞かれるのではないかと思うからである。そのほかウェブページ上で公開している情報――身長および体重、身体的特徴（まぶたや毛髪の特徴）、血液型など医学的情報、性感染症の検査結果、趣味嗜好、性格など――も質問されることが多い。スポーツ歴は、聞かれることはあるものの、その頻度は高くない。

Z・Nさんは近年、自分のような個人の精子ドナーが増えていると感じている。精子ドナーが増加している理由は、不妊治療や男性不妊への社会的認知度が上がったこと、生涯未婚率が上昇するなか、「自分で結婚は無理だけど、遺伝子は残したいとか子どもが欲しい」、「育てられなくてもいいから血のつながった子どもが欲しい」と考える男性が潜在的に多く存在していることがあるのではないかと考えている。また、東日本大震災（二〇一一年）の後に、人との「つながり」を求める人や、子どもをほしがる人が増えたように感じていたが、そのときと同様の現象が、二〇二〇年初頭からの新型コロナウイルス流行によって起きているようにも思っている。それらに加え、各種メディアの報道が、精子提供活動の認知度を上げ、精子ドナーを増やしているのではないかと考えている。各種メディアの報道とは、たとえば、数年前に放送されたＮＨＫのドキュメンタリー番組[17]である。この番組の影響は大きいのではないかと思っている。また、慶應義塾大学病院での精子ドナー減少に伴うＡＩＤ新規受付の中止のニュースが大々的に報じられたことや、二〇一九年の週刊誌による報道[18]が、精子ドナー増加にもたらした影響も大きいのでないかと思っている。週刊誌報道の直後は、Z・Nさんのウェブページや

SNSへのアクセスも急増した。この週刊誌報道の後、有料の精子提供マッチングサイトの登録者が急増しているような印象をもっている。なお、それら新規の登録者は、精子ドナーになれば避妊をしない性交渉ができると期待しているのではないか、また、彼らは新型コロナウイルス流行に際する特別給付金[19]を登録料にあてたのではないかと考えている。そのほか、近年は、LGBT当事者の活動や、彼らが精子提供により子どもを得ようとしている様子が報じられる機会が増えている。精子提供を題材にした小説『夏物語』[20]も出版された。個人の精子ドナーの急増は、これらが複合的に影響して起きているのではないか――Z・Nさんはこのように考えている。

――思い出したのが、東日本大震災のときにも、その一年後二年後にも、街コンが流行ったりだとか、人とのつながりを求める人が増えたというふうに思っています。で、やはり、自分や親だとか祖父母がいつ死ぬか分からないっていうふうな状況になってしまったというような状況になったので、人とつながりたいだとか子どもを残したいだとか、子どもや孫の顔を見せてあげたいだとか、そういう思いが強くなったっていうのはたしかにあるんじゃないかなというふうに思います。それとコロナ（新型コロナウイルス流行による今の状況）が、状況としては似ているような気はします。

AIDをとりまく状況については、以前よりも進歩しているように思っている。たとえば、二〇二〇年一二月に成立した「生殖補助医療の提供等及びこれにより出生した子の親子関係に関する民法の特例に関する法律」のなかでは、二年後をめどに、ＡＩＤ出生者の出自を知る権利や、精子バンクに関する法整備などを検討していきたいとの旨が示された。これはＡＩＤに関わる環境整備への第一歩だと捉えている。ただ、国内の精子ドナーのありかたには、まだ解決すべき問題がいくつもあるのではないかと思っている。たとえば、Ｚ・Ｎさんは、精子ドナーの募集選定方法をなぜ変更しないのか疑問に思っている。国内のＡＩＤ実施医療機関は、精子ドナーの減少によりＡＩＤの実施を中止せざるを得ない状況となっているにもかかわらず、精子ドナーの募集選定方法を全く変えていない。そもそも精子ドナーの募集方法をほぼ公にしていない。昨今、個人の精子ドナーが急増していることからもわかるように、精子ドナーになりうる人は多くいるはずである。それなのに、なぜ精子ドナーの募集選定を閉じられた状況のままにしておくのか。また、なぜＡＩＤ用の精子の確保を輸入に頼ろうなどという議論が出てくるのか[21]。それは医療機関側がリスクを——将来ＡＩＤ出生者などから訴えられたり、患者や精子ドナーとトラブルが起きたりするリスクを——回避したいだけなのではないか。精子ドナーの募集選定や、精子の品質を担保することを、医療機関ではなく民間側に任せたい、言い換えれば、医療機関は責任を負いたくないと考えているのではないか。つまり、医療機関はＡＩＤを求める患者側の思いよりも自分たちの保身を優先させているのではないか。Ｚ・Ｎさんは、このように考えている。

――今、生殖医療に関する法整備が進んでいる状況で、まあ二年後にはさらに精子バンクの法整備とかそういうのも、二年後には整備するように進めていくというふうな条文も含まれた内容になってきているので、提供を受けたい人たちへの環境整備っていうのは整いつつあるのかなというふうに考えています。ただ現状のそのAIDを行う側の問題として、ドナー、まあ出自を知る権利を建前に、あ、建前じゃないのかな、ドナーの減少を建前に、その、うーんと、厄介事を被ることを避けようとしているんではないかというふうに考えています。AIDを実施する病院側も、ドナーを集める方法っていうのを公にしていないことが多いと思います。たとえば、まあ医学生に限るだとか、まあネットでこう、ドナー登録したいとかっていうふうに、骨髄バンクのようにはできない状況があって、まあその、すごくドナー募集の方法が閉じられた状況だと思います。それで出自を知る権利っていうことでドナーが減少したっていうのは、まあ状況としてはわかるんですけども、そのなかでドナーの募集をする方法をAIDを行う側が全く変えていないっていう問題があると思います。ドナーの募集、ドナーが不足しているっていうのであれば、募集の方法を変えるだとかそういう方法はとれるはずなのに、それをとっていないのが問題だと思います。なので、ドナーの募集をより一般の方がアクセスしやすいような方法に変えていく努力っていうのを、AIDを行う側が本来すべきなんではないかなというふうには考えていて、それを行わないのは、うーん、出自を知る権利で、病院側が、AIDを行う側が訴えられたりだとか、トラブルに巻き込まれる恐れがあるっていうところで、ならやめちゃおうと、リスク回避のために、患者は置いておいてリスク回避のために、事業を縮小しているような印象を受けます。あと、何ていうんですかね、生殖医療学会だったかの倫理委員会の提言が改定されて、そのなかで、あの、ドナーの不足についても記載があったんですけど、そのなかで、まあドナー不足はかなり深刻であって、今後は精子を輸入する必要があるのではないかというような記述もあったと思うので、それにもすごく疑問を感じて。日本にドナーは、ドナーになり得る人はいっぱいいるのに、何で輸入になるんだっていうふうには違和感をすごい感じて。なので、まあその、法律が整ったら、まあ今既存である世界的な精子バンク、まあクリオスだとかにドナー募集とかの責任を負わせようとしてるんじゃないかなっていうふうに、ええ。だからドナー、まああの体外受精とか人工授精とか、そういうことの行為は、あのー、こちら側はやるけれども、ドナーを集めたり精子の品質とか、あの、家系とかそういうことの責任は、うーんと、民間側に責任、まあ厄介事は民間に任せているよっていうふうな思惑があるんじゃないかなっていうふうに、少し感じています。

⑤〈精子ドナー〉尾形太郎さん（仮名）

一九八〇年代生まれ。東京都在住。男性。妻・実子あり。精子ドナーとなっていることは、家族に伝えていない。今後も伝える予定はない。

尾形さんは、精子ドナー減少に伴い慶應義塾大学病院がＡＩＤの新規受付を中止するというニュースを見て、自分が精子ドナーになろうと考えた。まずＳＮＳのアカウントを、次いでウェブページを作成し、クライアントを募ったところ、想像していた以上の数の問い合わせが届き、その後まもなく最初の精子提供をした。二〇一九年三月のことであった。これまでに精子を提供したクライアントは二〇名、これまでに尾形さんの精子提供で生まれたと考えられる子どもの数は五名である。クライアントのその後――すなわち妊娠したのか、出産したのか――については、できるだけ確認するようにはしているものの、報告を強制していないため、自分の精子提供による妊娠者数や出産数に関する正確な数はわからない。また、子どもの出生を確認したあとは、原則として尾形さんから連絡しないようにしている。また、クライアントとの精子提供前面談は必須としていない。自分の精子提供で生まれた子どもに対する真実告知もクライアントに一任している。

尾形さんは、自分の精子提供で生まれたと考えられる子どもの出生年月、出生場所（都道府県）、イニシャル、性別を記録し、それらを子どもの人生の節目――たとえば結婚するときなど――に開示することをクライアントに約束している。また、クライアントに年賀メールを送ることにしている。ただ、これらはいずれもクライアント側から希望があった場合にのみ開示または送信することにしており、妊娠・出産報告のないクライアントや、その後連絡のとれないクライアントへの開示や送信は行っていない。つまり、クライアント側から希望があれば、これらの記録や年賀メールは、子ども同士の近親婚対策として機能するが、妊娠・出産報告のないクライアントの子どもや、その後音信不通となってしまったクライアントの子どもは、これらの情報にアクセスできないことになる。なお、これまでのクライアントで年賀メールを希望しているのは半数ほどである。

精子の提供方法はシリンジ法のみであり、タイミング法には応じていない。人工授精のために医療機関へ持ち込みたいという希望には応じており、これまで数件の依頼を受けた。精子提供の依頼を断ったこともある。それはクライアントの居住地が、尾形さんの居住地（東京）とあまりにも離れていると感じられたケースや、クライアントの年齢が妊娠適齢期を超えていると判断したケースであった。

尾形さんは、出自やルーツを知るということは、人格形成の一要素になると考えている。そのため、自分のウェブページやＳＮＳのアカウントは、子どものために残すつもりである。ただ、自分の個人情報を開示することにはリスクがあると考えている。そのリスクとは、たとえば、個人情報を開示することで養育費の請求を受ける可能性が生じるのではないかということである。現時点でクライアントとそのパートナーが安定した関係を築き、尾形さんの精子提供で生まれた子どもを育てているとしても、それが一〇年後も維持されているかどうかはわからない。一〇年後、クライアントの状況が変わり、精子提供をした尾形さんのもとに養育費の請求がこないと言い切れるだろうか。また、たとえクライアントと文書を交わし、クライアントは尾形さんに養育費を請求しないとの約束をしたとしても、その法的拘束力には確証がもてない。そう考えると、自分の身を守るために個人情報を開示しないほうがよいのではないか――このように考えている。尾形さんの自己情報の開示状況とその意識は次のとおりである。

名前は「開示していない――絶対に教えられない／教えたくない」。はじめから匿名でいれば、詮索されることを防げると考えている。

容姿は「開示している」。SNSのアカウント上やウェブページ上には、瞳の色や形、頭髪の色、肌の色を記載するにとどまっているが、問い合わせに応じて写真をメールで送ったりビデオ通話で顔を見せたりするようにしている。声や話し方もビデオ通話や事前の面談にて「開示している」。身体的特徴も「開示している」。SNSのアカウント上やウェブページ上には、前述した瞳の色や形、頭髪の色、肌の色のほか、身長、体重を記載している。これらはクライアントが精子ドナーを選ぶ際の判断基準になるのではとの思いから記載している。医学的情報も「開示している」。医学的情報は、クライアントが最も知りたいことなのではないかと考えている。そのため、ウェブページ上で公開してはいないものの、健康診断、性感染症検査、アレルギー検査、遺伝子検査の結果を伝えるようにしている。

趣味嗜好も「開示している」。中学生から大学生のころに所属していた部活動のことや、現在の趣味を開示している。これらによって、自分の人となりがわかりやすく伝わるのではないかと考えているからである。職業・職歴も、人となりをわかりやすく伝えるため、個人特定に至らない範囲で「開示している」。

性格・気性は「開示していない――機会があれば教えてもよい」。自ら文章で記載したとしても信じてもらえないのではないかと考えからウェブページなどには記載していないが、質問されれば答えるようにしている。

信仰に関する情報も「開示していない――機会があれば教えてもよい」。これはクライアントにとって、精子ドナーを選択するにあたって重要な判断基準になるとは考えられないためである。墓の場所は教える必要があるとは考えられないため、「開示していない――どちらかというと教えられない／教えたくない」。なお、尾形さんは「一般的な日本人の宗教観」をもっていると考えている。いわゆる「葬式仏教に所属」しながら、クリスマスを祝し、正月には神社を参拝している。なお、研究協力時に最も共感しているのは初期仏教の考え方である。また、比較宗教学を学んだ経験から、特定の信仰をもつ人への偏見はなく、「最低限の倫理観」はもち続けていたいという気持ちをもっている。

出身地ならびに現居住地は都道府県まで「開示している」。尾形さんは東京生まれ、東京育ちであり、これを秘密にする必要はないと考えている。また、これを開示することで、クライアントが精子提供前の面談や、精子提供時の面会場所をイメージしやすくなるのではないかと考えているため開示している。

尾形さんの両親など、尾形さんよりの上の世代に関する情報は、出身地や年齢に限って「開示している」。これによりクライアントは寿命や遺伝的なルーツに思いをはせることができるのではないかと考えているからである。

精子ドナーとなるまでの自分の人生や、精子ドナーとなってからの人生についても「開示している」。精子提供を行っている経緯も「開示している」。これらもまた、クライアントが精子ドナーを選ぶ際の判断基準になると考えているからである。精子提供時の気持ちは「開示していない——機会があれば教えてもよい」。精子提供時の状況も「開示している」。精子提供時の気持ちは「開示している」。それは、自分の精子提供で生まれた人と生物学的には父子関係にあるものの、法的なつながり、および社会的なつながりはないという思いである。この思いは特に重要な事項であるため、精子提供前にクライアントに伝えておく必要があると考えている。

尾形さんは、これまで複数名のクライアントから精子提供に関わる契約書や誓約書を交わしたいとの希望を受けたことがある。そのように希望するクライアントは、尾形さんの精子提供により生まれた子どもの親権を尾形さんが放棄するとの旨を、契約書や誓約書に記載してほしいと述べるという。尾形さんは、それらの希望に躊躇なく同意している。なぜなら、前述したように、自分と自分の精子提供で生まれた人とのつながりは遺伝子のつながりのみであると考えているうえ、子どもの養育費を請求されたくないと考えているからである。

自分の精子提供から生まれた子どもの連絡先が開示された場合の面会については、相手が会いたいと望んでいる場合は「機会があれば会いたいのでとりあえず連絡する」。相手の気持ちがわからない場合や、相手が面会を望んでいないとわかっている場合は「とても会いたいが連絡はしない」。相手が望まない限り、自分からは接触しないと決めているからである。自分の精子提供から生まれた子どもが将来、クライアントを介さず、尾形さんに直接コンタクトをとってきた場合の対応は、子どもが成人しており、かつ就労している場合であれば前向きに対応したいと考えている。

クライアントからよく聞かれることは、尾形さんの精子提供で生まれた子どもの親権放棄に関する契約書や誓約書を取り交わせるかどうかということである。尾形さん自身は、クライアントは医学的な情報を特に気にしているのではないかと感じている。趣味やスポーツ歴を聞かれることもあるが、頻度は低い。また、尾形さん自身の個人情報を聞かれることはあまりない。

尾形さんは、今後もし医療機関や公的な機関が精子ドナーを募集したとしたら、応募したいと考えている。また、個人精子ドナーの増加については、精子提供マッチングサイトの増加やテレビでの報道が影響を及ぼしていると考えている。ただ、尾形さん自身に届く依頼の数は、尾形さんが最初に精子提供をした二〇一九年に比べて減少している。AIDをとりまく状況に関しては、精子ドナーならびにクライアントが安心かつ安全にやりとりができるようになってほしいと考えている。そのためには、国が法の整備を行うこと、および精子のやりとりを管理する団体などが必要であると考えている。

⑥〈精子ドナー〉H・Nさん（仮名）

関西地方在住。男性。一九八〇年代生まれ。妻・実子あり。精子ドナーとなっていることは、家族に伝えていない。今後も伝える予定はない。

＊本研究の実施中にH・Nさんは精子提供活動を中止した。どれほど注意を払ったとしても、個人情

報を守り切ることが難しいと実感する出来事があったからである。今後、新たな依頼を受ける予定はなく、ウェブページもいずれ完全に削除するつもりとのことであった。

Ｈ・Ｎさんは、妻との間になかなか子どもを授からず悩み、妻に内緒で精液検査を受けたことがあった。検査結果は、Ｈ・Ｎさん自身に不妊因子はないというものであったが、このことをきっかけに、Ｈ・Ｎさんは男性不妊に関する情報収集をするようになった。情報を集めていくなかで、ＡＩＤのための精子ドナーが減少していることや、医療機関ではなく個人のウェブページなどを介して精子提供を行っている人がいることを知った。Ｈ・Ｎさんの居住地付近に精子ドナーが多くないことも知った。Ｈ・Ｎさんは、自らの経験──「自分が悪いのかもしれない」と精液検査を受け、自分を追い詰めてしまった経験──から男性不妊に悩む人の気持ちがよくわかっていた。また、精子ドナーは必要であることも感じていた。そこでＨ・Ｎさんはウェブページを作成し、二〇一八年一月頃から精子提供を始めた。最初の精子提供は二〇一八年の三月であり、これまでのクライアントは三四名である。これまでにＨ・Ｎさんの精子提供で生まれたと考えられる子どもは五名、研究協力時点で妊娠中のクライアントが三名いる。クライアントにはできるかぎりの妊娠・出産報告を求めているものの、クライアントと連絡がとれなくなることがあるため、正確な数はわからない。

ウェブページを公開していたころは、血液型と生まれた年代、遺伝性疾患の有無、活動範囲、大まかな学歴を記載していた。身長や体重は掲載していなかった。身長や体重については、あまり質問されることがなかったからである。クライアントからよく聞かれる情報は、血液型、遺伝性疾患の有無、アレルギーの有無であった。また、精子の提供方法（シリンジ法に対応しているか否か）や、提供可能な日時・場所への問い合わせも、多かったように思っている[22]。既婚かどうかも質問されることがあったため、ウェブページを閉じるまではそこに記載していた。スポーツ歴も聞かれたことがあったが答えなかった。なぜなら、H・Nさんはマイナースポーツ愛好者であり、それを教えることが個人特定につながる可能性があると思ったからである。学歴などはほぼ聞かれたことがない。また、H・Nさんのもとに問い合わせてくるクライアントは「だいたい一回か二回、他の方に問い合わせをして、何か違うなって思われてから来られるような方が多いような印象」だった。そのようなクライアントの場合、ドナーの身長や体重などよりも「人間的に信用できるか」ということを重視しているように感じていた。

精子の提供方法は、タイミング法、シリンジ法のどちらも受け付けていた。クライアントの九割以上はシリンジ法を選択していた。人工授精のために医療機関に持ち込みたいという希望にも対応していた。

H・Nさんは、自分の精子提供で生まれた子どもが将来、出自を知りたいと思う可能性があることを承知している。そのため、クライアントから情報を求められたら、個人特定に直結しそうにないものであれば、できるだけ答えるようにしている。また、クライアントに伝えた情報は、すべて子どもにも伝えてもらって構わないと考えている。ただ、真実告知に関してクライアントに一任しているため、子どもが真実告知を受けられるかどうか、子どもがH・Nさんの情報をどこまで知ることができるのかは、クライアント次第である。

個人特定に直結しそうなものを教えられない理由は、現状で、つまり、自分の精子提供で生まれた子どもの精神状態や気持ちがわからない状況で、個人特定につながる情報を開示することはリスクが高いと感じているからである。H・Nさんは、自分がどこの誰であるのかを知られることそのものを「ダメ」だとは思っていない。また、将来、自分の精子提供で生まれた子どもが「会いたい、話したい」との単純な思いから、H・Nさんのことを知りたいというのであれば、面会希望を一律で拒否しようとも思っていない。しかしH・Nさんは、クライアントや、自分の精子提供で生まれた子どもから「自分自身の今後の人生」に干渉されることを防ぎたいと思っている。もし個人特定に至る情報を知られてしまうと、「自分自身の今後の人生」が干渉を受ける可能性が高まる。また、無防備に面会することも、そのリスクを高める。無防備に面会すれば、その後あとをつけられるなどされ、現在の生活を「破壊」されるかもしれない。「社会人人生を無茶苦茶にされてしまう」かもしれない。相手がただ面会を希望しているよと装いながら、「実は会ったら殴ろうと思っていた、刺そうと思っていた」ということが起きるかもしれない。H・Nさんには、それら想定できるリスクを負ってまで子どもに会う覚悟がない。そのため、それらのリスクを高めうる情報を開示することはできないと考えている。たとえば、名前、出身地、現居住地、職業・職歴、墓の場所は「開示していない――絶対に教えられない／教えたくない」。精子提供を行うまでのH・Nさんの人生がどのようなものだったのか、また、精子提供後の人生についても「開示していない――絶対に教えられない／教えたくない」。H・Nさんは、これらは個人の特定につながるものだと考えている。なお、「開示していない――絶対に教えられない／教えたくない」を選択したもののうち、墓の場所については聞かれたことがない。

容姿は「開示していない――どちらかというと教えられない／教えたくない」。しかし、面談をすれば、クライアントには容姿が知られてしまう。そのため、個人特定につながらない範囲で「機会があれば教えてもよい」ということもできるだろう。顔写真の譲渡には応じていない。

声や話し方は「開示していない――絶対に教えられない／教えたくない」。声や話し方は、個人の特定に直結しうると考えているからである。ただ、これも面談をすれば、クライアントには容姿が知られてしまう。そのため、個人特定につながらない範囲で「機会があれば教えてもよい」ということもできるだろう。

身体的特徴や医学的特徴は「開示していない――機会があれば教えてもよい」。個人特定に直結しない範囲であれば、伝えられる。趣味嗜好、性格・気性も同様である。しかし趣味嗜好や性格・気性についてクライアントから聞かれたことはない。また、性格・気性については、クライアントがクライアント自身の主観で「こんな人だったよ」と子どもに伝えることが可能であると考えている。

信仰は「開示していない――機会があれば教えてもよい」。H・Nさんは、特定の信仰心をもっていない。H・Nさんの両親など、H・Nさんよりも上の世代についての情報は「開示していない――どちらかというと教えられない／教えたくない」。これは、該当者の情報をH・Nさん自身があまり知らないからである。

H・Nさんの精子提供で生まれた子への現在の思いは、「開示していない――機会があれば教えてもよい」。H・Nさんは、自分の精子提供で生まれた子どもの親は、精子提供を依頼してきたクライアントであると考えている。ただ、子どもが「元気にしていればいいいな」という気持ちはある。このような思いを、問われれば伝えるだろうと考えている。

H・Nさんが精子ドナーとなった経緯や精子提供時の気持ちも「開示していない――機会があれば教えてもよい」。精子提供時の状況は「開示していない――どちらかというと教えられない／教えたくない」。H・Nさんは主に化粧室で採精している。それを子どもが知ったときに、ショックを受けるのではないかと考えているため、積極的に開示をしようとは思っていないのである。

今後、医療機関や信用できる機関が精子ドナーを募集したとしても、応募する予定はない。なぜなら、H・Nさんはすでに三〇代後半になっており、ドナーとしては「少し歳をとっている」と自覚しているからである。もし今後精子ドナーが募集されたとしたら、自分が応募する代わりに、若者にドナー登録を勧めたいと考えている。ただし、それはAID出生者の出自を知る権利やAID出生者とドナーの親子関係などに関する法の整備のほか、精子提供に伴う感染症のリスクをなくすための仕組みが構築されているという前提のもとである。もし、これらの前提条件が整っていたうえ、H・Nさんが若ければ、オープンドナー――個人情報を明かしたドナーのこと――というかたちであってもドナー登録の応募をしただろうと考えている。

前述したように、H・Nさんは、子どもの気持ちを事前に知ることができない状況で、子どもとコンタクトをとることはリスクが高いと考えている。そのため、H・Nさんとしては、相手がどのような気持ちであろうとも、会いたくないという気持ちが強い。自分の精子提供で生まれた子どもの連絡先が開示されても、相手が面会を望んでいるかわからない場合は「どちらかというと会いたいとは思わないので連絡はしない」。相手が面会を望んでいないとわかっている場合は「全く会いたいと思わないので連絡しない」。しかし、相手が会いたいと望んでいる場合は「どちらかというと会いたいとは思わないが連絡する」。なぜなら、会いたくないとは思いつつも、子どもが「会いたい」と思っているのであれば、H・Nさんとしてはその気持ちを無下にすることはできないからである。

自分の精子提供で生まれた子どもが将来H・Nさんにコンタクトをとってきた場合についての考えは次のとおりである。H・Nさんとしては、クライアントを通して連絡してもらうことが望ましいと考えている。クライアントに「隠しごと」をせずに済むからである。クライアントを通さず、子どもから直接連絡が来ることはないと想定しているが、もし子どもから直接連絡がきたら、まずはクライアントを通して連絡するよう勧めたいと考えている。勧めを聞いてもらえず、子どもが直接H・Nさんとコンタクトをとることを強く望む場合があるとすれば、それは「相当な事情がある」場合や「親族に言えずに個人的に自分のルーツを探している状態」だと推測する。それに、出自について知りたいと願う子どもの気持ちは理解できる。そのため、もしも子どもから直接の連絡を受けた場合には、非常に悩みながらも対応するだろうと考えている。また、質問をされれば、クライアントとH・Nさんとの関係を壊さない範囲で、伝えられる範囲のことを伝えていく可能性があるだろうと考えている。

——原則その、(子どもから)連絡してきてもらっても(自分のことを)開示することはないだろうというふうには、が基本路線だとは思います。もし何か言われても、ご両親というか、母親ですかね。お母さんを通じてしか連絡は来ないだろうというふうに思っています。実際、連絡手段がそれしかないので、それしかないかなと思っていますが。もし何らかの手段で直接連絡を取ってきたのであれば、かなり悩ましいかなと思います。お母さん経由で連絡をするはずなのに、あえてそこを飛ばしてきているのは相当な事情があるでしょうし、その状況ですと、おそらくほんとに自分の出自を知りたいということで、こう、何ていうんですかね。親族に言えずに個人的にこう、自分のルーツを探してる状態かなと思うので、むげに断ることは非常に大きい影響を与えるなと思ってますので、直接連絡が来た場合には、その裏にあること、何が背景にあってこうなってるのかっていうことを考えるとちょっと断りづらいので、どうするか非常に悩みながら。でも、うーん、そうですね。そのお母さんとの関係を壊さない範囲で、何かを伝えられる範囲のことを伝えていくのかなという想像はしています。

個人で精子提供を行う人が増えているのは、精子提供に関する報道が増えたことが直接の原因ではないかと考えている。精子提供に関する報道が増えた理由は、不妊症患者の増加理由と類似する部分があるのではないかと考えている。また、妊娠・出産可能年齢は変化しようがないのに、女性の社会進出や自立が進んでいることにより晩婚化社会が到来しているうえ、女性にとって、結婚というものが以前より魅力的なものではなくなっている可能性を感じている。そのなかで「独身のうちに子どもだけでも欲しい」「卵子凍結を検討したい」と考える女性の声が目立つようになり、それに付随して、精子提供に関する報道が増えているのではないか――このように考えている。なお、現在増えている個人の精子ドナーのほとんどは、ただ性交渉をしたいだけなのではないかと推測している。ＡＩＤをとりまく状況については、何の制度も整備されていないことが問題であると考えている。

⑦〈精子ドナー〉スタリオンさん（仮名）
東北地方在住。男性。一九七〇年代生まれ。妻・実子なし。
男性不妊当事者の友人をはじめ、子どもができない人がいるという話を聞くなかで、自分が彼らの力になりたいと考えるようになった。さまざまな生き方をする人に子どもを授かってもらえたらとも考えた。そこで、精子ドナーを募集しているという医療機関に精子ドナー登録の申し込みをした。しかし、精子ドナーは募集していないとの返答を受けた。スタリオンさんは、その返答は建前であり、本当は自分の当時の年齢が原因で断られたのではないかと推測している。応募当時のスタリオンさんは、精子ドナーとして若いといえない年齢であったからである。その経験から、今後、他機関で新たな精子ドナー募集があったとしても応募するつもりはない。

医療機関でのドナー登録を断念したスタリオンさんは、独自にブログを作成し、精子提供活動を行うようになった。ブログを作成した時期については記憶が曖昧であるが、二〇一五年頃であったように思っている。これまでに精子を提供したクライアントは二名である。妊娠・出産報告は必須としており、スタリオンさんの精子提供で生まれたと考えられる子どもはまだいない。精子の提供方法は、タイミング法およびシリンジ法どちらでも、クライアントの希望に応じている。クライアントの希望は、タイミング法のほうが多い。その理由は、スタリオンさんの活動地域が「田舎」であることと、クライアントに高齢の女性が多いことが理由なのではないか、妊娠する確率を少しでも上げたいからなのではないかと推測している。人工授精のために医療機関に持ち込みたいという希望にも応じているが、まだ依頼はない。なお、スタリオンさんはこれまでに一件だけ、依頼を断ったことがある。断った理由は、クライアントの身体的な特徴から、そのクライアントの妊娠は難しいのではないかと判断したことであった。

スタリオンさんは、自分の精子提供で生まれた子どもに対して「生まれてきた後はもう私は関係ない」「関知しない」という姿勢をもっている。そのため、自分の精子提供で生まれた子どもに対して伝えられる自分の情報は、必要最低限の「家の設計図みたいなもの」「基礎がどこにありますよとか、そういうの」――たとえば身体的特徴（身長やまぶたの形状、足のサイズなど）や医学的特徴――のみである。これらは個人の特定に至らない範囲で伝えることができる。しかしそれ以外のことは、開示できない。もし開示できるとしても、それはクライアントのため――クライアントが精子ドナーを選ぶ際の指針になるように――に開示するだけである。クライアントに伝えた情報は、すべて子どもにも伝えてもらって構わないと考えている。ただ、告知についてはクライアントに一任しているため、子どもが実際に告知を受けられるかどうか、スタリオンさんの情報をどこまで知ることができるのかは、クライアント次第である。クライアントが子どもとともにスタリオンさんと会いたいと望んだ場合には応じる可能性はあるものの、もしも将来、子どもがクライアントを通さずに連絡をとってきた場合には応じるつもりはない。クライアントには、これらを伝えたうえで、スタリオンさんから精子提供を受けるかどうかを決断してもらっている。

――子どもは親を選べないしですね。生まれてきた後、そうですね、まあ、何か大きな病気したときにどういう遺伝要素があったのかなって、そういうのをやっぱり調べる、そういうのはやっぱり応じなきゃいけないと思いますんで。そういう情報でしたら応じますけども。うん。あとは、まあ、特に健康に関係があるところですよね。まあ、私の考えなんですけど、性格とかそういうのはもう生まれてきた後に教育で出来上がっていくものだと思いますので。頭の良さとかそういうのもですね。ただ、やっぱり、身長と同じで、遺伝的な要素って絶対、子どもにも伝わりますので、それはやっぱりあの、何か、将来病気になったりとかトラブルがあったりとかしたときに、教えてあげないと困っちゃうと思いますので。まあ、家の設計図みたいなものはちゃんと、基礎がどこにありますよとか、そういうのはちゃんと教えますよっていう考えですね。

名前や職業は、「開示していない——絶対に教えられない／教えたくない」。自分の精子提供で生まれた子どもの認知や養育費の請求に応じないという姿勢をもっているからである。また、スタリオンさんは社会的に高いコンプライアンスを求められる公的な職についており、自分が精子ドナーとなっていることが公になると困ると考えている。そのため、名前や職業は絶対に教えられない／教えたくないのである。

容姿や声や話し方は「開示していない——機会があれば教えてもよい」。面談をすれば、これらはクライアントにはわかってしまうという意味で、この回答である。ただし写真の譲渡には応じていない。面談よりも前の時点、すなわちブログやメールにてこれらを尋ねられた場合には、個人特定に至らない程度、文字で答えられる範囲で回答している。

身体的特徴は「開示している」。これは個人を特定されるおそれが少ない情報であると考えているため、可能な範囲で開示するようにしている。これまでの経験からは、身長を重視するクライアントが多いと感じている。

医学的情報も「開示している」。これはクライアントにとっても、精子提供で生まれた子どもにとっても必要な情報であると思っているからである。スタリオンさんは、健康に問題のある精子ドナーは「失格」であると思っている。また、もしも健康に問題がないのであれば、それをしっかりと開示することが精子ドナーの義務なのではないかと考えている。

趣味嗜好、性格・気性も「開示している」。これらは、クライアントが精子ドナーを選ぶ際の指針のひとつになるため開示が必要であると思っている。また、趣味嗜好を開示することにより、クライアントの警戒心や緊張感を和らげることができるのではないかとも思っている。なお、精子提供で生まれた子どもには、これらを伝える必要はあまりないのではないかと考えている。性格は後天的に形成されるものだと考えているからである。

信仰は、質問されれば「特定の思想に偏っていない女性には」開示できる。しかし自分の信仰状況は、精子提供に関係がないことだと思っているため、「開示していない――機会があれば教えてもよい」。なお、スタリオンさんは特定の信仰をもってはいない。

出身地や現居住地は都道府県まで「開示している」。スタリオンさんの場合、出身地も現居住地も、活動地域と同じだからである。市町村以下、細かな情報については個人の特定につながるため開示していない。

スタリオンさんの両親などスタリオンさんよりさらに上の世代や、墓の場所については「開示していない――絶対に教えられない／教えたくない」。隔世遺伝などを気にするクライアントがいることは承知しつつも、各クライアントの関心を気にしていたら「きりがない」と考えており、これらを開示するつもりは一切ない。また、スタリオンさんは、精子ドナーとなっていることを家族に伝えていない。今後も伝える予定はない。そのため、秘匿性維持の観点からも、これらを開示しないほうがよいと考えている。

精子ドナーとなるまでの自分の人生については「開示していない――機会があれば教えてもよい」。これらについてはブログ上で明かすことはしておらず、また、メール上での質問にも回答していない。ただし、面談時に質問されるのであれば、部分的に答えることはできる。精子ドナーとなってからの人生は「開示している」。ブログ上での記事や面談時に、「活動に関係のある範囲」のみ公開している。これを伝えることで、クライアントの不安や警戒心を和らげられるのではないかと考えているからである。

精子提供を行った経緯は「開示している」。これもまた、開示することで、クライアントが自分のことを知る手段のひとつになると考えているからである。

精子提供時の状況や、精子提供時の気持ちは「開示していない――どちらかというと教えられない／教えたくない」。精子提供で生まれた人への現在の思いは、まだ実際に誕生した子どもがいないため、回答なしである。

自分の精子提供で生まれた子どもの連絡先が開示された場合の面会については、相手が会いたいと望んでいる場合は「機会があれば会いたいのでとりあえず連絡する」。クライアントの意向を最も重視したいと考えている。ただ、認知や養育費に関する問答が生じそうな気配を感じた際には一切応じない。相手が面会を望んでいるかわからない場合は「どちらかというと会いたいが連絡はしない」。相手の意志が確実な場合のみ、応じたいと考えているからである。相手が面会を望んでいないとわかっている場合は「全く会いたいと思わないので連絡はしない」。これはスタリオンさんにとって当然のことである。

クライアントからよく聞かれることは、血液型である。スポーツ歴は、聞かれたことはないが、質問されれば答えることはやぶさかではない。

スタリオンさんは近年、自分のような個人の精子ドナーが「異様」と思えるほど急増していると感じている。その理由は、各種報道にあるのではないかと考えている。たとえば、精子提供に関して報じるワイドショーや、精子ドナーが登場し、話す番組が相次いで放送された時期があった。それらが精子ドナーの急増を招いているのではないかと考えているのである。しかし、この「ブーム」のなかで登場し、SNSやインターネット掲示板上で「簡単に済ませよう」としている精子ドナーは、いずれ消えるのではないかと予測している。また、有料マッチングサイトに登録している精子ドナーは、性行為や、女性からの金員の詐取を目的としているのではないかと考えている。個人の精子ドナーに精子提供を依頼したいと考えている女性には、無償で精子提供活動を行っている人に依頼すべきと言いたい気持ちである。

――さっきも言ったことと同じで強調したいんですけども、こういう、個人で提供してる人のなかでも、お金を取る人とか、お金を絡ませるようなサイトは絶対にやめたほうがいいっていうことは強調したいですね。金銭のやりとりは実費のみで、それ以外はなし。基本的には無償でやるっていう人に頼るべきだっていうのは、私は強く言いたいと思いますね。

＊筆者注：このインタビュー後、スタリオンさんは精子ドナー活動の引退をブログ上で予告し、予告からまもなくブログを閉鎖した。過去、どのような記事を書いていたのかを閲覧することはできなくなっている。「スタリオンさん」という名前の掲載に関しては、二〇二三年二月時点で本人の許可を得ていることをここに記す。

⑧〈精子ドナー〉Ｎ・Ｗさん（仮名）

関東地方在住。男性。一九九〇年代生まれ。妻・実子なし。

Ｎ・Ｗさんが精子提供活動をすることになったきっかけはいくつかある。まず、精子提供への知識はＮＨＫのドキュメンタリー番組「クローズアップ現代＋ 徹底追跡 精子提供サイト」（二〇一四年二月二七日放送）により得た。これにより、挙児希望でありながらも男性不妊でそれがかなわない夫婦がいることを知った。女性同士のカップルのために精子提供を行う人がいることも知った。また、N・Wさんには交際相手との間に子どもをつくり、一緒に子育てをしたいとの願ったにもかかわらず、それを交際相手から拒まれてしまったことがあった。この経験から、N・Wさんは、挙児希望者がいる一方で、子どもをもたないという選択をする人がいることも知った。さらに、親族の女性の死がN・Wさんの気持ちを動かした。その女性には子どもがなく、遺された夫の様子をみて、「夫のグリーフワークには子どもの存在が必要だ」と感じたのである。夫婦はたいていの場合、どちらかが先に死去するため、夫婦のどちらにも、遺される恐怖つまり孤独への恐怖が生じているだろうが、もしもふたりの間に子どもがいたのであれば――子どもは実子でも、特別養子でも、精子提供による子どもであっても構わないと思っている――その孤独への恐怖に打ち勝てるのではないだろうか。N・Wさんはそのように考えるようになった。そして、これらの知識や経験から、N・Wさんは、挙児希望であるにもかかわらず、子どもを得ることが難しい人たちのために、精子ドナーになることを決めた。二〇一八年九月頃のことであった。精子ドナーとなっていることは、きょうだいにのみ伝えている。

N・Wさんがこれまでに精子を提供したクライアントは一二名、これまでにN・Wさんの精子提供で生まれたと考えられる子どもの数は七名である。妊娠・出産報告は必須としていないが、これまでのクライアントは皆、妊娠・出産報告を自ら行ってくれていると感じており、この数は正確だと考えている。

精子の提供方法は、シリンジ法である。人工授精のために医療機関に持ち込みたいという希望にも応じているが、依頼をされたことはまだ一度もない。また、タイミング法には応じていない。性感染症の「ピンポン感染」の危険性をぬぐえないこと、タイミング法を望むクライアントはいないだろうとの考えからである。実際に、これまでタイミング法を望んできたクライアントはいない。

N・Wさんはクライアントの数に上限をもうけている。これは自分の精子提供で生まれた子どもたちの近親婚対策だけでなく、縁のあったクライアントに対してできるかぎりのサービスを――妊娠率を高めるためのサービスを――行いたいとの気持ちから行っていることである。N・Wさんには、クライアントが子を得られるよう尽力する「責任というか義務感みたいなもの」を感じている。これは精子提供活動を続けていくなかで生まれた。N・Wさんがクライアントに行っているサービスは、たとえば排卵検査薬をクライアントに贈ったり、妊娠のための経費の一部をN・Wさんが負担したりということである。N・Wさんは、自分と縁のあったクライアントの全員が、数年以内に妊娠できるだろうと考えている。

N・Wさんは、自分の精子提供で生まれてきた子どもの出生地、性別、仮名を記録している。今後N・Wさんが精子提供活動を中止し、その後N・Wさんの精子提供で子どもが生まれないことがはっきりしたら、その時点で、そのデータをクライアントに配布する予定である。配布先はクライアントのパートナーや、N・Wさんの精子提供で生まれた子どもにしたいと考えている。これも近親婚対策の一環である。ただ、このデータを配布するとき、N・Wさんの精子提供で生まれた子どもはまだ幼い可能性が高い。なぜなら、N・Wさんは数年以内に精子提供活動を終えるつもりだからである。そのため、子どもへの配布を予定しているとはいえ、そのデータが実際に子どもの手にわたるかどうかはクライアント次第であると考えている。

N・Wさんは子どもへの真実告知を強制していない。しかしN・Wさんは、これまでのクライアントとのやりとりにより、クライアント全員が、子どもに真実告知をし、データの配布も行うだろうと考えている。真実告知をしないという人は、N・Wさんから精子提供を受けていないだろうとも考えている。また、N・Wさんは、将来、N・Wさんの活動地域近郊で子ども同士の交流会を開催することを計画している。

クライアントからの依頼を断る条件などは設けていない。しかし面談前に写真を求めてくるクライアントなどからの依頼は、受諾まで至らないことが多い。そのようなとき、N・Wさんがすぐに写真を送るのではなく、写真を求める理由を尋ねるなどしてみると、やりとりがクライアント側から途絶えてしまうのである。

N・Wさんが絶対に教えられないと思っているものが二つある。ひとつは、自分自身の名前である。これは「開示していない――絶対に教えられない／教えたくない」[23]。なぜ教えられないかというと、自分は子どもにとって「知らない誰か」でいたいからである。N・Wさんは、精子提供を「血液や臓器などの提供と近い性質のもの」と位置付けている。また、自分のことを「遺伝子上の父」と表現されることも望んでいない。そのため、自分の名前を子どもに伝える必要はないと考えているのである。絶対に教えられないもうひとつのことは、他のクライアントや精子提供で生まれた子どもの情報である。もしもそれらが自分の精子提供で生まれた子どもに伝わってしまうと、他のクライアントや、そのほか自分の精子提供で生まれた子どもに迷惑がかかってしまうからである。それ以外のことについては、クライアントから信用を得るため、また、出自を知る権利の観点から、開示することに肯定的な姿勢をもっている。ウェブページでもいくつかの情報を公開している。たとえば、身長、体重、血液型、容姿、趣味嗜好、視力、性感染症や精液検査の検査結果といったことである。また、幼少期の写真を掲載している。また、クライアントに伝えている情報は、自分の精子提供で生まれた子どもにも伝えてもらって構わないという姿勢である。また、もしも自分がいずれ、自分の精子提供で生まれた子どもに会い、自分の情報を直接説明したり、伝えたりすることができたらいいと考えている。そんなN・Wさんの自己情報の開示状況とその意識は次のとおりである。

容姿や声や話し方、身体的特徴は、「開示している」。N・Wさんは精子提供の前に面談を行っているため、これは自然とわかってしまうものになっている。ウェブページでは幼少期の写真を公開しているほか、容姿の特徴を記載している。また、面談時の写真撮影にも応じている。その写真を、自分の精子提供で生まれた子どもに見せても構わないと考えている。医学的情報も「開示している」。アトピーの有無、アレルギーの有無、発達障害の有無について聞かれることがある。視力や家族歴なども、質問されれば詳しく回答している。

趣味嗜好も「開示している」。たとえば、非喫煙者であることやアルコールの摂取頻度についてはウェブページ上で公開している。そのほかスポーツ歴も聞かれることが多いため、ウェブページに記載しているほか、精子提供前の面談でも説明している。

性格・気性も「開示している」。ただ、これはN・Wさん自らが性格や気性について説明しているわけではない。たとえば問い合わせや面談に、複数回応じるなどで、クライアントが自ら「客観的に」把握できるようにしている。

職業・職歴も「開示している」。将来、子どもの進路選択に役立てることができるようにとの思いからである。

信仰については「開示していない――機会があれば教えてもよい」。これは聞かれたことはないが、質問されれば開示するつもりである。なお、N・Wさんの家は、代々信仰をもっている。N・Wさん自身も、「神様を大切にしよう」との思いが強い。家の墓の場所も「開示していない――機会があれば教えてもよい」。これも質問されれば開示することは可能であると考えている。ただ、N・Wさんは、自分の精子提供で生まれた子どもには、クライアントやそのパートナーを大切に思ってほしいとの思いが強いため、墓については、「知る」以上のことを求めてほしくないと考えている。

出身地は都道府県まで「開示している」。現居住地は「開示していない――機会があれば教えてもよい」。もし開示するとすれば、出身地と同じく都道府県までのつもりである。

N・Wさんの両親など、さらに上の世代については面談にて「開示している」。N・Wさんが把握できている親族——曾祖父母まで——の病歴、がんや認知症の発症状況などである。これらはこれまでにクライアントから求められたことのある情報である。

精子ドナーとなるまでの自分の人生や、精子提供を行うに至った経緯についても「開示している」。これは面談時に最も質問を受けることが多いことである。精子ドナーとなってからの自分の人生についても「開示している」。N・Wさんは、精子ドナーになる前は、独身を貫く女性や、既婚でありながらも子どもをつくらない女性のことを「いぶかしむような気持で見ていたところ」があった。また、自分は差別や偏見をあまりもっていない人間だと思っていたが、精子提供活動を始め、さまざまな人と話すようになったことで、自分の思慮は浅かったこと、自分が驕った考えをもっていたことに気がついたように思っている。クライアントから子育ての様子を知らせてもらうことを通して、シングルマザーの苦労を知ることもできた。これらは、精子ドナーになる前と、精子ドナーになった後とで大きく異なる点である。

自分の精子提供で生まれた子どもへの現在の思いは「開示していない——機会があれば教えてもよい」。N・Wさんはただ精子を採取し、クライアントに渡すことのみが自分の仕事だと考えている。とはいえ、精子提供が、単純に精子を渡すだけの「システマティックなもの」になることは、子どもの「情操教育的」によくないものだと思っている。そのため、いつか自分の精子提供で生まれた子どもと直接会い、「ご両親には及ばないながら、○○（お子さん）のことを大切に思っているよ」と伝えたいと考えている。精子提供時の状況も「開示している」。シリンジ法なのか、人工授精なのか、あるいは他の方法なのか――N・Wさんは、これらに子どもが関心を抱く可能性があると考えている。また、これに関する説明が不十分であると、クライアントを騙して性交渉をしたのではないかと疑われてしまう可能性があると考えている。そのため、子ども本人が望むのであれば、詳細に説明したいと考えている。精子提供時の気持ちは「開示していない――機会があれば教えてもよい」。N・Wさんは、精子提供で生まれた子どもには「祝福されてこの世に生を受けた」と実感してほしいと考えている。そこで、それを実感してもらうために、「あなたは本当に、ご両親（クライアント）に生まれてくることを望まれていた」「親戚以外の誰かを頼ってでもあなたに会いたいから、両親は私のような精子ドナーに依頼して、あなたが生まれてきたんだよ」「私（N・Wさん）にもその気持ちが伝わったから、一生懸命協力してあなたが生まれたんだよ」といった旨を伝えたいと考えている。

自分の精子提供で生まれた子どもの連絡先が開示された場合の面会については、相手が会いたいと望んでいる場合、相手が面会を望んでいるかわからない場合は「機会があれば会いたいのでとりあえず連絡する」。相手が面会を望んでいないとわかっている場合は「機会があれば会いたいが連絡はしない」。N・Wさんは、自分のような個人ドナーの精子提供を頼ることのメリットは、医療機関でのAIDとは異なり、子どもが精子ドナーと会うか会わないかを選択できることだと考えている。そのためN・Wさんは、子どもの希望に応じて面会できるよう準備している。時期や回数に制限を設けるつもりもない。ただ、クライアントおよび子ども双方が面会を望んでいることがわからない場合には、面会を避けたいと考えている。また、子どもが面会を希望しない場合は、その意思を尊重し、N・Wさんからは連絡しない方針である。それでも連絡をとるとすれば、それは二つのケースのみである――ひとつは、N・Wさんの精子提供で生まれた子ども同士が交際していると考えられる場合や、交際する可能性があると考えられた場合である。もうひとつは、N・Wさんの精子提供で生まれた子ども同士の交流会への参加の可否に関する連絡を発信するときである。

クライアントからよく聞かれることは、精子提供をするに至った経緯やN・Wさんの人生について、また、性感染症の検査結果、精液検査、近親婚対策である。排卵日の特定方法もよく聞かれる。そのほかについては、面談でわかる以上のこと――容姿、声や話し方、身体的特徴など――は、あまり聞かれない。スポーツ歴や、好きなテレビ番組を聞かれたことはあったものの、それぞれ二、三回、一回程度である。

N・Wさんは、精子提供活動を続けていくなかで、自分のような個人ドナーが求められていることを実感している。しかし、N・Wさんは、数年以内に――N・Wさんが三〇代前半である間に――精子提供活動を辞める予定である。生殖能力は加齢とともに低下していくものだと考えているからである。また、今後、医療機関や信用できる機関が精子ドナーを募集したとしても、応募するつもりはない。なぜなら、すでに受けた依頼数が、自分で設けた上限数に達しているからである。

N・Wさんのもとには、精子提供を受けたいという人のみならず、精子ドナーになりたいという男性からの問い合わせが届くことがある。N・Wさんは、彼らのような精子ドナー志望者を育てていきたいと考えている。たとえば、彼らに精子提供のノウハウを伝授したり、ドナー応募を勧めたりといったことで、育てていきたいと考えている。ただ、「何年も何か月もかかるかもしれない」と思っている。また、N・Wさんは、できることなら親族などに精子提供を依頼してほしいと考えており、N・Wさん自身のような個人の精子ドナーによる精子提供は「最終手段」であるべきだと考えている。精子ドナーを志望する人には、その「最終手段」を頼らざるをえないクライアントの気持ちをよく理解して、精子ドナーになってほしいと考えている。なお、N・Wさんは、都市部はともかく、地方の精子ドナーが少ないと感じている。

近年の精子ドナーの急増は、AbemaTVなどに出演する精子ドナーが現れたからことが一因なのではないかと思っている。NHKのドキュメンタリー番組を見て精子提供という行為を知ったN・Wさんのように、報道を見聞きすることによって、新たに精子ドナーを志す人が現れているのだろうと考えている。

――精子提供は本当にあくまで、最終手段というか、お子さんを望むけれども、その旦那さんの不妊だったり、パートナーのセクシュアリティーで望まれる方が多いと思うんですけど、できるならその親族の方を頼っていただいた後、その最終手段であるべきと自分は考えています。っていうのと、で、そのお子さんにもし伝えるということがあれば、親戚以外の誰かを頼ってでもあなたに会いたいから、私のような人にご両親はお願いをして、あなたが生まれてきたんだよということを伝えてもらいたいです。精子提供者側に考えてほしいことは、知らない、見知らぬ人に精子提供を頼むということは、まあ、まあ、自分のその親族を頼れなかったりとか、治療がもうこれ以上できないみたいな、それだけ切羽詰まった状況でお願いしてくると思うので、その人たちの気持ちをよく考えてほしい。そういう精子提供活動をしてほしい。

⑨〈精子ドナー〉K・Eさん（仮名）

東京都在住。男性。一九八〇年代生まれ。妻・実子あり。精子提供活動をしていることは、妻には伝えてある。子どもにはまだ伝えていないが、子どもが一定の年齢に達すれば伝えたいと思っている。

K・Eさんが精子ドナーとなったきっかけは、実子のひとりを亡くしたことである。実子の死により、K・Eさんは、「生きること」や「生まれること」の「尊さ」を深く学んだように思っている。また、自分の遺伝子を継ぐ子どもがいてくれるということは、それだけで、「自分の生きている意味」や「自分の人生を肯定してくれるひとつの理由」になりうるのだと学んだように思っている。これらの思いから精子提供を行うことには利己的な側面があると承知しているが、たとえ利己的な側面があるとしても、子どもを望む人すべての人の役に立てるのであれば役に立ちたいとの思いから、精子提供活動を行っている。なお、精子提供活動についてはテレビ番組にて知った。ウェブページを作成し、精子提供活動を開始したのは二〇一九年一一月頃である。今後医療機関や信用できる機関が精子ドナーを募集すれば、応募したいと考えている。

これまでに精子を提供したクライアントは六名である。また、これまでにK・Eさんの精子提供で生まれたと考えられる子どもは〇名であるが、近々一名が誕生する予定である。なお、妊娠・出産報告は必須としている。

自分の精子提供で生まれた子ども同士で近親婚が起きる確率は非常に低いと考えている。ただ、今後、K・Eさんの精子提供で生まれた子どもが一〇名から二〇名ほどになれば、近親婚対策として、それぞれの出生地を公開するなどの対応をとりたいと考えている。

K・Eさんは、精子提供の依頼を断ることがある。たとえばクライアントが四〇歳以上である場合、クライアントが経済的に自立していない場合、クライアントの居住地がK・Eさんの活動地域である東京都から離れすぎている場合などである。また、精子の提供方法は、シリンジ法およびタイミング法、どちらでも、クライアントの希望に応じている。依頼の割合は、タイミング法よりもシリンジ法のほうが多い。人工授精のために医療機関へ持ち込みたいという希望にも対応しているが、それを希望されたことは研究協力時点でまだない。

クライアントに伝えた情報は、すべて自分の精子提供で生まれた子どもにも伝えてもらって構わないと考えている。真実告知についても幼少期から行うことを推奨している。しかし強制しておらず、クライアントに一任しているため、子どもが真実告知を受けられるかどうか、また、K・Eさんの情報をどこまで知ることができるのかは、クライアント次第となっている。クライアントに対しては、自分の精子提供で生まれた子どもの認知や養育費の請求には応じない姿勢を示している。親権を放棄することも明示している。ただ、クライアントと「信頼関係を深く築けた場合」には応相談としている。また、原則として、自分の名前や墓の場所など個人特定に至る情報は、クライアントや子どもに伝えることはできないという方針であるが、これも、「信頼関係を深く築けた場合」には、応相談と考えている。K・Eさんに経済的に余裕ができた場合など、今後の状況によっても、伝えられるようになる可能性がある。今後二〇年、三〇年と時間が経つにつれて、K・Eさん自身のおかれた環境や、K・Eさんの考え方が変化する可能性もあると思っている。たとえば、自分の精子提供で生まれた子どもに遺産を相続させたいと考えるようになることがあるかもしれないと思っている。

クライアントやそのパートナーには、精子ドナーの容姿や性格、体質などを承知したうえで精子提供を受けてほしいと思っている。K・Eさんの精子提供で生まれてくる子どもをできるかぎり幸せな環境で育ててほしいと考えているからである。また、クライアントと、精子提供で生まれてくる子どもは親子であり、すなわち「一生の付き合い」をする間柄である。そんな間柄となる子どもを生むために精子の提供を受けるのだから、クライアントは精子ドナーのことをよく知り、納得したうえで精子提供を受けてほしいと考えている。そんなＫ・Ｅさんの自己情報の開示状況とその意識は次のとおりである。

名前は「開示していない――機会があれば教えてもよい」。現時点では開示していないが、もし、Ｋ・Ｅさんの経済状況に大幅な余裕が生まれれば――具体的には、自分の精子提供で生まれた子どものことも扶養できるほど恵まれたものになれば――開示してもよいと考えている。なお、経済状況に大幅な余裕が生まれた際には、名前を開示する、開示しないにかかわらず、なにか「有益なもの」を与えたいと考えている。

容姿は「開示している」。精子提供前の面談を推奨しているため、伝わってしまうという状況でもある。また、幼少期の自分の写真をウェブページ上に掲載している。クライアントや、そのパートナーには、自分の容姿を承知してもらったうえで、自分を精子ドナーに選ぶかどうか検討してもらうとよいのではないかと考えており、写真の譲渡を希望されれば応じるつもりもある。ただ、実際に譲渡を希望されたことはまだない。

声や話し方は「開示していない――どちらかというと教えられない／教えたくない」。声や話し方にコンプレックスをもっているからである。ただ、クライアントが声や話し方を知りたいと希望した場合には応じている。また、これらは面談をすればクライアントに知られてしまうものである。そのため、個人特定につながらない範囲で「機会があれば教えてもよい」ということもできるだろう。身体的特徴、医学的情報は「開示している」。ウェブページには、身長、体重のほか、まぶたや毛髪の特徴、血液型や簡単な家族歴、自分の病歴を記載している。趣味嗜好、性格・気性も「開示している」。たとえばウェブページにも、数年前から禁煙していることや、飲酒の頻度、さらに温厚な性格であることなどを記載している。職業・職歴も「開示している」。ウェブページには自分の職歴と現在の職業を大まかに記載している。ただ、具体的な勤務先情報を開示してはいない。

出身地も都道府県まで「開示している」。同じ日本国内であっても、出身地により、人の体質や性質が異なるものと考えているからである。現居住地も都道府県まで「開示している」。クライアントが継続的に精子提供を受けられるかどうかを判断する材料になるからである。なお、前述したように、クライアントの居住地域とK・Eさんの現居住地（活動地域）があまりに離れている場合、K・Eさんは依頼を断っている。

K・Eさんの両親などさらに上の世代については「開示していない――機会があれば教えてもよい」。ただし簡単な家族歴はウェブページに記載している。それ以上のことは、クライアントから質問されれば回答する準備はあるが、現時点で質問されたことはない。

信仰は「開示している」。K・Eさんは特定の信仰をもっていない。しかし聖書や仏教に関する書籍を所有しており、それらから「学ぶべきものはある」との考えである。

墓の場所は「開示していない――どちらかというと教えられない／教えたくない」。しかし、クライアントと「信頼関係を深く築けた場合」や、自分の経済状況に大幅に余裕ができた場合は、教えられるようになる可能性がある。

精子ドナーとなるまでの人生は「開示している」。精子ドナーの人柄や経歴は、その人の精子提供で生まれた子どもに影響を与える可能性が――子どももドナーと同じような人柄や経歴を有する可能性が――あると考えている。そのため、これを開示することが、クライアントがK・Eさんから精子提供を受けるかどうかを判断する材料になると考え、伝えるようにしている。精子ドナーとなってからの人生も「開示している」。質問に応じて、個人特定に至らない範囲で開示している。

K・Eさんが精子提供を行った経緯や、精子提供を行ったときの状況は「開示していない――機会があれば教えてもよい」。精子提供時の気持ちも同様である。これらは現時点では開示していないものの、質問を受ければ回答する準備はある。

自分の精子提供で生まれた子どもへの現在の思いは「開示していない――機会があれば教えてもよい」。機会があれば教えてもよいが、クライアントならびにそのパートナーと、生まれてきた子どもとの関係が崩れる可能性があると感じた場合は開示しないという姿勢である。

将来、自分の精子提供で生まれた子どもがクライアントを通さずにK・Eさんに連絡をしてくる可能性はないと考えている。ただ、クライアントが死去した際などは、その限りではないとも思っている。また、自分の精子提供で生まれた子どもの連絡先が開示された場合の面会については、相手が会いたいと望んでいる場合は「とても会いたいので連絡する」。精子提供で生まれた子どもは、自分の「生物学上の子ども」ということで、本人が会いたいと望んでいるのであれば、会わないという選択肢はK・Eさんにはない。ただ、その子どもを育てた親の了解を得ている場合に限りたいと考えている。相手が面会を望んでいるかわからない場合、相手が面会を望んでいないとわかっている場合は「とても会いたいが連絡はしない」。子どもが望んでいないのであれば連絡しないというスタンスである。

クライアントからよく聞かれることは、精子ドナーとして「不備がないかの情報確認」である。たとえば、性感染症検査の結果、精液検査の結果、自分や親族の先天的な疾患の有無である。また、K・Eさん自身や、K・Eさんの実子が得意なスポーツに関する質問もよく受ける。なお、K・Eさんは、ウェブページ上に、精液検査の結果や簡単な家族歴を記載している。また、特技としていくつかのスポーツ名も記している。

近年、個人の精子ドナーが急増している理由は、SNSの普及や、各種メディアで精子提供に関する報道がなされることにあるのではないかと推測している。K・Eさん自身も、テレビ番組を見て精子提供について知ったひとりである。

K・Eさんは、精子提供活動を通じて、挙児希望であるにもかかわらず、子どもを得られない人が想像以上に多くいることを知った。また、これまでに縁のあったクライアントからは、それぞれのクライアントがK・Eさんへ問い合わせをするに至るまでさまざまな苦労をしていたと聞いた。たとえば、遠方の医療機関へ通院し、ＡＩＤを受けるために数百万円をかけていた夫婦がいた。個人精子ドナーから有償で精子提供を受けていた女性もいた。その人たちが、現状よりも安心し、かつ低費用で治療を受けることができるようになればよいのに――Ｋ・Ｅさんはこのように思っている。

――私が精子提供活動を始めて驚いたことが、子どもが欲しいが、さまざまな理由で、たとえばＬＧＢＴカップル・無精子症の旦那様のご家庭・未婚の女性から妊娠が出来ないでいる女性がこんなにもたくさんいらっしゃったことになります。どのご相談者様も私に問い合せるまで、いろいろな事情を抱えて、とても苦労されていました。ＡＩＤ治療で数百万円の費用を掛けて遠方まで通院していたご家庭。有償で個人から精子提供を受けていた女性。等々、複雑な事情を持つ女性がもっと安心かつ低費用で妊活が出来るようになれば良いのに、というのが私の浅い提供活動経験のなかで感じたこと、思うこととなります。

⑩〈精子ドナー〉Ｓ・Ｒさん（仮名）
中部地方在住。男性。一九八〇年代生まれ。妻・実子なし。精子提供活動をしていることは、家族に伝えていない。

Ｓ・Ｒさんは、身近な人が病気になったことや、大規模災害のニュースを見るなかで、現時点では自分は健康であり、子どもをつくる能力もあるものの、数年後にはどうなっているかわからないのだと思うようになった。「自分の遺伝子を残したい」と思うようにもなった[24]。また、S・Rさんはかねてより「人の役に立ちたい」という思いをもっていた。さらに、「精子提供はいいこと」だという思いももっていた。精子提供は、挙児希望であるにもかかわらず、子どもを授かることができない人のためになると思うからである。そこでS・Rさんは、ブログを作成し、クライアントを募り始めた。二〇一八年頃のことであった。精子提供活動については、NHKの「クローズアップ現代＋」[25]を見て知っていた。

これまでに精子を提供したクライアントは二名である。研究協力時点で、その両名は妊娠している。誕生した子どもはまだいない。クライアントには、S・Rさんの精子提供で妊娠したのかどうか、また、出産したのかどうかを必ず報告するようにと伝えているため、これらの数は正確であると認識している。

今後自分の精子提供で子どもが生まれたなら、その性別、生年月日、出生地を記録し、クライアント全員に伝えたいと考えている。なお、S・Rさん精子提供で生まれる人の数は、一〇名以内にする予定である。これらは子どもたちの近親婚対策である。

精子の提供方法は、シリンジ法のみで、タイミング法には応じていない。人工授精のために医療機関へ持ち込みたいという希望には応じている。これまでのクライアントのうち一名は、シリンジ法の後、医療機関への持ち込みを希望した。もう一名は最初から医療機関への持ち込みを選択した。

S・Rさんは、特にLGBTカップルの力になりたいと考えている。現状、LGBTカップルが挙児を希望した際にもてる選択肢は少ない。男性不妊に悩む夫婦や選択的シングルマザーと比べても、選択肢が限られているように思っている。そうしたＬＧＢＴの人からのニーズに答えられるのは、自分のような個人精子ドナーだと思っている。現に、Ｓ・Ｒさんは、精子提供活動を行うなかでＬＧＢＴカップルからの相談を何度も受けている[26]。

Ｓ・Ｒさんは、医療機関で実施しているＡＩＤにはいくつかの問題点があるのではないかと思っている。たとえば、医療機関でＡＩＤを受けるためには数年待たなければならない。これは、若いカップルであればまだしも、三〇代以上のカップルにとっては長すぎるのではないかと思っている。また、医療機関でのＡＩＤの場合、同じ精子ドナーからの提供精子によって複数の子どもをもうけたいと願っても、それをかなえることができない。さらに、医療機関でのＡＩＤを受けるためには経済的な負担が生じる。個人精子ドナーからの精子提供であれば、これらの問題点は解消されると考えている。

Ｓ・Ｒさんは、問い合わせを受けた時点でいくつかの質問をクライアントにするようにしている。質問する内容は、クライアントの経済状況や、クライアントとパートナーがともにＳ・Ｒさんから精子提供を受けることに納得しているのかどうかといったことである。回答から、パートナーからの同意を得られていないクライアントであることや、個人精子ドナーから精子提供を受ける以外にも不妊治療の余地がありそうなクライアントであることがわかった場合には、依頼を断っている。また、もしパートナーがいないクライアントであれば子育てに協力してくれる人がいるのかどうか、協力者がいるのであれば、クライアントとその協力者との関係はどのようなものなのか、さらに、その協力者の年齢はどのくらいなのかも質問するようにしている。それらのやりとりを通じて、精子提供を受けて妊娠、出産することに対して「本気で取り組んでいる」と感じられない場合や、いずれ精子提供で子どもをもったことを後悔しそうだと感じられるクライアントであると思った場合にも、依頼を断るようにしている。そのほか、返信が極端に遅い人、精子提供にあたっての交通費負担を渋る人、面談の予定が合わない人、精神的に不安定と感じられる人からの依頼も断っている。応じていないと明示しているにもかかわらずタイミング法での精子提供を求めてくる人からの依頼も断っている。このように、依頼をふるいにかけているのは、トラブルに巻き込まれたくないからである。

S・Rさんはその一方で、このような厳しい基準をクリアしたクライアント――「ご縁」のあったクライアント――のことを大切にしたいと思っている。その思いから、できるだけ自分の情報を伝えている。S・Rさんの精子提供により、複数の子どもを得たいという希望があれば、それに応じるつもりもある。同じ精子ドナーから精子提供を受けて第一子、第二子と出産できることは、個人精子ドナーから精子提供を受けるメリットだとも考えている。また、クライアントに伝えた情報は、すべて子どもにも伝えてもらって構わないと考えている。自分の精子提供で生まれた子どもの出自を知る権利を尊重したいとも思っており、クライアントには真実告知を推奨している[27]。ただ、これまでの経験から、真実告知に消極的なクライアントにはさまざまな事情があることを理解しており、告知を強制してはいない。

そのため、子どもが実際に告知を受けられるかどうか、S・Rさんの情報をどこまで知ることができるのかは、クライアント次第である。なお、自分の精子提供で生まれた子どもの認知や養育費の請求には応じられず、また、親権も放棄するという意思を示している。このような考えのもと、精子ドナーとなっているS・Rさんの自己情報の開示状況とその意識は次のとおりである。

名前は「開示していない——機会があれば教えてもよい」。自ら積極的に開示するつもりはないが、認知や養育費、親権などについてトラブルにならないと判断できた場合、かつ、クライアントや子どもから質問を受けた場合には、開示してもよいと考えている。

容姿も「開示していない——機会があれば教えてもよい」。悪用されることを恐れ、写真の譲渡は基本的には行っていない。オンライン面談にも応じていない。ただ、実際に精子を提供するに至ったクライアントとは実際に会っているため、状況に応じて「開示している」ということもできるだろう。また、実際に精子を提供するに至ったクライアントとは信頼関係が築けていると感じているため、求められれば写真を譲渡する可能性はある。

声や話し方、身体的特徴は「開示していない——機会があれば教えてもよい」。面談時や提供の際にクライアントと会って話しているため、状況に応じて「開示している」ということもできるだろう。また、S・Rさんはブログ上で自分の身長を公開している。

医学的情報は「開示している」。ブログ上でも、血液型とアレルギーの有無を記載している。性感染症検査の結果や精液検査の結果も公開している。また、これまでのクライアントには、S・Rさんの父親が癌を患ったということを伝えている。趣味嗜好、性格・気性は「開示していない――機会があれば教えてもよい」。趣味嗜好は、クライアントからよく聞かれることである。ブログ上には非喫煙者であることや飲酒の頻度を公開しており、そのほかについても質問されれば答えるという姿勢である。職業・職歴は「開示している」。何に関連した仕事をしているのかを伝えるようにしている。信仰は「開示していない――機会があれば教えてもよい」。なお、S・Rさんには特定の信仰心はない。宗教行事に参加するのは必要最低限である。

出身地は区町村まで「開示している」。現居住地も区町村まで「開示している」[28]。クライアントには、面談や精子提供に際してS・Rさんが要する交通費を負担してもらっている。そのため、参考となるよう市町村程度までは開示しているが、それ以上のことは開示できないと考えている。突然、訪問されることがあると困るからである。

S・Rさんの両親など上の世代に関する情報は「開示していない――機会があれば教えてもよい」。これまでのクライアントには、S・Rさんの父親ががんを患ったということを伝えている。

墓の場所は「開示していない――機会があれば教えてもよい」[29]。S・Rさんが精子ドナーとなっていることを家族に伝えていないため、突然訪問されることがあると困ると思っている。ただ、もしも求められれば開示してもよいとは考えている。

精子ドナーとなるまでの人生や、精子ドナーとなってからの人生については「開示していない――機会があれば教えてもよい」。

自分の精子提供で生まれた子どもへの現在の思いは、「開示していない――どちらかというと教えられない／教えたくない」。S・Rさんは、精子ドナーは、精子提供で生まれた子どもに関わらないほうがよいのではないかと考えている。なお、子どもに対するS・Rさんの現在の思いは次のとおりである――何とも思っていないわけではない。今後の成長は気になるだろう。どのような家庭で育っていくのかも気になる。ただ、自分がその子どもに興味をもつことで、クライアントの負担になりたくない。たとえば自分から子どもに対して、名前を教えてほしい、写真を送ってほしい、成長過程を教えてほしいなどと言いたくない。子どもは、ただ両親に愛されて育ってくれたらいい。真実告知を受けずに違和感を抱いて育ったり、家庭のなかで疎外感を抱いたり虐待を受けたりしていないといい――。

精子提供を行うに至った経緯や、精子提供時の状況は「開示している」。精子提供時の気持ちは「開示していない――どちらかというと教えられない／教えたくない」。開示に後ろ向きである理由は、精子提供時の気持ちが「悲しい気持ち」を内包するものであるとともに、S・Rさんの心のなかには精子提供活動を行うなかで複雑な動きがあるからである。そもそも、S・Rさんは、クライアントが「仕方なく」依頼をしていることに心が締め付けられる思いでいる。そのため、S・Rさんはクライアントの妊娠を心から願い、できるかぎり誠実な対応をするようにしている。また、S・Rさんはクライアントの動向に大きな影響を受けている。たとえば精子提供後、妊娠できなかったという報告を受け取れば申し訳ない気持ちになる。クライアントが妊娠したと聞いて、順調な経過をたどるよう神社を参拝したこともある。また、クライアントが流産してしまったと聞き、大きなショックを受け、落ち込んだこともあった。そのため、「どちらかというと教えられない／教えたくない」と考えているのである。

今後、医療機関や信頼できる機関が精子ドナーを募集したとしても、応募する気持ちはない。なぜなら、すでに個人で精子提供活動をしているからである。また、現時点で、自分自身の年齢が高くなってきていることも要因である。なお、医療機関が精子ドナー応募の窓口を広げることは、すぐにでも可能なのではないかと考えているが、医療機関外の精子バンクの立ち上げには長期間を要するだろうと考えている。つまり、医療機関外の精子バンクが立ち上がるころ、自分自身の年齢はさらに高くなっていると考えられる。これも、応募するつもりがない一因である。

自分の精子提供で生まれた子どもとの面会については、子ども側から連絡があれば状況に応じて対応するものの、どんな状況であっても自分から連絡するつもりはない。子どもの連絡先が開示され、相手が会いたいと望んでいる場合であっても「機会があれば会いたいが連絡はしない」。連絡先が開示され、相手が会いたいと思っているかわからない場合、相手が会いたいとは思っていないことがわかっている場合は、ともに「機会があれば会いたいが連絡はしない」。あくまでも、子ども側の意志を尊重する姿勢である。将来、子どもがクライアントを通さずに連絡してきた場合、まずはクライアントを通して連絡しなおすよう促すつもりである。ただ、その後のやりとりのなかで「信頼関係ができた」と感じられれば、子どもとの一対一の連絡にも応じる準備はある。なお、もしクライアントが幼少期から子どもに真実告知をしていた場合であれば、現状のように、精子ドナーの法的位置が不明であるままであったとしても、面会してもよいと考えている。幼少期から告知されていれば、トラブルになる可能性は低いのではないかと考えているからである。クライアントが子どもに告知をせず、子どもが思いがけないタイミングで真実を知ってしまった場合は、慎重な対応をしたいと考えている。なぜなら、子どもには、真実を隠されていたことへの怒りや、親に裏切られたという感情がわくと考えるからである。親子間の信頼関係が崩壊する可能性もある。親子間の信頼関係の崩壊によって引き起こされた怒りが、自分に向けられる可能性もあるだろう。そう考えると、基本的には会わないでいたいと思うのである。とはいえ、子どもから面会希望などがあれば完全に断ることはしたくないという思いもある。その出自ゆえのアイデンティティ崩壊が子どもに起きる可能性が否定できないと考えられるうえ、子どもが精子ドナー探しに時間を費やす可能性があることを考えれば、むげにはできないと思うのである。とはいえ、突然面会するのではなく、まずはメールや電話などのやりとりを行い、徐々に信頼関係を築いていけたらいいと考えている。

筆　者：「大人になってお会いしたいのであれば会うことは可能」とのことですが、これはやはり「認知や養育費の請求などでトラブルにならないと判断でき」る状況になっていたら、のお話でしょうか？　それとも、現状のように、精子提供者と生まれてくるお子さんとの間の関係が、きちんと法で整備されていないなかでも、「大人になって会いたい」と言われれば、その希望に応じるつもりでいらっしゃいますか？

S・Rさん：告知しているか、していないかで対応は変わります。幼い頃から告知しているのであれば、今のように法整備が整っていない状況であっても会うことは可能です。それは幼い頃から事実を知らされている場合はトラブルになる可能性が低いと私自身が感じているからです。告知していない場合は対応が変わります。幼い頃から告知していなかったのに、何らかのきっかけで大きくなってから突然知るというのは酷なことです。それにより親に重大なことを隠されていたという怒り、裏切られたことによる親子の信頼関係の崩壊が起こると思います。そしてその怒りがドナーに向くこともあると考えています。だから告知していなかった場合は基本的に会いません。ただ、精子ドナー探しに人生の時間を費やしたり、自身のアイデンティティが崩壊して人生に立ち止まってしまう人のことを思うと、完全に断ることもしたくありません。だからそういう方とは、はじめはメールや電話などのやり取りから徐々に信頼関係を築いていけたらいいと考えています。

クライアントからよく聞かれることは二つある。ひとつは、趣味嗜好である。もうひとつは、今後S・Rさんが結婚した場合、精子ドナーであったことを妻に話すのかどうか、ということである。スポーツ歴を聞かれたことはないが、趣味や学生時代の部活動の話をしたことはある。

個人の精子ドナーの急増には、メディアの報道が大きく影響していると考えている。S・Rさん自身、NHKの「クローズアップ現代+」を見て精子提供のことを知った。このところ、各種メディア報道を見て、精子ドナーになろうと考える人が増えているのではないかと考えている。ただ、精子ドナーになる動機は人それぞれではないかと思っている。たとえば、自分の遺伝子を残したいから――自分の容姿や能力に自信があるから遺伝子を残したいと思う人、妻が子どもを生めないけれど遺伝子を残したいと思う人、一生独身だが遺伝子を残したいと思う人など――ドナーになる人がいるのではないか。また、ボランティア精神からドナーになりたい人もいるのではないか。身近な人から精子提供を頼まれたことがある人や、精子提供を受けたいという人の気持ちに共感し、協力したいと考えてドナーになる人もいるのではないか。一方で、ただ性交渉をしたい人や、精子提供という行為に興味があるからドナーになってみたいという人もいるのではないか。これらはS・Rさんが各メディアで見聞きした情報である。

⑪〈精子ドナー〉D・Tさん（仮名）

近畿地方在住。男性。一九七〇年代生まれ。妻・実子あり。精子ドナーとなっていることは、妻には伝えている。ただ本人が覚えているかどうかの確証はない。実子には伝えておらず、今後伝える予定もない。

精子提供を始めたのは、「社会への恩返し」をしたいという気持ちからである。D・Tさんは、自分が大人になるまでに多くの人の世話を受けてきたと感じている。成人している今、自分が何か活動することができないかと考えた。D・Tさんは、いくつかの活動を検討した結果、精子提供をすることにした。精子提供活動は、「人生に関わるような悩み」を抱えている人が希望をもてるような活動だと思ったからである。精子提供そのものについては、三〇代半ば頃から知っていた。初めて精子提供をしたのは二〇一四年六月頃である。これまでに精子を提供したクライアントの数は二八名、うち妊娠を確認したのは七名、D・Tさんの精子提供で生まれたと考えられる子どもの数は八名である。また、研究協力時点で妊娠している人が一名いる。ただ、妊娠・出産報告を必須としてはいないため、これらが正確な数であるかどうかはわからない。

自分の精子提供で生まれた子どもたちの近親婚対策は、いずれ必要であるとは考えつつも、現時点では特に講じていない。D・Tさんの精子提供で生まれる子どもの数の上限を六名ほどに制限しようと考えたこともあった。しかし、複数のクライアントから音信不通にされ、出生者数を正確に把握することは困難なのではないかと思っている。また、近親婚のリスクに関するエビデンスをD・Tさん自身は完全には承知していない。そのため、まだ具体的な制限を設ける時期にはなっていないと考えているのである。

精子の提供方法はシリンジ法のみで、タイミング法には応じていない。人工授精のために医療機関へ持ち込みたいという希望には対応している。医療機関への持ち込みを希望するクライアントは、これまでの依頼数の四分の一程度である。また、二〇代のクライアントから医療機関への持ち込みを希望されたことはない。

クライアントからの依頼を断ることもある。たとえば、応じていないと明示しているにもかかわらずタイミング法や郵送での精子提供を求めてくる人からの依頼を断ったことがある。また、個人情報の開示を求めるクライアントからの依頼や、パートナーの承諾を得ていないクライアントからの依頼も断っている。未成年で、保護者の同意を得ていないクライアントからの依頼や、責任をもって子育てをするということができないと考えられるクライアントからの依頼も断っている。D・Tさんの居住地と離れた場所からの依頼で、精子提供時に必要となる経費（交通費）を考慮せずに申し込んできたクライアントからの依頼を断ったこともあった。

D・Tさんが現時点で開示できるのは、個人の特定につながらない情報と、精子提供を行うにあたって必要であった情報（連絡先など）、クライアントとの面談時に話した内容のみである。自分の精子提供で生まれてきた子どもの認知や養育費の請求には応じない姿勢である。もしも認知や養育費の支払い義務が発生してしまうと、D・Tさんの家族に混乱が生じるからである。D・Tさん自身が死亡した際の相続問題が複雑化する可能性も危惧している。そのため、個人の特定につながる情報を開示することはできないと考えている。ただ、今後、精子提供に関する法の整備が進んだならば、開示できるようになるかもしれない。また、Ｄ・Ｔさんにはクライアントや子どもの「幸せ」を願う気持ちがあるため、状況次第で対応を変える可能性もある。たとえば、クライアントが、Ｄ・Ｔさんの精子提供で生まれた子どもを養育できない状況に陥った場合は、「子どもの幸せを考えて」、認知や養育費に関する対応を変えるかもしれない。

ルーツを知りたいと思う気持ちは、多くの人がもつものだと思っている。Ｄ・Ｔさん自身、関心をもっている。そのため、クライアントに伝えた情報は、すべて子どもにも伝えてもらって構わないと考えている。ただ、クライアントに子どもに真実告知をする義務があるとは思っていない。真実告知の強制もしていない。クライアント（養育者）自身が、子どもに真実告知をするか否かを判断すればよいと考えている。したがって、子どもが実際に告知を受けられるかどうか、Ｄ・Ｔさんの情報をどこまで知ることができるのかは、クライアント次第である。また、そんなＤ・Ｔさんの自己情報の開示状況とその意識は次のとおりである。

名前は、個人特定に直結するため「開示していない――絶対に教えられない／教えたくない」。容姿や声や話し方は、面談の際にクライアントにはわかってしまうものの、子どもに対しては「開示していない――絶対に教えられない／教えたくない」。写真の譲渡にも応じていない。また、肉声を残すことがないよう注意を払っている。ただ、クライアントが主観で伝えることは致し方ないと考えている。

身体的特徴や医学的情報は「開示している」。これは、クライアントのためである。ウェブページ上にも公開している。身長、体重、血液型、体質、花粉症の有無、家族歴などである。これもクライアント経由で子どもに伝わる可能性があることは承知している。

趣味嗜好や性格・気性、また、信仰や墓の場所については「開示していない――絶対に教えられない／教えたくない」。いずれも精子提供に関係がないと考えているからである。精子提供で生まれてくる子どもに対して開示するかどうかを考えたこともない。ただ、ウェブページ上には非喫煙者であることを記載している。信仰については、社会通念上の礼儀として宗教行事に参加することはあるものの、それはあくまでも主催者の「心が休まることを願って」、礼儀として参加しているだけである。D・Tさんが信じているのは科学のみである。

職業・職歴も「開示していない――絶対に教えられない／教えたくない」。個人特定の手がかりになると考えているからである。出身地や現居住地も同様の理由から「開示していない――絶対に教えられない／教えたくない」。ただし簡単な経歴をウェブページ上に記載している。

D・Tさんの両親などさらに上の世代に関しては「開示している」。先天性の疾患を有するか否かといった情報についてのみである。なお、これについては以前問い合わせを受けたことがあった。

精子提供を行うまでの人生は、一部「開示している」。精子提供後の人生については、「開示していない――絶対に教えられない／教えたくない」。自分の精子提供で生まれた子どもに対して、自らこれらをわざわざ伝えるつもりはない。

自分の精子提供で生まれた人への現在の思いや、精子提供時の気持ちは「開示していない――機会があれば教えてもよい」。個人特定がなされないという保障があるのであれば教えてもよいと考えている。どのような思いを抱いているのかを子どもに知ってもらうことは、悪いことではないと考えているからである。なお、自分の精子提供で生まれた人への現在の気持ちは次のとおりである――「幸せになって生きていってほしい。本来なら生まれる可能性すらなかった訳だから、あなたは非常に運が強い人です。あなたを生んでくれたお母さんも、あなたのために社会の壁と戦った勇気のある人です。どうか、自分が願って生まれてきた人であることを忘れず幸せになってください」。精子提供時の気持ちは、次のとおりである――「提供を行うときは、ただひたすらに時間通りに射精して容器にいれてお渡しするだけで精一杯でした。できるだけフレッシュな状態でお渡しできる様に努めていました」。

精子提供を行った経緯や、提供時の状況は「開示していない――機会があれば教えてもよい」[30]。自分から、自分の精子提供で生まれた子どもに積極的に教えることはないが、これらはクライアントには伝えていることである。そのため、クライアント経由で子どもが知ることを承知している。

今後、医療機関や、信用できる機関が精子ドナーを募集したとしても、応募しないだろうと考えている。それは、これまでの経験から、精子提供を求める女性のおかれている状況や、彼女たちのもつ希望が千差万別であることを知っているからである。もし医療機関や、信用できる機関が精子ドナーを募集し、精子バンクのような役割を担ったとしても、さまざまな背景や希望をもつ女性たちのそれぞれの気持ちに寄り添った活動をすることができるのか、D・Tさんは疑問を抱いている。

将来、クライアントを介さず、自分の精子提供で生まれた子どもから直接連絡を受けた場合については、子どもが成人していれば返答できるというスタンスである。相互に匿名であることが保障されるのであれば、面会もやぶさかではない。ただ、子どもには、まずはクライアント――すなわち子どもの母親――と相談することを勧めたい。また、子どもが未成年の場合は必ずクライアントに許可をとるよう説得するつもりである。

自分の精子提供で生まれた子どもの連絡先を開示され、子どもが面会を望んでいるとわかっている場合、「機会があれば会いたいが連絡はしない」。会いたいが、会うことはD・Tさんの周囲にも混乱を生じさせる可能性があると考えているため、自ら連絡はしないつもりである。また、子どもが面会を望んでいるかどうかわからない場合も同様である。子どもが面会を望んでいないことがわかっている場合は「全く会いたいと思わないので連絡しない」。D・Tさんは、この件にかかわらず、相手が嫌がることはできるだけ避けるようにしているからである。なお、もしも精子ドナーの位置づけが法で定められるなどして、養育権や相続に関する責任を負わないことがはっきりすれば、生物学的な父親として、自分の精子提供で生まれた子どもとより深い交流を――個人情報をも明かしたうえで――行う可能性もあるかもしれないと考えている。

クライアントからよく聞かれるのは、D・Tさんの外見上の特徴（まぶたが二重かどうか）、血液型、精子提供に要する費用のことである。血液型に関する質問は、パートナーがいるクライアントからが多い。シングルの女性は、血液型をあまり気にしないという印象をもっている。性感染症検査の結果も聞かれることが少なくないが、外見上の特徴や血液型より頻度は低い。スポーツ歴も聞かれることもある。これは生活習慣病予防の観点からの質問のようである。

D・Tさんのような個人の精子ドナーは増加傾向にあるとみている。特に各種メディアによる報道がなされた後には、精子ドナーおよびクライアントが増えるように感じているが、報道だけがその増加の理由ではないように思っている。たとえば、精子ドナーを志望する男性には、多かれ少なかれ自分の遺伝子を残したいという「本能」があるのではないか、この少子化時代において精子ドナーとなることは、「自分の遺伝子を遺せる貴重な機会」と捉えられているのではないか——D・Tさんは、このように感じている。なお、D・Tさんのもとには精子ドナー希望者から連絡がくることがあるが、自分自身が「妊活」をしている人からの連絡はない。既婚者から連絡がくることもあるが、皆、自身の「妊活」を終えてからの連絡である。

AIDをとりまく昨今の状況については、「あまりに進み具合が遅い」と感じている。女性には出産適齢期がある。それを政治家は重く捉えるべきであると言いたい。また、提供精子で生まれてきた子どもたちには、「生まれることが出来ただけで、すごいこと」だと伝えたいと思っている。

――生まれることが出来ただけで、すごいことです。世の中にはそれすらかなわなかった人が沢山いらっしゃいます。どうか、前向きにとらえて素敵な人生にしてほしいと思います。それこそが、ドナーとしての一番の願いです。誰の子なのかが重要ではなく、誰と育ち、誰と人生を歩むかが一番大切です。皆さんは、幸せになるために生まれてきたのであり、それ以外の何者でもありません。

⑫〈精子ドナー〉和人さん（仮名）

東京都在住。男性。一九九〇年代生まれ。妻・実子あり。妻やそのほかの親族、同僚、友人などに、精子提供活動を行っていることを伝えている。実子はまだ幼いため、まだ伝えていないが、いずれ和人さんが精子ドナーとなっていること、また、異母きょうだいが複数名存在することを伝える予定である。

和人さんは元来子どもが好きであり、子どもと関わる職業に従事していた。仕事に不満はなく、充実した日々を送っていた。ただ、多忙であった。自分自身の子どもは、経済的に安定してからもうけようと考えていたが、多忙な生活を送るなかで、その人生計画を実現させることができるのかどうか不安を抱くようになった。また、和人さんには、人の役に立つことをしたい、子どもを助けることをしたいという気持ちがあった。そこで二〇一五年八月頃からウェブページとブログを作成し、精子提供活動を始めた。ウェブページとブログを作成した後、ＳＮＳのアカウントも作成した。なお、精子提供という行為については映画などから知識を得ていた。

ウェブページやブログを作成してすぐに精子提供の依頼を受けた。和人さんは、その理由は次の二点なのではないかと考えている。ひとつは、和人さんの当時の年齢が若かったことである。当時、ウェブ上で検索して出てくる精子ドナーのほとんどは四〇代、五〇代であったなか[31]、和人さんは当時まだ二〇代であった。もうひとつは、和人さんの血液型である。和人さんは、O型であったことが、早期に依頼を受けた理由のひとつだと考えている[32]。

これまでに精子を提供したクライアントの数は六〇から七〇名、これまでに和人さんの精子提供で生まれた子どもの数は四六名である。クライアントからは自分の精子提供で妊娠したのかどうか、また、出産したのかどうかを必ず報告してもらうようにしている。また、自分の精子提供で生まれた子どもの生年月日、体重、性別をリスト化することで、近親婚対策をとっている。

精子の提供方法は、シリンジ法のみで、タイミング法には応じていない。人工授精のために医療機関へ持ち込みたいという希望にも応じている。シリンジ法と医療機関への持ち込みとの割合は、八：二または七：三ほどである。また、今後もし医療機関や、信用できる機関が精子ドナーを募集したとしたら、応募したいと考えている。

精子提供の依頼を断ることはほとんどない。できるだけすべてのクライアントの力になりたいという思いがあるからである。ただし、今後もし四六歳以上の人から連絡を受けた場合[33]は、母体への負担や、妊娠確率のことを考え、断ろうと考えている。

和人さんは、子どもが精子ドナーのことを知りたいと思うのは「当然」のことだと考えている。そのため、子どもの出自を知る権利を保障したいと考えている。原則として自分が「教えられない情報」もない。顔を隠さずメディア出演することもある。もしもクライアントと信頼関係が築けた場合には、本名や住所すら伝えても構わないと思っている。ただし、本名や住所については、精子ドナーの立場が法で明確化されていない以上、広く公開しないように気をつけている。メディアへの出演する際も、顔は隠さないものの、仮名を使っている。本名や住所を無防備に開示してしまえば、養育費の請求を受けたり、他者から攻撃を受けたりするリスクが生じると思っているからである。とはいえ、これらのリスクが現実のものとなり、養育費などを請求され、自分が困窮することになったとしても「特に問題はないのかな」という気持ちもある。自分は最低限度の生活ができればいいと思っているからである。なお、リスクがあることを承知しながらも精子提供活動を続けているのは、「感謝してくれる人」がいるからである。

また、和人さんは、可能なかぎり、子どもが幼いころから真実告知をしてほしいとクライアントに伝えている。真実告知は重要なものだと思っているからである。真実告知を渋るクライアントには、告知を強制することはできないと思いながらも、説得を試みることさえある。

このような考えから、和人さんは、多くの情報を開示している。たとえば、ウェブページ上では、容姿や身体的特徴（身長、体重、歯並び、毛髪の特徴）、血液型、趣味嗜好、声の特徴、医学的情報（性感染症の検査結果、精液検査の検査結果、遺伝性疾患の有無）、学歴などについて記載している。そのほか、アンケートにて尋ねた項目も、ほとんど開示している。多くの情報を開示しているのは、出自を知る権利を保障したいと考えているほか、開示する情報が多ければ多いほど、クライアントが精子ドナーを選択しやすくなると考えているからである。

名前は「開示していない――機会があれば教えてもよい」。前述したように、和人さんが開示できない情報は、基本的にはない。ただ、現行法で精子ドナーの立場が明確化されておらず、養育費などの請求を受ける可能性がゼロではないために、自分の身を守る手段として、名前を明かさずに活動している。ただ、クライアントから「どうしても知りたい」と言われた場合には、クライアントも個人情報を開示するという条件つきで応じている。

容姿は「開示している」。ウェブページを開設した当初は開示していなかったが、親族、友人、職場の同僚などに精子提供活動をしていることを明かしたあと、ウェブページ上でも容姿についての記載をするようになった。自分の容姿を――和人さんはウェブページ上で「ビジュアル　かなり良い方だと思います」と記している――開示することで、精子ドナーのイメージ向上を図りたいと考えている。また、精子ドナーへの理解が深まることや、精子提供で生まれてくる人が「恥ずかしいことで生まれてきたわけではない」という気持ちを抱けるようになることを期待している。自分の写真を譲渡してほしいと言われれば、応じている。自分の精子提供で生まれた子どもの写真を受け取ることもある。写真を受け取るタイミングは、子どもが生まれた直後、あるいは歩くようになってからなど、それぞれである。一度きりではなく継続的に写真を受け取ることもある。

声や話し方も「開示している」。メディアでの報道を通して、あるいは面談によって、クライアントはこれらを知ることができる。また、ウェブページ上に声の特徴を記載している。身体的特徴、医学的情報や、趣味嗜好も「開示している」。性格、気性、職業・職歴も「開示している」。たとえば、ウェブページ上には、身長、体重、歯並び、毛髪の特徴、血液型、趣味嗜好、声の特徴、性感染症の検査結果、精液検査の検査結果、遺伝性疾患の有無、学歴などについて記載している。非喫煙者であることや、アルコールには強いものの飲酒はほとんどしないということも記している。これらを開示することで、クライアントが精子ドナーを選びやすくなると考えている。また、身体的情報などは、クライアントが精子ドナーを選ぶ際に必要とする最低限の情報だと思っている。さらに、これらをクライアントが知ることができるという点こそ、医療機関でのＡＩＤにはない利点であると考えている。

信仰も「開示している」。ただ、これまでに質問を受けたことはない。なお、和人さん自身には特別な信仰心はないが、「母体信仰」のようなもの――「出産こそ正義」という思い――はあるかもしれないと思っている。

出身地や現居住地は、都道府県まで「開示している」[34]。これもまた、特に隠す必要があるとは思っていない。また、出身地を開示すれば、精子ドナーの生い立ちをイメージしやすくなるのではないか、現居住地を開示すれば、クライアントが精子提供を受ける際に役立つのではないかと考えている。ただ、特定されることを避けるため、いずれも都道府県までの開示にとどめている。

和人さんの両親などさらに上の世代についても「開示している」。特に和人さんは「自慢の曽祖父」のことを知ってもらうことで、自分の印象もよくなるのではないかと思い、開示している。墓の場所は「開示していない——機会があれば教えてもよい」。隠しているわけではないが、質問されたことがない。また、自分自身も他家の墓の場所を気にしていない。そのため開示していない。ただ、特に隠しているわけではないため、質問されれば開示することは可能である。

精子ドナーとなるまでの人生、精子ドナーとなってからの人生に関して「開示している」のも、情報が多ければ多いほど、クライアントが精子ドナーを選びやすくなるとの思いからである。

自分の精子提供で生まれてきた子どもへの現在の思いは、自分の人間性を知ってもらいたいとの考えから「開示している」。ただ、育ての親こそが「その子の親」であるとの考えから、自分は子どもに対して何かを「意見する」立場にはないと思っている。精子提供を行った経緯も「開示している」。質問されることが多いからである。精子提供時の状況は、安心感をもってもらいたいとの思いから、具体的に「開示している」。精子提供時の気持ちについては、活動初期は日記に記していた。これについても開示してはいるものの、クライアントが知りたいと考えているものではないように感じているため、積極的に伝えてはいない。

自分の精子提供で生まれた子どもには、どのような場合であっても自分からは連絡しない姿勢である。

なぜなら、和人さんは、自ら進んでクライアント家族に介入することを失礼だと考えているからである。連絡先を開示され、自分の精子提供で生まれた子どもが会いたいと望んでいることがわかっている場合でも「とても会いたいが連絡はしない」。和人さんの連絡先は伝えてあるうえ、現時点ではウェブページ上でも公開している。そのため、もしも本当に和人さんに会いたいと思うのならば、自分から連絡をしてほしいという気持ちがある。ただ、精子ドナーの情報をもたず、精子ドナーのことを探している子どもがいて、その子どもが自分の提供によって生まれた子どもだという確信をもった場合には、自ら連絡をとるだろうと考えている。子どもが会いたいと望んでいるかわからない場合、会いたいとは思っていないことがわかっている場合も「とても会いたいが連絡はしない」。自ら積極的に介入しないという姿勢は崩さない。子どもやその家族の意見を尊重したいと考えている。

将来、和人さんの精子提供で生まれた子どもがクライアントを介さずに連絡してきた場合には、まずは対応したいと考えている。ただ、子どもが一八歳以下である場合には、できるだけクライアントなど保護者の理解を得ていてほしいと考えている。そして、クライアントなど保護者が「置いてきぼりにならないような」配慮や、子どもが「冷たくあしらわれた」と感じないような配慮をしていきたいと考えている。

クライアントからよく聞かれることは、精子提供を始めた動機である。また、医療機関にかかる際の予約の方法も聞かれることがある。出自を知る権利への考え方——将来子どもが和人さんと会うことができるか否か——や、和人さんの精子提供で第一子を授かった場合、第二子、第三子のために再度精子提供を受けることができるのかといった問い合わせも多い。ただ、何も聞いてこないクライアントも少なくない。その理由は、ブログを見たり、メディアでの発言などを知ったりしたうえで依頼してくる人が多いからではないか、言い換えれば、和人さんに連絡をする時点で、精子ドナー選びを終えているからなのではないかと推測している。スポーツ歴についての質問は、受けたことがない。告知への意識や医療機関の受診の仕方は、面談時に伝えるようにしている。

個人精子ドナーの数については、増加している印象をもっている。とりわけ、SNSアカウントやマッチングサイトで精子提供を行おうとしている人は大幅に増加しているように思っている。和人さんは、これら急増している精子ドナーのなかには「カジュアルな提供者」——性交渉で提供するなど、「ついでにうまい思いをしようみたいな」人——が多いのではないかとの疑念を抱いている。このような状況のなか、クライアントは、クライアント自身で知識をつけ、適切な精子ドナーを選んでほしいという思いがある。「カジュアルな提供者」は、精子ドナーの数が増えれば増えるほど、「淘汰」されていくのではないかと思っている。

和人さんは、AIDに関する法の整備を進めてほしいと考えている。また、精子ドナーへの社会の認識が変化してほしいと思っている。現状、精子提供のことを「恥ずかしいこと」、あるいは「私利私欲ではないか」と捉える人が多いのではないかと感じているからである。このままでは、子どもが出自を知る権利を行使したいと考えたとしても、「ドナー側の心のブレーキ」がかかってしまうのではないか。

また、精子提供のことを「恥ずかしいこと」、「私利私欲」と捉えがちな社会の認識のせいで、精子提供活動に踏み出せない人もいるのではないか。また、精子提供で生まれた人がのびのびと成長し、高い自己肯定感のもとに生きてくためにも、精子ドナーへの社会的なまなざしが変わってほしい。不要な差別にさらされることもなくなってほしい。そのためには、周囲の人のモラルや、意識が上がっていく必要があるのではないか——このように考えている。

——何ていいますか、（精子提供について）なんかこう恥ずかしいことみたいな認識があるせいで、ドナーの側の心のブレーキがかかってしまったりとか、その活動に踏み出せないって方もいらっしゃるのかなと思うところもあります。あと、実際にその生まれた子どもが、自己肯定感を（もって）、何ていいますかね、傷つくことなく、伸び伸びと成長できるためにも、（精子）提供、ＡＩＤによる子どもとして生まれるだとか、そういったことが恥ずかしくないというか、全然その、何ていいますかね、マイノリティーではあるのかもしれないですけれども、そうですね、不要な差別にさらされないでほしいなっていうか、そういった、周りの人間のモラルというか、意識みたいなものもすごく高まるのが必要なんじゃないかなと思います。

和人さんは、「育ての親こそが本当の親」であると考えているものの、自分の精子提供で生まれる子どものことを大切に思っているのだということをクライアントに伝えたいと思っている。また、子どもの育ちには家庭環境が重要であると考えている。生まれてくる子どもには、精子ドナーに感謝などしなくてよいので、仲睦まじい両親のもと、すこやかに、幸せに育ってほしいと思っている。

——本当に仲むつまじい夫婦のもとで育っていう、その、心の充足感みたいな、そういうのをすごく大事にしてほしいなとは思いますけど、その、そうですね。（これは）あくまでドナーの一（いち）考えなので、家族のそれぞれの方針があるとは思う。あと、よくあるのが、提供を受けた人とかが、養子縁組でもそうなんですけど、ドナーの人には感謝しなきゃ駄目よみたいな話をされる方とかもいるとは思うんですけど、べつにそこは感謝しなくてもいいなとは思います。別段、個人で出自を選べるわけではないので、そこでなんか恩着せがましく感謝しろなんて全く思ってないですし、単純に生まれたという、その命を大事にしてほしいというか。本当に、温かい家庭があって、生きているということ、それが本当に価値があることだというか、とりあえず飯が食えて温かい親もいて、なんかそれ以上に、その、何ていうんですかね、何が必要なんだじゃないですけど、うん、何ていうか、とにかく、何ていうんですかね。感謝なんかしなくていいので、幸せに生きろみたいな、そういうことですかね。

＊

——それからあと、あの、一つ私からもちょっと、そういえば話してなかったなみたいなところもあって。

告知に関してなんですけど、よく私がこうしたほうがいいですよみたいなアドバイスをしているなかで、その、何ていいますかね、気を付けてほしいみたいなことがある、一つのこととして、なんかほら、告知の本にも書いてあったんですけど、早く告知をするということもそうですけど、その、私、提供者を呼ぶときに、遺伝上の父親だとか、本当の父親みたいな言葉を使わないでくださいって話はしていて。まず、本当の父親っていう言葉自体が、要するに私は本当の父親ではないので、育ての親こそが本当の父親だと私は思っているので、違うのかなってていうふうには思っている。で、子どもも混乱するというか、お父さんもすごい寂しい思いをしてしまうので、それは使わなくていいというか、使う必要がないというか、使わないでくださいということを言っているということ。あと、遺伝上の父親っていう言葉、たとえば遺伝という言葉も小さい子どもには難しいですし、さらには父親っていう言葉、本当になんか、「お父さんが二人いるの」みたいな混乱をする子どもとかもいるっていうのは言われていて、やっぱり育ての親こそが本当の父親で、その父親は育ての親でしかないので、なんかその、何ていいますか、遺伝上の父親っていうこと、父親が付くっていうのも遺伝上という言葉も難しいし、父親で混乱、二人いて混乱する。よくないので、なんかその、どちらかというと「子どもの素をくれた人」とか、そういった表現にすることで、その、何ていいますかね、混乱しないでその、向き合えるというか。

子どもの自己肯定感についてもこう語ってくれた。

——まさしくその、自分を肯定する気持ち、自己肯定感を高めてほしいっていうか、そういうだけなので、本当にそうですよ。そこでよく言われるのは、不妊治療をした、ご経験されたご夫婦の方とかでも、「あなたを生むの本当に大変でね、しくしく」みたいな話をすると、子どもはすごい、「あ、僕って生まれてきちゃいけなかったんだ」みたいに考えちゃうこともあるみたいなので、そういう形じゃなくて、「本当に生まれてきてくれて最高、イエー！」みたいな強い親っていうか、子どもにその、悩みを相談するみたいなのはある程度大きくなってからでよくて。

＊筆者注：このインタビュー後、和人さんは精子ドナー活動の引退をインターネット上で発表し、その後まもなくウェブサイトを閉鎖した。ブログは残されているがパスワードがかけられており、関係者以外が閲覧することはできない。なお、「和人さん」という名前およびブログＵＲＬの掲載に関しては、二〇二三年二月時点で本人の許可を得ていることをここに記す。

⑬〈精子ドナー〉Ｋ・Ｉさん（仮名）

関東地方在住。男性。一九八〇年代生まれ。妻・実子なし。

Ｋ・Ｉさんは以前、知人からの紹介で、医療機関のＡＩＤのため精子提供を二年ほど行っていた。そのときは、自分の精子提供で子どもが生まれたのかどうかを含めて、提供後のことについては一切知らされなかった。

その後二〇一八年頃、ＳＮＳ上で個人での精子提供活動を始めた。友人の女性同士のカップルから精子提供を依頼されたことがきっかけであった。これまでに精子を提供したクライアントは三〇名ほどで、これまでにＫ・Ｉさんの精子提供で生まれたと考えられる子どもは二十数名である。ただ、妊娠・出産報告を必須としていないため、正確な数はわからない。

精子の提供方法はシリンジ法、タイミング法、クライアントの希望に応じてどちらにも対応している。人工授精のために医療機関へ持ち込みたいという希望にも応じている。シリンジ法とタイミング法の希望割合は、七：三ほどでシリンジ法が多い。シリンジ法で精子提供を受けた後、タイミング法での提供に変更したクライアントも少なくない。医療機関への持ち込み依頼はこれまで複数回である。また、Ｋ・Ｉさんの精子提供で第一子を授かったクライアントが第二子のために再び精子提供を依頼し、その希望にも応じたことがある。

Ｋ・Ｉさんは、自分の精子提供で生まれた子どもの人数の上限をもうけている。具体的には、近い地域での出生数の上限を一〇名程度、全体での出生数の上限を五〇名程度としている。近親婚対策である。クライアントからの依頼を断る条件などは設定していない。ただ、クライアントの経済的な状況があまりによくないと思い、依頼を断ったことがある。また、クライアントと「信頼関係」を築けるかどうかがわからないと思い、依頼を断ったこともある。

K・Iさんは、個人特定につながりうる情報は伝えられないと考えている。認知や扶養を求められたら困ると考えているほか、まだ精子提供が「一般的」とはいえない社会のなかで、自分が精子提供を行っていることを周囲に知られたくないと思っているからである。また、K・Iさんの個人情報を開示することは、相手にも負担が生じるのではないかとも考えている。そのため、個人特定につながりうる情報は開示しないほうがよいと考えているのである。

名前は「開示していない――どちらかというと教えられない／教えたくない」。個人の特定に直結するからである。容姿や声や話し方、趣味嗜好は「開示していない――機会があれば教えてもよい」。K・Iさんは、クライアントとまずオンライン上で連絡をとり、信頼できると判断できた場合に面談を行っている。また、面談することなしに精子を提供することはない。そのため、クライアントは容姿、声や話し方については、わかることになっている。写真の譲渡にも応じている。

身体的特徴や医学的な情報、自分よりも上の世代についての情報は「開示している」。ウェブページ上では、身長、体重、目の特徴、血液型を公開している。なお、医学的な情報については自ら伝えるようにしているが、そのほかのことについては質問されれば答えるといった姿勢でいる。

性格・気性も「開示している」。ウェブページ上にも簡単に記載している。職業・職歴も「開示している」[35]。面談時に、個人特定に至らない範囲で業種などを「ざっくり」と伝えている。

墓の場所については「開示していない――機会があれば教えてもよい」。ただ、これまでに聞かれたことはない。開示してもよいとは言いつつも、今後聞かれたとしても、伝えないだろうと考えている。

信仰については、特に何かを熱心に信仰しているわけではないということを「開示している」。なお、K・Iさんは社会的に必要な宗教儀式に参加する程度であり、嫌悪感などをもっているわけでもない。

出身地は都道府県まで、現居住地は区町村まで「開示している」。自分の両親などさらに上の世代についても「開示している」。

精子ドナーとなるまでの人生について、また、精子ドナーとなってからの人生についても「開示している」。K・Iさんの精子提供で生まれた人への現在の思いは、「開示していない――機会があれば教えてもよい」。これは開示してもよいと考えているものの、一方的に伝えることはしない、すなわち相手から求められないかぎりは伝えない姿勢である。精子提供を行った経緯や、精子提供時の状況は「開示している」。精子提供時の気持ちも「開示している」。

今後、かつて精子提供をしていたところ以外の医療機関や、他の信頼できる機関が精子ドナーを募集したとしたら、応募するだろうと考えている。なぜなら、インターネットを介した精子提供よりも、そのほうが「安心」なのではないかと思うからである。現在、AIDを受けられる施設は少なく、精子ドナーの門戸も狭い。そのため、ウェブ上での精子に頼らざるを得ない人が存在している。しかし、これにはさまざまなリスクがある。そのため、もし医療機関や信用できる機関が精子ドナーを募集し、ＡＩＤを実施できるのだとすれば、それは現状よりもよいのではないかと考えている。

クライアントからよく聞かれることは、Ｋ・Ｉさんの性格がどのようなものであるかといったことである。性感染症などに関する検査結果や家族歴、アレルギーや遺伝的疾患の有無も聞かれることがある。スポーツ歴も聞かれることがあるが、これは頻繁ではない。

将来、自分の精子提供で生まれた子どもがクライアントを通さずに連絡してきた場合、応じる予定である。ただ、それはまだしばらく先のことだと考えており、状況次第で対応を変える可能性がある。また、自分の精子提供で生まれた子どもの連絡先を開示され、子どもが面会を望んでいるとわかっている場合は、「機会があれば会いたいのでとりあえず連絡する」。子どもが面会を望んでいるかどうかわからない場合や、相手が面会を望んでいないことがわかっている場合は「機会があれば会いたいが連絡はしない」。Ｋ・Ｉさん側から連絡することは、相手にとってプレッシャーを与えかねないため、連絡はしないというスタンスである。また、真実告知についてはクライアントにすべて任せている。

近年、個人の精子ドナーが増加している理由は、精子提供や精子ドナーの存在が社会的に認知されてきたことが大きいのではないかと考えている。Ｋ・Ｉさんは他の精子ドナーの動向に注意を払ってはいないが、クライアントとの面談の際、「他のドナーに連絡してみたが、まともな返事がこなかった」と言われることが多々ある。そのため、精子ドナーが本当に増えているとしても、誠実な対応をしているドナーは少ないのではないかと考えている。

K・Iさんは、精子提供が「一般的」になることを願っている。たとえば海外のように精子バンクなどが整備され、精子提供を求める人が、その望みをかなえられるようになってほしいと考えているのである。

(3) 参考：アクロスジャパン小川多鶴さん

本研究では、社会的養護の関係者、「こうのとりのゆりかご」の関係者、特定妊婦の支援者など、当事者と接する機会を多くもっている人も研究対象とした。今回、特別養子縁組支援団体アクロスジャパンの小川さんより、本研究に際して参考となる情報を聞くことができたので紹介する。

第1章「何を知りたいのか」でも述べたように、一般社団法人アクロスジャパンは、東京都に拠点をおく特別養子縁組支援団体である。妊娠・子育てに関する相談にも応じている。思いがけなく妊娠し、子どもを養子に出したいと考える人からの相談も受けている。インタビューは、アンケート用紙を見ながら、アクロスジャパンに相談する女性――思いがけない妊娠などの結果、子どもを特別養子に出したいと考えている女性――の心情がどのようなものなのか、各情報に関して「教えられない／教えたくない」あるいは「教えてもよい／教えたい」と考える傾向にあるのかを述べてもらった。なお、小川さんは、この仕事に携わって一五年（研究協力当時）になる女性である。一五年の間に、思いがけない妊娠に悩む女性からの相談を幾度となく受けている。その経験から――クライアントの意見が次々と変わる事例を多く見てきた——人の気持ちは変化していくものだと考えている。そのため、相談に乗る際には、その都度、クライアントの価値観や、社会情勢に応じたアプローチをするよう心がけている。たとえば、若いクライアントや若い養親相手に活動をする際は、ＬＩＮＥを使うことがある。この対応力と柔軟性で、「聞き取り上手」になれているように思っている。また、相談に乗り、さまざまな社会的資源を提供するものの、最終的な意思決定は本人に任せるという姿勢をとっている。養子縁組を前提に話を進めることも行わないようにしている。クライアントから丁寧に話を聞き、そのクライアントが自分のもとで子どもを育てる道も含め、さまざまな可能性を探っていくという方針をとっている。

小川さんによれば、アクロスジャパンに仮名や匿名で連絡をしてくる人の多くは、堕胎可能な時期にある女性である。また、アクロスジャパンのクライアントのうち、身元を明かすことを頑なに拒む人は多くはない。日本では、身元を明かさず子どもを養子に出したり、行政などからの支援を受けたりすることはできないため、必然的に名乗らざるを得なくなるケースが多いからである。とりわけ、堕胎可能な時期を過ぎ、切羽詰まっている状況で問い合わせてくるクライアントの場合は、「匿名とか考えている暇がない」ため、必要性を感じて身元を明かすという。名乗らないまま子どもを誰かに託したいとの相談に対しても、現行の養子縁組の仕組み上、匿名でいることが不可能であることを説明すれば、クライアントの多くは納得し、身元を明かすという。

アクロスジャパンはすべての活動を「子の福利のために」という視点で行っている。「子の福利のために」必要な情報を得るため、クライアントに対して詳細な聞き取りも行っている。たとえば身長、体重、身体的特徴、医学的情報、子どもの生物学的な父親のことなどを尋ねている。趣味嗜好、出身学科、将来の夢、好きな食べものや嫌いな食べものも聞いている。好きな色、嫌いな色も聞く。好きなスポーツ、嫌いなスポーツも聞く。これらは個人情報に直結していないせいか、嫌がらずに答えるクライアントがほとんどで、むしろ喜んで話すクライアントもいるという。また、性格、気性については「好きなところ」「嫌いなところ」をそれぞれ自己申告してもらうようにしている。

職業、職歴も質問している。場合によっては所得証明や、職業歴も提出してもらっている。ただ、それらの真偽を確かめることは難しい。たとえば、本人は「主婦」と言い張るも、実態は、主婦をしながら、週に数回、風俗産業のアルバイトをしているかもしれない。しかし本人の主訴が「主婦」であるならば、調書には「主婦」以外に書きようがない。クライアントの自己申告を信じるのみである。

信仰についても質問している。ただ、これについては「嫌だったら言わなくていい」とし、回答を必須としていない。なお、アクロスジャパンでは、養親となる条件のひとつに「養子に信仰を強要しないこと」を挙げている。

居住地についても聴取するが、それを子どもに教えてもよいかと尋ねると抵抗感を示す親が多いという。とりわけ子どもと別離することで「自分の気持ちを整理できる人」は、居所を教えたがらない傾向にあるそうだ[36]。一方で、手放すとはいえ子どもに執着のある人――たとえば不倫相手との間の子を養子に出した人――は、そうとは限らないように感じている。むしろ、子どもに自分の住所を教えたい、子どもにものを贈りたい、子どもと会いたい、子どもを見たい、このように考える人もいるようである。そのクライアントにとって養子に出したその子どもとは、「愛する男性の子ども」だからである。ちなみに、そうしたクライアントの場合、不倫関係が解消されると、子どもへの関心も急速に薄れる場合が多いような印象をもっている。

子どもにとっての祖父母に関する情報、すなわちクライアントの両親に関しても、質問するようにしている。クライアントの状況は、「家族問題」になっている場合も多々ある。たとえば、思いがけず妊娠した女性だけでなく、その両親も妊娠について思い悩み、「うちの子が妊娠したんですけど育てられないから」と言ってアクロスジャパンを親子で頼ってくるケースがある。

墓の場所については、小川さんはこれまでクライアントに尋ねたことがなかった。本インタビューをきっかけに、今後は聞いてみようと考えている。ただ、小川さん自身は、近年いわゆる「墓離れ」が顕著であるように感じており、クライアント自身が墓の場所を知らないケースもあるのではないかと考えている。

クライアントがどのような人生を過ごしてきたのか、すなわちクライアントの成育歴は特に詳しく聞き取り、レポートにしている。聞き取りの際には、クライアントが話したいように話せるような状況をつくるよう努めている。尋問や詰問にならないよう気をつけ、妊婦健診への付き添い時などに「中学校のときとかどういう感じだったの」といった具合で聞くこともある。

子どもへの思いは、あえて聞くことはしていないが、自ら話すクライアントが多い。手紙を書くクライアントもいる。小川さんは、それらすべてを養親に伝えるようにしている。たとえ酷と感じられる言葉であっても、小川さんは養親に伝えている。自分たちの判断で、それを隠すようなことはしない。クライアントが抱く子供への思いのなかには、否定的なもの――たとえば、「大嫌い」「うざいから連れて行ってください」「コンビニで渡していいですか」「(筆者注：子どもに)二度と会いたくないから、絶対に会いに来るなっていってください」――もあるが、これらを隠すことはしない。なお、どんなに子どもを疎んじているクライアントでも、最後は「ちゃんと顔を見て、はいって(筆者注：子どもを小川さんや養親に)渡してくる」ように小川さんは感じている。

クライアントが妊娠した経緯も、聞き取るようにしている。たいていのクライアントはこれに関する回答を拒まない。回答することによって支援を受けられるようになる場合が少なくないからである。ただ、若年妊娠の場合は、スムーズに聞き取りが進まないことがある。当初の主訴が真実と異なっていたとわかる場合もある。たとえば、クライアントが当初「乱暴された」と述べていたものの、実際はそうではなかった場合などがある。

子どもが生まれた状況についても詳しく聞いている。クライアントが病院ではなく自宅で出産していた場合には、クライアントを保護した救急隊から聴取するなどして、情報を集めている。さらに、クライアントが出産時にどのような思いを抱いたのかも聞くようにしている。これについては、当初は口を閉ざしつつも、出産直後、あるいは出産数日後になってから自ら話すクライアントは少なくない。また、それらの思いを子どもに「言わないで」と言ったクライアントはこれまでいなかったという。小川さんは、出産した女性には「魔法」[37]がかかると思っている。その魔法にかかっている間、「どんなぐうたらな人も結構ちゃんとする」うえ、「幸せオーラ」に包まれ「キラキラ」した人になると思っている。また、その「魔法」のなかでは「もう本当に、生んでよかったと思っているから、伝えてください」などと述べ、自分の思いを積極的に話すクライアントも多い。

子どもを手放すときの気持ちをあえて聞くようなことはしていない。つらい思いのなかで子どもを手放すクライアントがいるなかで、「今どんな気持ちですか」と聞くことなどできないからである。ただ、本人が自ら手紙を書いたり、思いを述べてきたりした場合は、それを必ず養親に渡したり、伝えたりするようにしている。近年は、手紙ではなくＬＩＮＥで思いをつづる親もいるという。そうした場合は――ＬＩＮＥで思いがつづられている場合は――、ＬＩＮＥで、それを養親に転送するようにしている。「昔の人にとらわれていたらダメ」「今の子たちはそうやって生きているんだから、そうやってやるべき」と思っているからである。そうしたメッセージを〝紙〟でもらっても「重い」、あるいは「なくしちゃう」と考えていた若い養親夫婦がいたという。受け取った手紙を写真に撮り、手紙そのものは捨てるという人もいたそうである。

——ＬＩＮＥとかだと、たとえばＬＩＮＥでできるやりとりできる養親さんに子どもが行くんだってなると、こうやって写メ撮ってくれます。で、渡します。はい。でもそれをなんか情報として残すとかね、重く言われちゃうと、え、うざいってなって、ちょっといいですってなる。だからやっぱりアプローチの方法、その技法ね、そのソーシャルワーク上の。そこをどうするかですよね、それのアプローチで大分変わるんじゃない、うちが聞きとりうまいっていうのはそれで、いいよＬＩＮＥでとか、あ、保険証写メで送ってくれる？　とか言っている。書類にご記入くださいとかだと、今の若い子絶対やらないです。そこだと思う。それによってこれも大分変わる、すべてが。

もしも子どもの連絡先と、子どもが会いたがっていることとが同時にわかったとした場合に、クライアントが自ら子どもに連絡するか否かについては、一概に言うことは難しいと感じている。それはクライアントの状況や心情は時期によって変動するものだからである。ただ、子どもの連絡先がわかったとしても、子どもが会いたいと思っているかわからない場合や、子どもが会いたいと思っていないことがわかっている場合に、あえて自ら連絡しようとするクライアントはいないのではないかと思っている。

小川さんが尋ねたときに、すべてのクライアントがすぐに答えてくれるわけではない。将来、子どもからコンタクトを受けてしまうのではないかと身構え、すぐに口を開かない人もいれば、「なぜそれを答えなければならないのか」と質問する人もいる。そのようなとき、小川さんは、それらを尋ねた理由を伝えるようにしている。子どもが育っていくうえで必要であるから、あるいは、その情報は子どもに有益であるから聞いている——具体的には、たとえば、親のアレルギーの有無に関する情報は、子どもの離乳食を進めていくにあたって有益だから聞いている——と告げるのである。そうすると、当初は回答しなかった女性であっても、口を開くことがあるという。また、クライアントが何かを渡したくないと主張し、その理由が「自分のため」であった場合には、「子の福利のために」それを渡すべきであることを説明している。説得ではなく、説明をする。たとえば、母子手帳を渡すことを拒む親には、母子手帳は子どもが小学校に入学する際にもっていくものであるため、親のものではなくて子どものものなのだとの旨を伝える。それでもなお、母子手帳を手元に置いておきたいというクライアントがいれば、母子手帳のコピーをとり、それを手元に置くことを勧める。そうするとたいていのクライアントは、納得し、母子手帳を手放すという。

写真については、子の福利のためといえども、強く求めないようにしている。クライアントが子どもに残すことを、あるいは渡すことを嫌がれば、それまでだという姿勢をとっている。嫌がるクライアントは少なくなく、子どもが将来欲しがるかもしれないと説明したとしても、渡したくないというクライアントがいる。その理由は、「自分がブスだから嫌」「（筆者注：子どもがそれを見て自分を判別し）子どもにたかられたらどうしようと思う」など、さまざまである。小川さんは、写真を渡したがらない理由は、クライアントそれぞれの成育歴が関わっていると考えている。また、これまで写真を残したクライアントはいても、動画を残したクライアントはいなかったという[38]。「子どもを他者に託す自分はダメなのではないか」という思いから、あえて動画を残したいと考える女性は少ないのではないか――小川さんは、動画を残したがらない理由をこのように推測している。

このように、小川さん、そしてアクロスジャパンは、子どもを他者に託すことを望む人から、できるだけ多くの子どもに関する情報を集め、養親に渡すようにしている。子どもの福利のため、子どもの権利を尊重するためである。ただ、注意すべきことは、それらの情報のほとんどは、クライアントの自己申告ということである。そのため、真偽のほどはわからない。また、養親が子どもにそれらの情報を渡すかどうかもわからない。子どもが出自を知る権利を行使できるかどうかは、クライアントと養親次第である。

2 まとめと考察

精子ドナー一三名からの回答、ならびに養子縁組支援団体関係者からの話（参考情報）をまとめ、考察を行った。考察を行う際、回答のうち、「開示している」、「開示していない――ぜひ教えたい」、「開示していない――機会があれば教えてもよい」を開示に肯定的と考えられる回答として、また、「開示していない――どちらかというと教えられない／教えたくない」「開示していない――絶対に教えられない／教えたくない」を開示に否定的と考えられる回答として集計した。その結果、①開示に概ね肯定的な傾向がみられたもの、②概ね否定的な傾向がみられたもの、③回答にばらつきがみられたものと三つに分類することができた。

（1）各情報の開示状況とその意識

アンケートおよびインタビューから得られた研究協力者（精子ドナー）の考えを表２-３a、b 精子ドナーへのアンケート結果にまとめた。また、インタビューを通して得られた研究協力者に関わる諸情報に関しては、表２-４a、b 研究協力者の諸情報にまとめた。

すべての項目に関して、開示に肯定的な姿勢をみせたのは、M・Nさんと和人さんの二名であり、そのほか一一名の研究協力者は、開示できるか否か、情報によって回答が異なっていた。すべての項目に関して開示に否定的な姿勢をみせた人はいなかった。また、各項目について「開示している」のか、「開示していない」のか、判断が難しい場合は、研究協力者の回答そのものを優先させた。たとえば、職業や職歴について、特定されない範囲でクライアントに伝えることがあると述べつつも「開示していない」と答えている人がいた場合、それは「開示していない」ものとして集計した。

①開示に概ね肯定的な傾向がみられたもの

本研究協力者から開示に最も肯定的な傾向が示されたものは、医学的特徴と身体的特徴、精子提供を行った経緯である。これらの開示に否定的な回答をした人はいなかった。医学的特徴は、「開示している」人が一一名いたうえ、「機会があれば教えてもよい」と答えた人が二名いた。身体的特徴は、すでに「開示している」人が九名いたうえ、「機会があれば教えてもよい」と答えた人が四名いた。精子提供を行った経緯に関しても、すでに「開示している」が八名いたうえ、開示していないが「機会があれば教えてもよい」と答えた人が五名いた。

医学的情報、身体的特徴、精子提供を行った経緯に次いで、開示に肯定的な傾向が示されたのは、性格・気性と、信仰、自分の精子提供で生まれた子どもへの現在の思いである。

性格・気性は、すでに「開示している」人が七名いたうえ、開示していないが、「機会があれば教えてもよい」と答えた人が五名いた。開示に否定的な回答は「絶対に教えられない／教えたくない」の一名のみであった。信仰は、すでに「開示している」人は四名であった。開示していないが「機会があれば教えてもよい」と答えた人が八名いた。開示に否定的な回答は「絶対に教えられない／教えたくない」の一名のみであった。

自分の精子提供で生まれた子どもへの現在の思いは、「開示している」人は三名であったものの、「ぜひ教えたい」と答えた人が一名、「機会があれば教えてもよい」と答えた人が七名いた。開示に否定的な回答は「どちらかというと教えられない／教えたくない」の一名にとどまった（ほか一名は回答なし）。

さらに、趣味嗜好や精子提供時の気持ち、精子提供時の状況、出身地には、これらに次いで、開示に肯定的な傾向がみられた。

趣味嗜好は「開示している」人が六名いたうえ、「機会があれば教えてもよい」と答えた人が五名いた。開示に否定的な回答は「どちらかというと教えられない／教えたくない」の一名と「絶対に教えられない／教えたくない」の一名であった。

精子提供時の気持ちに関しても、「開示している」人は四名であったが、「機会があれば教えてもよい」と答えた人が七名いた。開示に否定的な回答は「どちらかというと教えられない／教えたくない」の二名のみであった。

精子提供時の状況については、すでに「開示している」人が七名いたうえ、「機会があれば教えてもよい」と答えた人が四名いた。開示に否定的な回答は、「どちらかというと教えられない／教えたくない」が二名のみであった。

出身地を「開示している」人も一〇名いた。開示していないが、「機会があれば教えてもよい」と答えた人も一名いた。開示に否定的な回答は、「絶対に教えられない／教えたくない」の二名のみであった。

そのほか、比較的開示に肯定的な傾向がみられたのは以下の項目である。

容姿は「開示している」人が四名、「機会があれば教えてもよい」と答えた人が六名いた。開示に否定的な姿勢をみせた研究協力者も三名（「どちらかというと教えられない／教えたくない」：一名、「絶対に教えられない／教えたくない」：二名）いたが、「どちらかというと教えられない／教えたくない」を選択した一名および「絶対に教えられない／教えたくない」を選択した一名は、精子提供前の面談などでクライアントに顔を見せることがあるため、「機会があれば教えてもよい」にも該当すると考えられた。なお、開示に否定的な姿勢をみせた研究協力者の他の一名（「絶対に教えられない／教えたくない」）は、クライアントに対しては面談により伝わってしまうことは仕方がないものの、子どもに対しては「絶対に教えられない／教えたくない」と述べていた。

声や話し方に関しては、「開示している」人は三名、「機会があれば教えてもよい」と答えた人が六名いた。開示に否定的な姿勢をみせた研究協力者も四名（「どちらかというと教えられない／教えたくない」：一名、「絶対に教えられない／教えたくない」：三名）いたが、そのうち三名（「絶対に教えられない／教えたくない」を選択した二名と「どちらかというと教えられない／教えたくない」を選択した一名）は、精子提供前の面談などでクライアントと話すことがあるため、「機会があれば教えてもよい」にも該当すると考えられた。開示に否定的な姿勢をみせた研究協力者の他の一名（「絶対に教えられない／教えたくない」）は、クライアントに対しては面談により伝わってしまうことは仕方がないものの、子どもに対しては「絶対に教えられない／教えたくない」と述べていた。

精子提供を行うまでの人生は、「開示している」人は六名いたうえ、「機会があれば教えてもよい」と答えた人が四名いた。開示に否定的な回答は「どちらかというと教えられない／教えたくない」の二名と「絶対に教えられない／教えたくない」の一名であった。

②開示に概ね否定的な傾向がみられたもの

研究協力者から、開示に最も否定的な傾向が示されたものは、名前である。これについては、すでに「開示している」人はいなかった。「機会があれば教えてもよい」が四名いたが、「どちらかというと教えられない／教えたくない」が一名、「絶対に教えられない／教えたくない」は八名と、開示に否定的な回答が多数を占めた。

家の墓の場所も「開示している」人はいなかった。「機会があれば教えてもよい」と答えた人が五名いたが、「絶対に教えられない／教えたくない」が五名、「どちらかというと教えられない／教えたくない」が三名と、開示に否定的な回答のほうが多かった。

③開示状況やその意識にばらつきがみられたもの

そのほかの項目については、開示状況やその意識にばらつきがみられた。

職業・職歴を「開示している」人は八名いた。開示していないが、「機会があれば教えてもよい」と答えた人も一名いた。しかし「どちらかというと教えられない／教えたくない」が一名、「絶対に教えられない／教えたくない」が三名いた。

現居住地を「開示している」人は八名いた。開示していないが、「機会があれば教えてもよい」と答えた人が二名いた。しかし、「絶対に教えられない／教えたくない」も三名いた。

自分よりさらに上の世代について「開示している」人は六名いた。開示していないが、「機会があれば教えてもよい」と答えた人が三名いた。一方で、「どちらかというと教えられない／教えたくない」、「絶対に教えられない／教えたくない」を選択した人もそれぞれ二名ずついた。

精子提供後の人生を「開示している」人は六名であった。開示していないが、「機会があれば教えてもよい」と答えた人が三名いた。一方で、「どちらかというと教えられない／教えたくない」、「絶対に教えられない／教えたくない」を選択した人もそれぞれ二名ずついた。

（2）開示している理由と開示できる理由、開示していない理由と開示できない理由

次に、研究協力者がなぜ各情報を開示しているのか、また、なぜ開示していないのかをまとめていきたい。なお、回答の理由を述べることは任意としたため、研究協力者の回答理由がすべて明確にわかっているわけではない。

①開示している理由と開示できる理由

開示に肯定的な理由で挙げられていたものには、クライアントが精子ドナーを選択する際に役に立つのではないか、あるいは、クライアントや子どもに必要なのではないかと考えているというものがあった。たとえば、ゆきのぶさんや尾形さんは、その理由から、自分の居住地を関東地方ということまで開

示していた。Z・Nさんは、自分を選んでほしいとの思いから、多くの情報を開示していた。尾形さんも、クライアントが精子ドナーを選択する際に役に立つのではないかとの思いから、自分の容姿や身体的特徴、趣味嗜好、職業・職歴、自分の人生に関することなどを開示していた。また、医学的情報も、クライアントにとって最も知りたいことなのではないかと考え、開示していた。スタリオンさんは、クライアントの不安や警戒心を和らげられるのではないかとの考えから、趣味嗜好や性格・気性、精子ドナーとなってからの人生を、さらに、クライアントが自分のことを知る手立てのひとつになるのではとの考えから、精子提供を行った経緯を開示していた。なお、スタリオンさんは、自分の情報を伝えるとすれば、それはクライアントが精子ドナーを選ぶ際の指針になるようにとの思いから伝えるだけであり、生まれてきた子どもに関しては一切関知しないという姿勢を示していた。N・Wさんは、クライアントからの信用を得たいとの思いから、さまざまな情報を開示していた。K・Eさんは、自分のことを承知したうえで精子提供を受けてほしい――つまりクライアントがK・Eさんを納得のうえで精子ドナーに選べるように――との思いから、容姿や性格、出身地などを開示していた。S・Rさんは、クライアントに交通費を負担してもらっているため、現居住地を区町村まで開示していた。D・Tさんは、クライアントのために、身体的特徴や医学的情報などを開示していると述べていた。和人さんは、開示する情報が多ければ多いほど、クライアントが精子ドナーを選びやすくなるのではないかと考え、容姿、身体的特徴、医学的情報、趣味嗜好、性格・気性、職業・職歴、出身地、自分の人生などについて開示していた。

そのうち身体的情報などは、クライアントが精子ドナーを選択するにあたっての必要最低限の情報だと考えていた。また、現居住地を開示すれば、クライアントが精子ドナーを選ぶ際に役に立つのではないか、自分の「自慢の曽祖父」について開示すれば、自分の印象がよくなるのではないかとの期待ももっていた。

精子提供で生まれてくる子どものために開示しているとの意見もあった。たとえば、スタリオンさんは、子どもにとって必要な情報であるとの考えから医学的情報を開示していた。N・Wさんは、子どもの進路選択の一助にしてほしいとの思いから職業・職歴を開示していた。

クライアントを安心させるために開示しているとの意見もあった。たとえば西園寺さんは、医学的情報、趣味嗜好、性格・気性、精子提供で生まれた子どもへの思いや、精子提供を行った経緯、提供時の状況や気持ちなどをクライアントに安心してもらうために重要な情報であると考え、開示していた。ゆきのぶさんは、精子提供時の状況を同じ理由で開示していた。スタリオンさんは、クライアントを安心させるために趣味嗜好を開示していた。

質問されるので開示している、あるいは、クライアントから関心が抱かれる傾向にあるのではないかと判断しているから開示しているとの回答もあった。たとえば、西園寺さんはウェブページ上で、配偶子や実子がいることや、趣味嗜好、身体的特徴、血液型などを公開していた。これらはクライアントから質問される頻度が高いものである。ゆきのぶさんは、クライアントからの高い関心を受けて、精子提供を行っている経緯を開示していた。Z・Nさんは、身体的特徴や自分および祖父母などの医学的特徴などをウェブページ上に記載している。これらに関心を抱くクライアントが多いのではないかと思っているからである。H・Nさんは、質問を受けることが多かったことをウェブページに記載していた。たとえば、血液型や医学的情報、既婚であるかどうかについてである。N・Wさんは、クライアントからこれまでに質問を受けたことがあるという理由で、曽祖父母までの病歴などを面談時に伝えていた。

開示している理由や開示できる理由は他にもあった。すべての項目に関して開示に肯定的な姿勢をみせたM・Nさんは、子どもが出自を知りたいと思うのは自然なこと、当然のことだとの考えから、機会さえあれば、子どもが望むことすべてを開示してもよいと考えていた。かつてはAID出生者は出自を知る権利を求めるべきではないと考えていたものの、精子ドナーのことを知りたいと述べるAID出生者がいると知ったことで、情報開示をしても構わないと考えるようになったという。M・Nさんと同様に、すべての項目に関して開示に肯定的な姿勢をみせた和人さんもまた、子どもの出自を知る権利を尊重したいとの考えから、すべての項目に関して開示に肯定的な姿勢をみせていた。また、積極的に情報を開示することにより、精子ドナーのイメージ向上や、精子ドナーへの理解の深まり、さらには精子提供で生まれてくる人が「恥ずかしいことで生まれてきたわけではない」という気持ちになることを期待していた。Z・Nさんは、自分の精子提供で生まれた子ども同士の近親婚リスクを下げたいとの思いから、出身地を「地方」まで開示していた。尾形さんは、精子提供で生まれた子どもへの思い――生物学的には父子関係にあるものの、法的および社会的なつながりはないという思い――を、特に重要なことだと思っているから開示しているという旨も述べていた。なお、容姿や身体的特徴、声や話し方などについては、精子提供前あるいは精子提供時の面談により、必然的に伝わってしまうというケースも多かった。

②開示していない理由と開示できない理由

開示していない理由と開示できない理由として、質問項目にかかわらず挙げられたものに、養育費など経済的な負担の発生への恐れや、認知の請求をされることへの恐れがあった。これについて言及した人は七名である（西園寺さん、ゆきのぶさん、Z・Nさん、尾形さん、D・Tさん、和人さん、K・Iさん）。また、経済的なことに関するトラブルや負担が生じないと判断できることを、個人情報の開示の条件に挙げた人もいた。たとえば、Z・Nさんは、自分に経済的な負担が生じないと判断でき、かつ家族に影響が及ばないと判断できれば名前すら開示できるとの姿勢であった。K・Eさんは、自分の経済状況に大幅な余裕ができた場合や今後の状況の変化によっては名前すら開示できると述べていた。S・Rさんは、自分に経済的な負担が生じないことのほか、認知や親権に関するトラブルが生じないと判断できること、かつ、クライアントや子どもから尋ねられるのであれば名前すら開示できると述べていた。

質問項目にかかわらず、トラブルを防ぐために個人情報を明かしたくない／明かせないと述べた人も複数いた（西園寺さん、ゆきのぶさん、H・Nさん、和人さん）。家族の存在を理由に、個人情報を明かしたくない／明かせないと述べた人もいた。たとえば、西園寺さんは、自分の精子提供で生まれた子と実子との相続争いが生じることへの恐れから、開示できない情報があると述べていた。Z・Nさんは、家族に精子提供活動のことを伝えていない。もしも自分の個人情報がクライアントや子どもに伝わり、家族に影響を及ぼされてしまうと困るとの思いから、名前や墓の場所などの情報開示には否定的な姿勢を示していた。D・Tさんは、もしも個人特定され、養育費の支払いや、子どもの認知の必要性が生じてしまったら、家族に混乱がもたらされるだろう、それは防ぎたいとの思いから、情報の開示に否定的な姿勢を示していた。M・Nさんは、自分の提供精子を用いたAIDで生まれた子どもからコンタクトがあれば、名前すら明かしてもよいと考えているものの、妻からの希望により、精子ドナーであったことを公言することはできないと述べていた。さらに、精子提供をしていることを周囲の人に知られたくないため、個人情報を明かしたくない／明かせないとの意見もあった（スタリオンさん、K・Iさん）。

伝える必要があると感じられないから開示していない、あるいは、開示するほどのものがないので開示していないといった趣旨の回答もあった。たとえば、ゆきのぶさんは、医学的情報を公開してはいるものの、血液型程度にとどめていた。その理由は、特に開示するほどの遺伝的疾患や体質を有していないからとのことであった。祖父母などの情報に関しても同様で、特に伝えるほどのことがないので開示していないとのことであった。趣味嗜好についてはもともと趣味がなく、あえて開示するほどのものがないため、非喫煙者であることと、飲酒の頻度程度しか伝えていないと述べていた。墓の場所に関しても、伝える必要がないと感じていないので開示していないとのことであった。Z・Nさんは、趣味嗜好や性格・気性、信仰に関しては、質問されれば答えられるものの、それらは遺伝的な要因よりも環境要因に影響される部分が大きいのではないかとの考えや、自分の精子提供で生まれた子どもの健康に大きな影響を与えると思わないとの考えから、現時点では、非喫煙者であることと、飲酒の頻度程度しか開示していなかった（ただし機会があれば教えてもよい）。尾形さんは、クライアントの役に立つとは考えられない――精子ドナー選択をするにあたっての判断材料になるとは思わない――ために、信仰について開示していなかった（ただし機会があれば教えてもよい）。また、墓の場所は、教える必要があるとは考えられないとして開示していなかった（絶対に教えられない／教えたくない）。スタリオンさんは、趣味嗜好や性格・気性について開示しており、クライアントから子どもにそれらが伝わる可能性があることは容認しているものの、子どもにそれらを伝える必要はあまりないのではないかと述べていた。それらは後天的に形成されるものだと考えているからとのことであった。S・Rさんは、自分の精子提供で生まれた子どもに、自分は関わらないほうがよいのではないかとの考えから、子どもへの思いを開示していなかった。

質問されたことがないので開示していないという回答もあった。たとえば墓の場所に関しては、聞かれたことがないので開示していないと述べた人がいた（ゆきのぶさん、Z・Nさん、和人さん、K・Iさん）。また、ゆきのぶさんは、クライアントから質問されることがあまりないので祖父母などの情報を開示していなかった。Z・Nさんも、聞かれたことがないとの理由で信仰に関しては開示していなかった。H・Nさんは、聞かれたことがないので趣味嗜好や性格・気性を開示していなかった。N・Wさんも、聞かれたことがないので信仰について開示していなかった。K・Eさんは、自分よりも上の世代に関する情報として家族歴など簡単な情報をウェブページに掲載しているが、それ以上のことは聞かれたことがないので開示していなかった。

そのほか、尾形さんは、詮索されることを防ぎたいので名前を「絶対に教えられない／教えたくない」と述べていた。N・Wさんは、精子提供で生まれた子どもにとって「知らない誰か」でいたいから、名前を「絶対に教えられない／教えたくない」と述べていた。

③開示していないが開示に否定的ではないもの

現時点では開示していないものであっても、条件が整えば、あるいは状況が変われば、開示したり、開示に肯定的な姿勢に変わったりする可能性があると述べた人もいた。たとえば、名前に関して、そのような変化がありうると述べた人が六名いた（M・Nさん、Z・Nさん、K・Eさん、S・Rさん、D・Tさん、和人さん）。M・Nさんは、自分から名乗り出ることはできないものの、自分の提供精子によるAIDで生まれた子どもからコンタクトがあれば、名前など個人特定に至る情報まで伝えても構わないと述べていた。Z・Nさんは、自分に経済的負担が生じないことが確約され、かつ、家族に影響が及ばないことが確約されるのであれば、名前など個人特定に至る情報まで開示してもよい述べていた。K・Eさんは、クライアントと信頼関係を築けた場合や経済的に大幅な余裕ができた場合など、状況の変化によっては、名前など個人特定に至る情報まで開示できる可能性があると述べていた。S・Rさんは、認知や養育費、親権などについてトラブルにならないと判断できた場合、かつクライアントや子どもから質問された場合には、名前など個人特定に至る情報まで開示してもよいと考えていた。D・Tさんは、精子提供に関する法が整備されたり、クライアントが子どもを養育できなくなったりした場合には、名前をはじめとする個人情報を開示できるようになる可能性があると述べていた。和人さんは、相手から求められ、かつ、相手も自分の名前を明かすという条件のもとであれば名前など個人特定に至る情報まで伝えられるとしていた。

また、クライアントと直接やりとりをしている一二名——すなわち医療機関で精子提供をしていたため誰が精子提供を受けたのかも知らないM・Nさん以外——は、開示していないと答えながらも、質問されれば、場合によっては開示しているものがあると述べていた。たとえば、西園寺さん、ゆきのぶさん、Z・Nさん、尾形さん、H・Nさん、スタリオンさん、D・Tさんは、その時点で開示していないものであっても答えることがあると述べていた。ただしいずれも個人特定に至らない範囲に限るとの姿勢であった。

(3) 開示できるもの、開示の可能性を広げるもの

これまでに述べたことから考えると、精子ドナーが開示に肯定的な姿勢を示すものは、次に示す二点なのではないだろうか。また、現時点では開示に否定的ではあるものの、開示に肯定的な姿勢に変える

可能性をもつものがあるとも考えられるのではないだろうか。

①子どもやクライアント（AIDの場合）のために必要であると考えられるもの

クライアントが精子ドナーを選択する際に役に立つのではないか、あるいは、クライアントや子どもに必要なのではないかと考えているというものについては、開示に肯定的な姿勢を示す研究協力者が多かった。精子提供で生まれてくる子どものために開示している、クライアントを安心させるために開示しているという意見もあった。クライアントから質問されることがあるので開示している、関心が抱くクライアントが多いのではないかと思うから開示しているとの回答もあった。

その一方で、伝える必要があると感じられないから開示していない、あるいは、開示するほどのものがないので開示していないといった趣旨の回答があった。質問されたことがないので開示していないとの意見もあった。

また、アクロスジャパンの小川さんの話のなかでは、子どもを養子に出したい女性で、当初、子どもに何らかの情報やものを渡すことを拒んでいた場合でも、開示を求められている理由を説明されれば意識が変わり、開示に肯定的な姿勢に転ずることがあるといった話があった。

これらからは、子どもに情報を渡すことに難色を示す人や、子どもと縁を切りたいと思う人であっても、子どもに伝えたほうが有益であると感じられる情報や、伝えなければならないと感じられる情報については、開示に肯定的な姿勢を示す可能性が高いと考えられるのではないだろうか。また、精子ドナーの場合、子どもだけでなくクライアントに伝えたほうが有益であると感じられる情報や、伝えなければならないと感じられる情報についても、開示に肯定的な姿勢を示す可能性が高いと考えられるのではないだろうか。

②個人特定やトラブルにつながらないと判断できるもの

養育費など経済的な負担の発生への恐れや、認知の請求をされることへの恐れ、さらに自分の家族に影響が及ぶことへの恐れから、それらにつながる可能性のある情報は明かしたくない／明かせないと述べた人が多数いた。また、精子提供をしていることを周囲の人に知られたくないため、個人情報を明かしたくない／明かせないとの意見もあった。トラブルを防ぐために個人情報を明かしたくない／明かせないと述べた人も複数いた。また、個人情報の開示の条件に、経済的なトラブルや負担が生じないと判断できることを挙げた人もいた。

アクロスジャパンの小川さんの話には、子どもから「たかられるのではないか」との恐れから、子どもへの自己情報の開示を拒む人がいるとの話があった。

これらからは、研究協力者が情報開示に否定的になる背景には、個人特定をなされ、養育費や認知を求められること、あるいは家族に影響が及ぼされることへの恐れがあると考えられる。また、社会的な立場に影響が及ぶことへの恐れもあると考えられる。したがって、開示の結果、個人特定がなされないと判断できる情報や、開示することがトラブルにつながらないと判断できる情報については、開示に肯定的な姿勢を示す可能性が高いと考えられるのではないだろうか。

③開示範囲を広げると考えられるもの

現時点では開示していないものであっても、条件が整えば、あるいは状況が変われば、開示したり、開示に肯定的な姿勢に変わったりする可能性があると述べた人がいた。たとえば、クライアントから質問を受けた場合には、現時点で開示していなくとも、個人特定に至らない範囲で答えるとの回答が多数あった。また、自分に経済的に大きな余裕ができた場合には、個人特定に至るまでの情報を明かせるとの回答があった。また、家族に影響が及ばないと判断できた場合には、開示できる可能性が生じるとの回答もあった。精子提供に関する法の整備によっても開示できる可能性が生じるとの回答もあった。さらに、クライアントと信頼関係を築けたと判断できた場合や、クライアントが子どもを養育できなくなった場合には、開示できる可能性が生じるとの回答もあった。

また、アクロスジャパンの小川さんの話のなかには、子どもを養子に出したい女性で、当初、子どもに何らかの情報やものを渡すことを拒んでいた場合でも、開示を求められている理由を説明されれば意識が変わり、開示に肯定的な姿勢に転ずることがあるといった話があった。すべての項目に関して開示に肯定的な姿勢をみせたM・Nさんは、かつてはＡＩＤ出生者は出自を知る権利を求めるべきではないと考えていたものの、精子ドナーのことを知りたいと述べるＡＩＤ出生者がいると知ったことで、情報開示をしても構わないと考えるようになったと述べていた。

これらからは、たとえば、情報を開示しても経済的な負担を被らないと感じられることが、情報開示に否定的な親の意識を変える一因になると考えられるのではないだろうか。そのためには、精子提供の場合であれば、精子ドナーが、精子提供で生まれた子どもの養育費の請求や認知の請求を受けることはないと定められることが必要となる。子どもを養子に出したり、縁を切りたいと望んだりする親の場合であれば、親がその事例ごとに適切なカウンセリングや支援を受けられるようにすることが必要である。また、精子提供の場合、クライアントや子どもとの関係性に良好な変化——信頼関係が築かれた場合など——が起きた場合にも、開示できる情報の範囲が広がる可能性があると考えられる。そのほかクライアントや子どもの考えを知る機会や、クライアントや子どもから質問を受けられるような機会があれば、それらに応じて、適宜、開示範囲を広げられる可能性があると考えられるのではないだろうか。

3　子どもとの面会に関する意識

アンケートおよびインタビューでは、生物学的な子どもとの面会の関係についても質問した。回答

表2-3a　精子ドナーへのアンケート結果1

※ 選択肢は、「開示している」、「開示していない――ぜひ教えたい」、「開示していない――機会があれば教えてもよい」「開示していない――どちらかというと教えられない／教えたくない」「開示していない――絶対に教えられない／教えたくない」の5つである。表内では「開示していない――」を省略している。

	M.N さん	西園寺さん	ゆきのぶさん
	1934 年 妻および実子がいる 精子提供について、妻および子どもに伝えてある	年齢非公開 妻および実子がいる 精子提供について、妻に伝えてある。今後子どもにも伝える予定である	1980 年代生まれ 非公表 非公表
精子提供期間	1958 年	2008 年～現在	2016 年～現在
精子提供の実施機関	医療機関	個人	個人
名前	機会があれば教えてもよい	絶対に教えられない／教えたくない	絶対に教えられない／教えたくない
容姿	機会があれば教えてもよい	機会があれば教えてもよい	絶対に教えられない／教えたくないが、機会があれば教えてもよいともいえる
声や話し方について	機会があれば教えてもよい	機会があれば教えてもよい	絶対に教えられない／教えたくないが、機会があれば教えてもよいともいえる
身体的特徴	機会があれば教えてもよい	機会があれば教えてもよい	開示している
医学的情報	機会があれば教えてもよい	開示している	開示している
趣味嗜好	機会があれば教えてもよい	開示している	どちらかというと教えられない／教えたくない
性格、気性	機会があれば教えてもよい	開示している	開示している
職業・職歴	機会があれば教えてもよい	どちらかというと教えられない／教えたくない	開示している
信仰	機会があれば教えてもよい	機会があれば教えてもよい	開示している
出身地	機会があれば特定できるまで細かく教えてもよい	国まで開示している	地方まで開示している
現居住地	機会があれば特定できるまで細かく教えてもよい	絶対に教えられない／教えたくない	地方まで開示している
自分よりさらに上の世代について	機会があれば教えてもよい	絶対に教えられない／教えたくない	どちらかというと教えられない／教えたくない
家の墓の場所	機会があれば教えてもよい	絶対に教えられない／教えたくない	どちらかというと教えられない／教えたくない
精子提供を行うまでの人生	機会があれば教えてもよい	どちらかというと教えられない／教えたくない	どちらかというと教えられない／教えたくない
精子提供後の人生	機会があれば教えてもよい	どちらかというと教えられない／教えたくない	どちらかというと教えられない／教えたくない
自分の精子提供で生まれた子どもへの現在の思い	機会があれば教えてもよい	開示している	機会があれば教えてもよい
精子提供を行った経緯	機会があれば教えてもよい	開示している	開示している
精子提供時の状況	機会があれば教えてもよい	開示している	開示している
精子提供時の気持ち	機会があれば教えてもよい	開示している	開示している

表2-3a　精子ドナーへのアンケート結果2

※ 選択肢は、「開示している」、「開示していない——ぜひ教えたい」、「開示していない——機会があれば教えてもよい」「開示していない——どちらかというと教えられない／教えたくない」「開示していない——絶対に教えられない／教えたくない」の5つである。表内では「開示していない——」を省略している。

	Z.N さん	尾形さん	H.N さん
	1980年代生まれ 妻および実子がいる 精子提供について、妻や子どもに伝える予定はない	1980年代生まれ 妻および実子がいる 精子提供について、妻や子どもに伝える予定はない	1980年代生まれ 妻および実子がいる 精子提供について、妻や子どもに伝える予定はない
精子提供期間	2018年～現在	2019年～現在	2018年～2020年
精子提供の実施機関	個人	個人	個人
名前	絶対に教えられない／教えたくない	絶対に教えられない／教えたくない	絶対に教えられない／教えたくない
容姿	機会があれば教えてもよい	開示している	どちらかというと教えられない／教えたくないが、機会があれば教えてもよいともいえる
声や話し方について	機会があれば教えてもよい	開示している	絶対に教えられない／教えたくないが、機会があれば教えてもよいともいえる
身体的特徴	開示している	開示している	機会があれば教えてもよい
医学的情報	開示している	開示している	機会があれば教えてもよい
趣味嗜好	機会があれば教えてもよい	開示している	機会があれば教えてもよい
性格、気性	機会があれば教えてもよい	機会があれば教えてもよい	機会があれば教えてもよい
職業・職歴	開示している	開示している	絶対に教えられない／教えたくない
信仰	機会があれば教えてもよい	機会があれば教えてもよい	機会があれば教えてもよい
出身地	地方まで開示している	都道府県まで開示している	絶対に教えられない／教えたくない
現居住地	区町村まで開示している	都道府県まで開示している	絶対に教えられない／教えたくない
自分よりさらに上の世代について	開示している	開示している	どちらかというと教えられない／教えたくない
家の墓の場所	絶対に教えられない／教えたくない	どちらかというと教えられない／教えたくない	絶対に教えられない／教えたくない
精子提供を行うまでの人生	機会があれば教えてもよい	開示している	絶対に教えられない／教えたくない
精子提供後の人生	機会があれば教えてもよい	開示している	絶対に教えられない／教えたくない
自分の精子提供で生まれた子どもへの現在の思い	ぜひ教えたい	開示している	機会があれば教えてもよい
精子提供を行った経緯	機会があれば教えてもよい	開示している	機会があれば教えてもよい
精子提供時の状況	機会があれば教えてもよい	開示している	どちらかというと教えられない／教えたくない
精子提供時の気持ち	機会があれば教えてもよい	機会があれば教えてもよい	機会があれば教えてもよい

表 2-3b　精子ドナーへのアンケート結果 1

※ 選択肢は、「開示している」、「開示していない——ぜひ教えたい」、「開示していない——機会があれば教えてもよい」「開示していない——どちらかというと教えられない／教えたくない」「開示していない——絶対に教えられない／教えたくない」の 5 つである。表内では「開示していない——」を省略している。

	スタリオンさん	N.W さん	K.E さん	S.R さん
	1970 年代生まれ 妻および子どもはいない	1990 年代生まれ 妻および子どもはいない 精子提供について、きょうだいに伝えている	1980 年代生まれ 妻および実子がいる(うち 1 名の実子と死別) 精子提供について、妻に伝えてある。子どもにもいずれ伝える予定である	1980 年代生まれ 妻および子どもはいない 精子提供について、きょうだいに伝えていない
精子提供期間	2015 年頃？～現在	2018 年～現在	2019 年～現在	2018 年～現在
精子提供の実施機関	個人	個人	個人	個人
名前	絶対に教えられない／教えたくない	絶対に教えられない／教えたくない	機会があれば教えてもよい	機会があれば教えてもよい
容姿	機会があれば教えてもよい	開示している	開示している	機会があれば教えてもよいが、状況に応じて開示しているともいえる
声や話し方について	機会があれば教えてもよい	開示している	どちらかというと教えられない／教えたくないが、状況に応じて開示しているともいえる	機会があれば教えてもよいが、状況に応じて開示しているともいえる
身体的特徴	開示している	開示している	開示している	機会があれば教えてもよいが、状況に応じて開示しているともいえる
医学的情報	開示している	開示している	開示している	開示している
趣味嗜好	開示している	開示している	開示している	機会があれば教えてもよい
性格、気性	開示している	開示している	開示している	機会があれば教えてもよい
職業・職歴	絶対に教えられない／教えたくない	開示している	開示している	開示している
信仰	機会があれば教えてもよい	機会があれば教えてもよい	開示している	機会があれば教えてもよい
出身地	都道府県まで開示している	都道府県まで開示している	都道府県まで開示している	区町村まで開示している
現居住地	都道府県まで開示している	機会があれば都道府県まで教えてもよい	都道府県まで開示している	区町村まで開示している
自分よりさらに上の世代について	絶対に教えられない／教えたくない	開示している	機会があれば教えてもよい	機会があれば教えてもよい
家の墓の場所	絶対に教えられない／教えたくない	機会があれば教えてもよい	どちらかというと教えられない／教えたくない	機会があれば教えてもよい
精子提供を行うまでの人生	機会があれば教えてもよい	開示している	開示している	機会があれば教えてもよい
精子提供後の人生	開示している	開示している	開示している	機会があれば教えてもよい
自分の精子提供で生まれた子どもへの現在の思い	回答なし	機会があれば教えてもよい	機会があれば教えてもよい	どちらかというと教えられない／教えたくない
精子提供を行った経緯	開示している	開示している	機会があれば教えてもよい	開示している
精子提供時の状況	どちらかというと教えられない／教えたくない	開示している	機会があれば教えてもよい	開示している
精子提供時の気持ち	どちらかというと教えられない／教えたくない	機会があれば教えてもよい	機会があれば教えてもよい	どちらかというと教えられない／教えたくない

表 2-3b　精子ドナーへのアンケート結果 2

※選択肢は、「開示している」、「開示していない――ぜひ教えたい」、「開示していない――機会があれば教えてもよい」「開示していない――どちらかというと教えられない／教えたくない」「開示していない――絶対に教えられない／教えたくない」の 5 つである。表内では「開示していない――」を省略している。

	D.T さん	和人さん	K.I さん
	1970 年代生まれ 妻および実子がいる 精子提供について、妻には伝えているが、妻がそれを覚えているかどうかはわからない。子どもに伝える予定はない	1990 年代生まれ 妻および実子がいる 精子提供について、妻および子どもに伝えてある	1980 年代生まれ 妻および子どもはいない
精子提供期間	2014 年～現在	2015 年～現在	医療機関での提供時期に関しては非公表。個人での提供開始時期は 2018 年～現在
精子提供の実施機関	個人	個人	医療機関および個人
名前	絶対に教えられない／教えたくない	機会があれば教えてもよい	どちらかというと教えられない／教えたくない
容姿	絶対に教えられない／教えたくない ※面談の際にクライアントにはわかってしまうが子どもには教えられない／教えたくない	開示している	機会があれば教えてもよいが、状況に応じて開示しているともいえる
声や話し方について	絶対に教えられない／教えたくない ※面談の際にクライアントにはわかってしまうが子どもには教えられない／教えたくない	開示している	機会があれば教えてもよいが、状況に応じて開示しているともいえる
身体的特徴	開示している	開示している	開示している
医学的情報	開示している	開示している	開示している
趣味嗜好	絶対に教えられない／教えたくない	開示している	機会があれば教えてもよい
性格、気性	絶対に教えられない／教えたくない	開示している	開示している
職業・職歴	絶対に教えられない／教えたくない	開示している	開示している
信仰	絶対に教えられない／教えたくない	開示している	開示している
出身地	絶対に教えられない／教えたくない	都道府県まで開示している	都道府県まで開示している
現居住地	絶対に教えられない／教えたくない	都道府県まで開示している	区町村まで開示している
自分よりさらに上の世代について	開示している	開示している	開示している
家の墓の場所	絶対に教えられない／教えたくない	機会があれば教えてもよい	機会があれば教えてもよい
精子提供を行うまでの人生	開示している	開示している	開示している
精子提供後の人生	絶対に教えられない／教えたくない	開示している	開示している
自分の精子提供で生まれた子どもへの現在の思い	機会があれば教えてもよい	開示している	機会があれば教えてもよい
精子提供を行った経緯	機会があれば教えてもよい	開示している	開示している
精子提供時の状況	機会があれば教えてもよい	開示している	開示している
精子提供時の気持ち	機会があれば教えてもよい	開示している	開示している

表2-4a　研究協力者の諸情報

	M.Nさん	西園寺さん	ゆきのぶさん	Z.Nさん	尾形さん	H.Nさん
提供形態・方法	医療機関でのAID	シリンジ法、タイミング法、医療機関への持ち込み希望への対応有	シリンジ法、医療機関への持ち込み希望への対応有	シリンジ法、タイミング法、医療機関への持ち込み希望への対応有	シリンジ法、、医療機関への持ち込み希望への対応有	シリンジ法、タイミング法、医療機関への持ち込み希望への対応有
これまでに精子を提供した人数	医療機関での提供のため不明	105名	41名	14名	20名	34名
これまでに生まれたと考えられる人数	10名程度	40～55名	16名（そのほか妊娠中のクライアントが2名）	2名	5名	5名（そのほか妊娠中のクライアントが3名）
妊娠・出産報告について	医療機関での提供のため回答なし	必須としている	任意	任意	任意だが確認するようにしている	できるかぎり報告を求めていた
もし医療機関や信用できる機関が精子提供者募集をしたとしたら応募するか	もしも現在の記憶や知識を保持したまま医学生に戻り、精子ドナーになることを求められたとしたら、①子どもの出自を知る権利が保障されること、②自分が一生独身を貫くと決めている場合であれば、精子ドナーになりたい。①、②が満たされなければ精子ドナーにはならない。	応募する可能性がある	応募しないと思う	応募する可能性がある	応募する可能性がある	応募しないと思う

※ NHK「クローズアップ現代＋」の「徹底追跡 精子提供サイト」(2014年2月27日放送)、「男にもタイムリミットが!? ～精子“老化”の新事実～」(2018年2月6日放送)、「“精子力”クライシス　男性不妊の落とし穴」(2018年9月19日放送)などではないかと推測される。

は表2-5面会への意識にまとめた。

（＊「はじめに」で述べたように、精子ドナーを対象とした久慈らの調査[39]においては、回答者の約七割は、子どもが会いに来る可能性があるのならば精子ドナーにならなかったと答えていた）。

自分の精子提供で生まれた子どもの連絡先を開示され、その人が会いたいと望んでいることがわかったとしたら、連絡すると答えた人は一〇名、連絡しないと答えた人は三名であった。そのうち、「とても会いたいので連絡する」は二名（西園寺さん、K・Eさん）、「機会があれば会いたいのでとりあえず連絡する」が七名（M・Nさん、ゆきのぶさん、Z・

表2-4b　研究協力者の諸情報

	スタリオンさん	N.W さん	K.E さん	S.R さん
提供形態・方法	シリンジ法、タイミング法、医療機関への持ち込み希望への対応有	シリンジ法、医療機関への持ち込み希望への対応有	シリンジ法、タイミング法、医療機関への持ち込み希望への対応有	シリンジ法、医療機関への持ち込み希望への対応有
これまでに精子を提供した人数	2名	12名	6名	2名
これまでに生まれたと考えられる人数	0名	7名	0名（妊娠中のクライアントが1名）	0名（妊娠中のクライアントが2名）
妊娠・出産報告について	必須としている	任意	必須としている	必須としている
もし医療機関や信用できる機関が精子提供者募集をしたとしたら応募するか	応募しないと思う	応募しないと思う	応募する可能性がある	応募しないと思う

	D.T さん	和人さん	K.I さん
提供形態・方法	シリンジ法、医療機関への持ち込み希望への対応有	シリンジ法、医療機関への持ち込み希望への対応有	シリンジ法、タイミング法、医療機関への持ち込み希望への対応有
これまでに精子を提供した人数	28名	60～70名	30名程度
これまでに生まれたと考えられる人数	8名（そのほか妊娠中のクライアントが1名）	46名	二十数名
妊娠・出産報告について	任意	必須としている	任意
もし医療機関や信用できる機関が精子提供者募集をしたとしたら応募するか	応募しないと思う	応募する可能性がある	応募する可能性がある

※ NHK「クローズアップ現代＋」の「徹底追跡 精子提供サイト」（2014年2月27日放送）、「男にもタイムリミットが⁉ ～精子“老化”の新事実～」（2018年2月6日放送）、「“精子力”クライシス　男性不妊の落とし穴」（2018年9月19日放送）などではないかと推測される。

Nさん、尾形さん、スタリオンさん、N・Wさん、K・Iさん）、「どちらかというと会いたいとは思わないが連絡する」が一名（H・Nさん）であった。「とても会いたいが連絡はしない」は一名（和人さん）、「機会があれば会いたいが連絡はしない」も二名（S・Rさん、D・Tさん）いた。

自分の精子提供で生まれた子どもの連絡先を開示されつつも、その人が会いたいと望んでいるかどうかはわからない場合、連絡すると答えた人は二名、連絡しないと答えた人は一一名いた。

そのうち「機会があれば会いたいのでとりあえず連絡する」が二名（M・Nさん、N・Wさん）、「全く会いたいと思わないので連絡しない」が一名（西園寺さん）、「機会があれば会いたいが連絡はしない」が五名（ゆきのぶさん、Z・Nさん、S・Rさん、D・Tさん、K・Iさん）、「とても会いたいが連絡はしない」が三名（尾形さん、K・Eさん、和人さん）、「どちらかというと会いたいとは思わないので連絡しない」が二名（H・Nさん、スタリオンさん）いた。

自分の精子提供で生まれた子どもの連絡先を開示されつつも、その人が会いたいと望んでいないことがわかっている場合、連絡すると答えた人はいなかった。そのうち「機会があれば会いたいが連絡はしない」が六名（M・Nさん、ゆきのぶさん、Z・Nさん、N・Wさん、S・Rさん、K・Iさん）、「全く会いたいと思わないので連絡しない」が四名（西園寺さん、H・Nさん、スタリオンさん、D・Tさん）、「とても会いたいが連絡はしない」が三名（尾形さん、K・Eさん、和人さん）であった。

なぜ会いたいのか——M・Nさんは、会いたいと思うのは「自然な感情」だと述べていた。Z・Nさんは、自分の精子提供で生まれた子どもたち、すなわち自分と血のつながっている子どもたちは、「自分が生きた証」だと考えているので会いたいのだと述べていた。スタリオンさんは、クライアントの希望に応えたいと述べていた。

なぜ会いたいとは思わないのか——H・Nさんは、会うことにリスクを感じていた。子どもが「会いたい」「話したい」と思うのであれば、その気持ちは無下にできないと思いつつ、子どもの気持ちが——

表2-5a　面会への意識

※選択肢は「とても会いたいので連絡する」「機会があれば会いたいので連絡する」「どちらかというと会いたくないが連絡する」「全く会いたいと思わないが連絡する」「とても会いたいが連絡はしない」「機会があれば会いたいが連絡はしない」「どちらかというと会いたいとは思わないので連絡しない」「全く会いたいと思わないので連絡しない」の8つである。

	M.N さん	西園寺さん	ゆきのぶさん	Z.N さん	尾形さん	H.N さん
あなたが行った精子提供で生まれた人の連絡先を開示され、その人が会いたいと望んでいることがわかったとしたら、連絡しますか	機会があれば会いたいのでとりあえず連絡する	とても会いたいので連絡する	機会があれば会いたいのでとりあえず連絡する	機会があれば会いたいのでとりあえず連絡する	機会があれば会いたいのでとりあえず連絡する	どちらかというと会いたいとは思わないが連絡する
あなたが行った精子提供で生まれた人の連絡先を開示され、その人が会いたいかどうかはわからない場合、連絡しますか	機会があれば会いたいのでとりあえず連絡する	全く会いたいと思わないので連絡しない	機会があれば会いたいが連絡はしない	機会があれば会いたいが連絡はしない	とても会いたいが連絡はしない	どちらかというと会いたいとは思わないので連絡しない
あなたが行った精子提供で生まれた人の連絡先を開示され、その人は会いたいと思っていないことがわかっている場合、連絡しますか	機会があれば会いたいが連絡はしない	全く会いたいと思わないので連絡しない	機会があれば会いたいが連絡はしない	機会があれば会いたいが連絡はしない	とても会いたいが連絡はしない	全く会いたいと思わないので連絡しない

会いたいと思っている理由や、自分への感情が――わからないなかで、連絡したり会ったりして、自分に危害が及んだり、その後の人生に干渉されたりすることを恐れていた。

次に、なぜ連絡するのか――出自を知る権利を保障したいから連絡する、あるいは本人の意思を尊重したいから連絡するとの回答があった（西園寺さん、Z・Nさん、尾形さん）。H・Nさんは、会うことにリスクを感じつつも、子どもの「会いたい」との気持ちを無下にできないと考えていた。N・Wさんは、自分の精子提供で生まれた子ども同士の交流会を計画しているため、その会の開催に関して、少なくとも一回は、自分から連絡しようと考えていた。ただ、その件以外に関する連絡は、子ども側からの希望がない限り、一切行わないつもりである。

表2-5b　面会への意識

※選択肢は「とても会いたいので連絡する」「機会があれば会いたいので連絡する」「どちらかというと会いたくないが連絡する」「全く会いたいと思わないが連絡する」「とても会いたいが連絡はしない」「機会があれば会いたいが連絡はしない」「どちらかというと会いたいとは思わないので連絡しない」「全く会いたいと思わないので連絡しない」の8つである。

	スタリオンさん	N.W さん	K.E さん	S.R さん	D.T さん	和人さん	K.I さん
あなたが行った精子提供で生まれた人の連絡先を開示され、その人が会いたいと望んでいることがわかったとしたら、連絡しますか	機会があれば会いたいのでとりあえず連絡する	機会があれば会いたいのでとりあえず連絡する	とても会いたいので連絡する	機会があれば会いたいが連絡はしない	機会があれば会いたいが連絡はしない	とても会いたいが連絡はしない	機会があれば会いたいのでとりあえず連絡する
あなたが行った精子提供で生まれた人の連絡先を開示され、その人が会いたいかどうかはわからない場合、連絡しますか	どちらかというと会いたいとは思わないので連絡しない	機会があれば会いたいのでとりあえず連絡する	とても会いたいが連絡はしない	機会があれば会いたいが連絡はしない	機会があれば会いたいが連絡はしない	とても会いたいが連絡はしない	機会があれば会いたいが連絡はしない
あなたが行った精子提供で生まれた人の連絡先を開示され、その人は会いたいと思っていないことがわかっている場合、連絡しますか	全く会いたいと思わないので連絡しない	機会があれば会いたいが連絡はしない	とても会いたいが連絡はしない	機会があれば会いたいが連絡はしない	全く会いたいと思わないので連絡しない	とても会いたいが連絡はしない	機会があれば会いたいが連絡はしない

なぜ連絡しないのか――本人の意思を尊重したいから連絡しない、言い換えれば、本人が望まないのであれば連絡しないとの意見があった（M・Nさん、西園寺さん、K・Eさん、Z・Nさん、尾形さん、K・Eさん、S・Rさん、D・Tさん、和人さん）。S・Rさんは、会いたい気持ちはあるものの、自分の周囲に混乱が生じる可能性があるため連絡はしないという姿勢をもっていた。D・Tさんも、会いたい気持ちはあるものの、自分は精子ドナーだということをわきまえているため連絡しないと述べていた。和人さんは、自分の連絡先

を広く公開している以上、自分からあえて連絡をとり、クライアント家族に介入することを失礼だと考えていた。本当に会いたい、連絡したいと思うのであれば、公開されている連絡先に、コンタクトがあるはずであるそのため、自分からは連絡をしないという姿勢である。ただ、自分の精子提供によって生まれた子だと確信のもてる子どもが、ドナー情報がわからないと述べているような状況が生じた場合には、自ら連絡をとる可能性があると述べていた。K・Iさんは、自分から連絡することが相手のプレッシャーになりうるとの考えから、自分から連絡することはないとの考えであった。アクロスジャパンの小川さんは、子どもを養子に出したいと思っている女性の場合、子どもが会いたいと思っているかわからない場合や、子どもが会いたいと思っていないことがわかっている場合に、あえて自ら連絡しようとする人はいないのではないかと述べていた。

これらの回答からは、精子ドナーや、子どもを養子に出したり子どもと縁を切りたいと考えたりしている親が子どもに連絡するかどうかは、子どもの意向に大きく左右されるものと考えられる。とりわけ、精子ドナーの場合は、自ら積極的に、相手の意向にかかわらず連絡する可能性は低いと考えられる。また、精子ドナーの場合、子どもとの面会を希望するかどうかも、子どもの意向に左右される傾向にあると考えられるだろう。さらに、会いたいという気持ちがありつつも、子どもの意向が――会いたいと思っている理由や、自分への感情が――わからないなかで、子どもに連絡したり会ったりすることへリスクを感じている人もいることを考慮すれば、子どもの意向がわからない状況では、精子ドナーの気持ちゃ行動には制限がかかりうるものと考えられる。しかし、もしも精子提供で生まれた子どもが精子ドナーに会いたいと思っていることが精子ドナーに伝われば、精子ドナー側も子どもに会いたいと思ったり、精子ドナー自ら子どもに連絡したりする可能性が高くなると考えられるのではないだろうか。

■注

1 研究開始当初は対面式のインタビューのみ想定していたが、研究実施中である二〇二〇年に新型コロナウイルスの流行が始まった。そのため改めて上智大学「人を対象とする研究」に関する倫理委員会の承認を受け、オンライン会議ツール（Zoom など）上でのインタビューを行えるようにした。

2 精子ドナーの回答に関しては、二〇一九年五月から六月にかけて依頼し、協力を得られた七名からの回答をもとに、一度分析を行った。インタビューを実施する前すなわちアンケート回答のみを分析している［新田 2020］。

3 ただしM・Nさんからは、二〇一九年一一月のインタビュー後、その内容を補う連絡をいただいた（二〇二一年九月および一〇月）。また、メールインタビューをしたケースでは、細かな確認のため複数回のやりとりになることがあった。

4 問い合わせを行った団体には、研究対象者自身が所属していると考えられる団体も含まれている。なお、それらの団体に、研究対象者自身が所属しているかどうか、また、当事者と接する機会を多くもっている人が在籍しているかどうかは、問い合わせ時点ではっきりわかっていない場合もあった。

5 アンケートへの回答は「機会があれば会いたいので連絡する」であったがインタビューで修正された。

6 アンケートへの回答は「機会があれば会いたいので連絡する」であったがインタビューで修正された。

7 アンケートへの回答は「機会があれば会いたいが連絡しない」であったがインタビューで修正された。

8 西園寺さん自身は、タイミング法でもシリンジ法でも、感染症リスクがあることを承知している。

9　アンケートへの回答は「開示していない――どちらかというと教えられない／教えたくない」であったが、インタビューで「開示していない――絶対に教えられない」に修正された。

10　アンケートへの回答は「開示していない――絶対に教えられない」であったが、インタビューで「開示していない――機会があれば教えてもよい」に修正された。

11　アンケートへの回答は「開示していない――絶対に教えられない」であったが、インタビューで「開示していない――機会があれば教えてもよい」に修正された。

12　アンケートへの回答は「開示していない――どちらかというと教えられない／教えたくない」であったが、インタビューで「開示していない――機会があれば教えてもよい」に修正された。

13　FTMカップルやFTM夫婦は、夫が小柄なゆえに低身長である精子ドナーを探していることがあるという。

14　アンケートでは「開示していない――どちらかというと教えられない／教えたくない」が選択されていたが、「地方」と併記されていたので確認したところ、地方まで開示しているとのことであった。

15　アンケートへの回答では「機会があれば教えてもよい」が選択されていたが、その後インタビューにより、本文のような趣旨であることがわかった。

16　アンケートへの回答では「開示していない――どちらかというと教えられない／教えたくない」が選択されていたが、地方まで開示していると併記されていた。

17　NHK「クローズアップ現代＋」の「徹底追跡　精子提供サイト」（二〇一四年二月二七日放送）、「男にもタイムリミットが⁉︎～精子〝老化〟の新事実～」（二〇一八年二月六日放送）、「〝精子力〟クライシス　男性不妊の落とし穴」（二〇一八年九月一九日放送）などではないかと推測される。

18　『週刊プレイボーイ』二〇一九年二月一八日号「私が精子ドナーになった理由――精子バンクの整備が遅れる日本で、医療機関を介さない個人ボランティアが急増」および、次号（二月二五日号）「彼女たちはなぜ第三者の精子で子供を産んだのか――無精子症の夫婦、選択的シングルマザー……それぞれの事情」ではないかと推測される［興山 2019］［興山 2019］。なお、Z・Nさんは、この週刊誌の報道の後、各民放のワイドショー、「スッキリ！」「とくダネ」「グッドラック」、読売テレビ「Ten」、AbemaTV などが相次いで精子提供に関する話題を報道したように記憶している。

19 二〇二〇年、新型コロナウイルス流行に際し、政府は経済対策として国民ひとりあたり「特別低額給付金」一〇万円を配布した。

20 『夏物語』は川上未映子の小説である。三八歳の独身女性が、性交渉をすることなく子ども産みたいという願いからＡＩＤに興味をもち、ＡＩＤ出生者と交流をもつなどする様子が描かれている［川上 2019］。

21 日本生殖医学会の「『提供配偶子を用いる生殖医療についての提言』の改訂」（二〇二〇年一〇月二二日付）内の「国内においては、配偶子提供者、特に精子については現時点でも極めて不足しており、今後、提供配偶子を用いた生殖医療が行われるにあたっては、輸入配偶子に頼らざるを得なくなる可能性が高い」という記述を読んでのコメントである［日本生殖医学会 2020］

22 他の精子ドナーに「自然な性交渉による提供しか受け付けていない」と言われ、シリンジ法での提供を求めてＨ・Ｎさんに問い合わせをしてきたケースが多かったとのことである。

23 アンケートでは「どちらかというと教えられない／教えたくない」であったが、インタビューで絶対に教えられないとの旨が述べられたため変更した。

24 Ｓ・Ｒさんはインタビュー時、〝数年後に自分がどうなっているかわからないので、精子提供により自分の遺伝子を遺しておきたい〟という考えは短絡的であったと振り返っていた。

25 ＮＨＫ「クローズアップ現代＋」の、「徹底追跡 精子提供サイト」（二〇一四年二月二七日放送）、「男にもタイムリミットが!?～精子〝老化〟の新事実～」（二〇一八年二月六日放送）、「〝精子力〟クライシス 男性不妊の落とし穴」（二〇一八年九月一九日放送）などではないかと推測される。

26 たとえば、あるＬＧＢＴクライアントは、ただ性交渉をしたいがために精子ドナーになっている人に精子提供を依頼してしまったと話したという。また、あるクライアントは、精子ドナーの都合で一方的に精子提供を断ち切られてしまったことがあると話したという。そのような相談を受けるなかで、Ｓ・Ｒさんの気持ち――ＬＧＢＴカップルの力になりたいとの思い――は大きくなっていったとのことである。

27 研究協力時点で精子提供済の二名（ともに配偶者がいる）に対しては、この姿勢を貫くつもりである。ただ、インタビュー時に問い合わせを受けていたクライアント――LGBTかつ配偶者のいないクライアント――への対応は思案中とのことであった。

28 アンケートへの回答では「開示していない―どちらかというと教えられない／教えたくない」であったが、その後のインタビュー内で市町村まで開示していることが確認できたため変更した。

29 アンケートへの回答では「開示していない―どちらかというと教えられない／教えたくない」であったが、その後のインタビュー内で「機会があれば教えてもよい」に変更した。は大きくなっていったとのことである。

30 アンケートの回答では「開示していない―絶対に教えられない／教えたくない」であったが、その後のインタビューで、クライアント経由で子どもが知る分には問題ないことがわかったので修正した。

31 これは和人さんの記憶のなかでの印象であり、実際に四〇代、五〇代の精子ドナーが多かったのかどうかはわからない。

32 O型男性からの精子提供であれば、生まれてくる子どもの血液型と夫婦の血液型との間に矛盾が生じにくいからである。

33 インタビュー時、それまで四六歳以上の人から連絡を受けたことはないと述べていた。

34 現居住地は、アンケートへの回答では「開示していない―どちらかというと教えられない／教えたくない」であったが、インタビューで、都道府県までであれば開示可能であることがわかった。

35 アンケートへの回答は「開示していない―どちらかというと教えられない／教えたくない」であったが、インタビューで修正された。

36 小川さん曰く、居住地を教えることに抵抗感を抱く理由は「二〇年前の彼氏に現住所を教えますか？ 教えないですよね。それと同じ」である。

37 この「魔法」はすぐに消えてしまう――およそ退院するまでの約一週間に消える――と小川さんは話していた。出産後、親は退院してから一週間ほどで現実社会に復帰し、自身の生活に戻る必要があるからである。

38 養親が子どもを受託するときの様子を動画で撮影し、「実親に渡してあげてください」と述べた事例はあったという。

39 ［久慈、吉村、慶應義塾大学医学部産婦人科学室 2005］

第3章 考察

本研究の目的は、ＡＩＤや「こうのとりのゆりかご」の匿名性を保持しながらも、ＡＩＤ出生者や「こうのとりのゆりかご」に預けられる子どもの出自を知る権利を尊重する策を検討することである。そのために、ＡＩＤ出生者や「こうのとりのゆりかご」に預け入れられた人が求める〝出自〟の情報と、匿名性によって守られている精子ドナーや、「こうのとりのゆりかご」に子どもを預ける親が、それぞれの生物学的な子どもに開示できる情報との間に重なりがあるのかどうか、あるのであれば、それは何であるのかを検討した。これまでに述べたことをふまえれば、この〝重なり〟は、あるといえるのではないだろうか。

1　出自を知る権利と匿名性の調和点

その〝重なり〟とは、子どもが精子ドナーや親について知りたいこと――①精子ドナーや親を立体的に思い描くために有用なもの、②実生活で必要だと思うものや実生活で役に立つと思うもの、③自己肯定感の向上や「恐れ」の払拭に寄与するのではないかと期待できるもの――のうち、精子ドナーや親が、①子どもやクライアント（ＡＩＤの場合）のために必要であると判断するもの、②個人特定やトラブルにつながらないと考えられるものではないだろうか。

たとえば、医学的情報や身体的特徴は、家族歴や血液型、毛髪の特徴、体格や体質などであれば、個人特定には直結しない。細かな検査結果や歯形などを除くようにすれば、子どもに伝えられるという精子ドナーや親はいるのではないか。容姿に関しては、写真や動画は、適宜編集すれば渡せるかもしれない。声には加工を施すとしても、話し方であれば――たとえば録音あるいは録画に音声加工を施してもよいのであれば――伝えられるという人もいるかもしれない。趣味嗜好、性格・気性、職業・職歴、信仰も、個人特定につながりづらい。これらについても、伝えられる人は少なくないのではないだろうか。親よりも上の世代について――たとえば自分の親（子どもにとっての祖父母）に関する諸情報――や人生史も、個人特定がなされない範囲に限れば、伝えられる場合があるのではないだろうか。出身地、現居住地も個人特定がなされない範囲であれば伝えられる人は少なくないのではないか。精子ドナーや親のさまざまな思い――子どもが誕生したときの思い、精子提供時の思い、子どもと離れる時の思い、子どもへの現在の思い――も、個人特定に至らない範囲で記録したり伝えたりすることはできるだろう。子どもが誕生したときの状況や、別離の状況も同様である。

一方で、名前や墓の場所は、個人特定に直結しているため開示は困難であると考えられる。ただ、墓の場所に関しては、出身地や現居住地と同様に、個人特定がなされない範囲であれば、つまり大まかな場所などであれば、伝えられる人はいるかもしれない。

また、自分の情報を子どもに伝えることで、自分が経済的な負担を被ることがないと確信できれば、精子ドナーや親たちが開示できる情報は増えるかもしれない。そのためには、精子提供の場合であれば、精子ドナーが、精子提供で生まれた子どもの養育費の請求や認知の請求を受けることはないと定められることが必要となる。子どもを養子に出したり、縁を切りたいと望んだりする親の場合であれば、親がその事例ごとに適切なカウンセリングや支援を受けられるようにすることがその一助となるだろう。また、精子提供の場合、クライアントや子どもとの関係性に良好な変化――信頼関係が築かれた場合など――が起きた場合にも、開示できる情報の範囲が広がる可能性があると考えられる。さらに、クライアントや子どもの考えを知る機会や、クライアントや子どもから質問を受けられるような機会があれば、それらに応じて、適宜、開示範囲を広げられる可能性があると考えられる。

2　匿名性を保持しながらも出自を知る権利を尊重する策

では、ＡＩＤや「こうのとりのゆりかご」の匿名性を保持しながらも、ＡＩＤ出生者や「こうのとりのゆりかご」に預けられる子どもの出自を知る権利を尊重する策とは何であろうか。これまでに述べたことをふまえて考えれば、たとえば次の四点が、その策になるのではないだろうか。

(1)　精子ドナーの募集選定方法を変更すること

まず、ＡＩＤの場合、精子ドナーの募集選定方法を変えることが一策になるのではないだろうか。ＡＩＤが国内に導入されてから現在に至るまで、精子ドナーの多くは医療機関の付属大学の医学部生が担ってきたといわれている。そして彼らの将来を守るため、精子ドナーの完全匿名原則が維持されてきた。しかし、本研究の結果からは、完全匿名を精子提供の条件とせず、個人で精子提供活動をしている人が少なからず存在していることがわかった。また、今後医療機関などが精子ドナーの門戸を広げ、医学生でなくとも精子ドナーに応募できるようになれば、完全匿名が保障されなくとも応募するという人が存在するであろうこともわかった。本研究協力者では、現在も精子提供活動を続けている一一名のうち六名が、今後医療機関などが精子ドナーを募集するのであれば応募する可能性があると答えていた。

以前応募したことがあった人および民間の精子バンクにすでに登録済だと答えた人もそれぞれ一名いた。精子ドナーとしての適齢期を過ぎているから、あるいは、すでに多くのクライアントに精子提供をしているからといった理由で自分は応募する気はないものの、他者に精子ドナー登録を勧めると述べた人も二名いた。一九五八年に医療機関のＡＩＤのため精子ドナーとなっていたＭ・Ｎさんは、もし現在の記憶や知識をもったまま過去に戻ったと仮定して考えたとき、子どもの出自を知る権利が保障されており、かつ、自分が一生独身を貫くと決めていたならば、やはり精子ドナーになると述べていた。なお、かつて国内初の民間の精子バンク「エクセレンス」がつくられたとき（一九九六年）に募集された精子ドナーは、完全匿名を条件にしていなかったが、「エクセレンス」の開設から数か月のうちに、約七〇名が精子ドナー登録をしたという話もある[1]。

もちろん、精子ドナー志願者が多数いたとしても、各医療機関が精子ドナーになるための条件――たとえばすでに精子提供経験がないという条件など――を設けるのであれば、それを満たし、実際に精子ドナーとなれる者の数はそれほど多くはないかもしれない[2]。それでも、本研究協力者のように、精子ドナーの募集があればぜひ応募したいと考えているうえ、完全匿名を精子提供の条件としなくてもよいと考える人がいるとわかったからには、そのような人々に精子ドナー応募の門戸を開くことを検討してもよいのではないか[3]。そのような人々が医療機関の精子ドナーに応募できるようになれば、ＡＩＤの完全匿名制を廃止することができる。つまり、ＡＩＤ出生者の出自を知る権利の保障が一歩近づくと考えられる[4、5]。

（2）精子ドナーの法的立場を明確化すること

ＡＩＤにおいては、精子ドナーの法的立場の明確化も一策になると考えられる。つまり、精子ドナーと、精子提供で生まれた子との父子関係を明確に否定する法を定めることである。

慶應義塾大学病院で精子ドナーが不足するようになった一因は、精子ドナー志願者に対して、今後ＡＩＤで生まれた人から精子ドナー情報の開示請求がなされる可能性があることや、日本にはＡＩＤで生まれた人と精子ドナーとの父子関係を明確に否定する法がないことを説明するようになったことである。また、第2章「何を守りたいのか」にて述べたように、本研究協力者の精子ドナーが個人情報を開示していない理由、あるいは開示できない理由として質問項目にかかわらず挙げられたものには、養育費など経済的な負担の発生への恐れや、認知の請求をされることへの恐れがあった[6]。経済的なトラブルや負担が生じないと判断できることを、個人情報の開示の条件に挙げた研究協力者もいた。養育費や認知の請求には応じないとの旨を記した誓約書を独自で作成し、クライアントと交わしている研究協力者もいた[7,8]。

これらを考慮すると、精子ドナーと、精子提供で生まれた子との父子関係を明確に否定する法が定められれば、個人特定に至るまでの細かな情報を含め、より多くの情報を開示できる精子ドナーが増える可能性があると考えられるのではないか。つまり、ＡＩＤ出生者の出自を知る権利の保障が一歩近づくと考えられるのではないだろうか。

（3）精子ドナーや親と子どもの仲介を行う第三者機関を設置すること

本書の執筆中に、日本産科婦人科学会が「精子・卵子・胚の提供等による生殖補助医療制度の整備に関する提案書」（二〇二一年六月）をまとめた。これは、「生殖補助医療の提供等及びこれにより出生した子の親子関係に関する民法の特例に関する法律」の成立（二〇二〇年一二月）後にまとめられたものであり、日本産科婦人科学会はこのなかで、「生殖補助医療の提供等及びこれにより出生した子の親子関係に関する民法の特例に関する法律」はＡＩＤを含む生殖補助医療で生まれた人の親子関係を明確にした点で大きな意義をもつと述べている。しかし、ＡＩＤを含む生殖補助医療で生まれた子どもの出自を知る権利の問題など十分な議論をすべき課題はまだ残されているとの指摘も行っている。インターネットを介した精子のやりとりが増加するなかで、また、精子バンクの利用者が増加するなかで、それらに一定の規制が必要であるとも述べている。「精子・卵子・胚の提供等による生殖補助医療を適切に実施することができ、提供者と非提供者が安心して治療をうけることができる環境づくり」が何より優先されるべきことだとも述べている。そして、これらの指摘とともに、「公的管理運営機関」の設置を提案している[9]。同様の管理機関の必要性、重要性については、「精子・卵子・胚の提供等による生殖補助医療制度の整備に関する報告書」（二〇〇三年）内でも言及されているほか、仙波らも指摘しているところである[10]。

本研究協力者からも、第三者の存在を求める声が複数名から上がっていた。精子ドナーや親とのやりとり、または子どもとのやりとりを仲介する存在がいてほしいという声である。なお、本研究協力者の回答からは、精子ドナーや、子どもを養子に出したり子どもと縁を切りたいと考えたりしている親が子どもに連絡するかどうかは、子どもの意向に大きく左右されうることが示唆された。とりわけ、精子ドナーの場合は、相手の意向にかかわらず、自ら積極的に連絡するという可能性は低いと考えられた。子どもとの面会についても、それを希望するかどうかの段階で、子どもの意向に左右される傾向にあると考えられた。さらに、自分は子どもに会いたいという気持ちをもっていても、子どもの意向が――会いたいと思っている理由や、自分への感情が――わからない状況で、あえて子どもに連絡したり会ったりすることへリスクを感じている研究協力者もいた。親との縁が絶たれている子どもが、精子ドナーや親の連絡先を入手できた場合はどんなことが予想されるのかというと、子ども自ら精子ドナーや親に連絡する可能性があるものと考えられるものの、その可能性は、精子ドナーや親の意向に多少の影響を受ける可能性があると考えられた。精子ドナーや親が子どもに会いたいと思っていることがわかった場合には、その可能性は若干増し、精子ドナーや親が子どもに会いたくないと思っていることがわかった場合には、その可能性は低くなるということである。精子ドナーや親のことを何も知らない状態で連絡先を提示されただけでは、連絡することを躊躇う子どもがいることも示唆された。これらを考慮すると、精子ドナーや親と、子ども双方の意思の確認を行う第三者の存在は、精子ドナーや親、そして子ども双方にとって大きな意義をもつと考えられる[11]。

また、本研究協力者のうち、個人で、インターネット上で精子提供を行っている精子ドナーは完全匿名を提供の条件とせず、いくつかの自己情報を開示していた。ただ、その情報開示は、あくまでも精子提供時に、精子提供を受けるクライアント——すなわち精子提供で生まれてくる子どもの生物学的な親究のものである。したがって、それら精子ドナーの情報が子どもに伝わるかどうかは、クライアントに委ねられてしまっている状況であった。久慈らの調査（対象者は一九九四年から一九九八年にかけて実施された慶應義塾大学病院のＡＩＤで子どもを得た夫婦）によれば、慶應義塾大学病院でＡＩＤにより子どもを得た夫婦の夫一四六名のうち、告知を積極的に考えていると答えた人は全体の一％にすぎなかったという[12]。また、久慈らの調査（二〇一〇年から二〇一一年にかけて実施。対象者はＡＩＤを希望して慶應義塾大学病院を受診した夫婦一一二組）によれば、真実告知に積極的な姿勢をみせた夫婦は一五％に過ぎなかった[13]。両調査から一〇年以上が経過しているうえ、「生殖補助医療の提供等及びこれにより出生した子の親子関係に関する民法の特例に関する法律」（二〇二〇年）の成立時の各議論などの影響で、それ以降、出自を知る権利を重要だと考える人は増えているかもしれない。また、医療機関のＡＩＤのクライアントと、研究協力者のクライアントとでは、おかれている状況が異なる。そのため、この調査結果をそのまま現状に適用できるかどうかはわからないが、その後この数値——真実告知に積極的な姿勢をみせる夫婦がまだ少ないということ——に飛躍的な変化が生じていると言い切ることもできないだろうと考えると、精子提供を受ける人には、真実告知に関する助言を行う存在が必要であると考えられる。

さらに、本研究協力者の回答からは、子どもが精子ドナーや親のことを「知りたい」という思いの背景には、自分に関心をもっていてほしいという願望が存在しうるとも考えられた。自分が親に思いを馳せているように、親も自分に思いを馳せていてほしいとの思いや、自分が精子ドナーや親に何らかの影響を及ぼしていると思いたい気持ちをもつ子どもがいると考えられた、ということである。しかし、精子ドナーや親の気持ちには、人により温度差があるだろう。本研究協力者のなかでも、子どものことを「自分の生きた証」「実子と対等な存在」などと思っていた精子ドナーがいた一方で、子どもと自分とは一切関係ないという姿勢をとっていた精子ドナーもいた。また、自分と縁を切ることを選んだ親が、自分の望むような回答を――たとえば自分が何らかの影響を及ぼしていたことがわかる言葉など――するとは限らないと承知のうえで、親の胸中を知りたいと述べていた人もいたが、自分が失望する答えや自分が傷つくような答えであれば、それは聞きたくない、知るのが怖いという人もいた。

これらから考えられるのは、精子ドナーの情報を精子提供で生まれた子どもに開示する際、また、子どもと縁を切った親の情報を、その子どもに開示する際には、慎重かつ適切な方法をとらなければならないということである。そのためにも、当事者の間を仲介する第三者の存在は必要なのではないだろうか。

（4）子どもが求めることを精子ドナーや親に知らせること

子どもが関心を抱く傾向にあるものを、精子ドナーや親に知らせるようにすることも一策になるのではないだろうか。第2章「何を守りたいのか」で述べたように、本研究協力者の精子ドナーは、クライアントや子どものために有用だと判断した情報については開示する傾向があると考えられた。また、精子ドナーで、すべての項目に関して開示に肯定的な姿勢をみせたM・Nさんは、かつてはＡＩＤ出生者は出自を知る権利を求めるべきではないと考えていたが、精子ドナーのことを知りたいと述べるＡＩＤ出生者がいると知ったことで、その意識が変わり、できるだけ子どもの希望に応じて情報を開示したいと考えるようになったと述べていた。さらに、アクロスジャパンの小川さんによれば、子どもを養子に出したいと述べてアクロスジャパンに相談した女性のなかで、当初は子どもに何らかの情報やものを渡すことを拒む人がいたとしても、開示を求められている理由がわかれば、開示に肯定的な姿勢に転ずることがあるとのことであった。これらからは、子どもが求めることを、その理由を添えて精子ドナーや親に伝えれば、匿名を望む精子ドナーや親であっても、いくつかの情報を残せると考えられるのではないだろうか。

Y・Fさんは述べていた――情報が何もないと、すべてのケースを想定して苦しまなければならないが、真実がわかれば、それひとつに苦しめばよくなる――。A・Zさんも述べていた――情報があるのに何も教えてもらえない状態が最もよくない――。何も情報がないよりは、ひとつでも情報があるほうがよい。何かひとつでも情報を、少しでも多く情報を、親から子どもに残してもらうためには、親と縁の切れた子どもが何を求めるのか、なぜそれを求めるのかを、精子ドナーや親に伝える機会をつくっていくことが必要なのではないだろうか。

■注

1　一九九六年四月、国内初の民間精子バンク「エクセレンス」が開設された。「エクセレンス」の精子ドナーの条件は、「頭脳明晰」「容姿端麗」「スポーツ・芸術の才能に富む」のいずれかとされていたという。「エクセレンス」の精子ドナーは完全匿名性をとっておらず、精子ドナーとクライアント（未婚者も可）との事前面会も行われていたが、一九九六年四月の開設から同年九月までに、精子ドナー登録者は約七〇名にのぼったとのことである。登録者の年齢層は、三〇歳前後が最も多く、未婚者と既婚者の割合は六対四ほどといわれている。なお、クライアントは「エクセレンス」に受精した時点で七五万円を、また、その後、子どもが誕生したらをまた七五万円を、つまり総額一五〇万円を「エクセレンス」に払うことになっていた。精子ドナーは、そのうち二〇%を得られたという［斎藤真 1996］。

2　たとえば世界最大の精子バンク「クリオス・インターナショナル」（本社：デンマーク、アメリカ合衆国）に登録されている精子ドナー（一八歳～四五歳）は一〇〇〇名を超えているが、そのうち日本人は一名だけである。「クリオス・インターナショナル」は、精子ドナー応募者に対して厳しい審査を行うことにしており、最終的に精子ドナー登録者となれるのは、応募者の五～一〇%であるという。なお、「クリオス・インターナショナル」の日本窓口は、本稿執筆中の二〇一九年二月にひらかれた［こみね 2021］。

3　精子ドナー応募の際に設ける条件は、今後検討を深めていく必要があるだろう。たとえば、精子ドナーとなれる者は独身とするのか既婚者であってもよいとするのか、あるいは、すでに実子をもつ者にするのか、実子がいない者にするのかなどについて慎重な議論を行う必要があると考えられる。妻や実子に、かつて精子ドナーであったことを話したＭ・Ｎさんは、精子ドナーの妻の気持ちも、ＡＩＤのありかたを検討する際に考慮すべき重要なことであるとの旨を述べていた。Ｍ・Ｎさんが精子ドナーとなっていたのは、独身の医学生時代である。Ｍ・Ｎ

さんにとって精子ドナーになることは、不妊に悩む夫婦のことを考慮すれば「いいこと」であった。しかし年月を経て、精子ドナーであったことを話した後の妻の反応から――妻はM・Nさんが精子ドナーをしていたということを「理性」では受け入れられても「感情」では受け入れられていないのではないかと推測している――精子ドナーにならなければよかったと思うようになっている。その一方で、西園寺さん、K・Eさん、D・Tさん、和人さんのように、妻や実子に精子ドナーとなっていることを伝えながら精子提供活動を行っている人もいた。彼らの妻は、どのような気持ちでいるのだろうか。これらについては別稿にて改めて論じたいと考えている。なお、本文中に示したように、本研究協力者の精子ドナーのうち、妻および実子がいると答えた人は、一三名中八名であった（その他四名は妻および実子なし、一名は非公表）。また、妻や実子がいると答えた八名のうち、妻に精子ドナーになっていることを伝えている、または伝える予定があるという人は五名（その他三名は伝える予定はないと回答）であった。

4

本研究協力者のように医療機関を介さず、個人間で精子のやりとりをする場合には、次のようなトラブルやリスクが生じる可能性がある。①医療機関のＡＩＤの場合、提供精子は一八〇日間以上の凍結期間と十分な検査を経てから使用される。潜伏期間の長い疾患の感染リスクを考慮してのことである。しかし個人間の精子のやりとりを行う場合は、そうした対応は困難である。また、クライアントが性感染症を有している可能性もある。つまり個人間で精子のやりとりをする場合、性感染症感染のリスクが双方に生じる。②医療機関のＡＩＤでは、精子ドナーは完全匿名とされている。そのため、精子ドナーとクライアントが双方の情報を得ることはありえない。しかし個人間で精子のやりとりを行う場合、精子ドナーおよびクライアントが完全匿名者となることは難しい。精子の受け渡しにあたっては、何らかの個人情報や、それにつながりうる情報を、双方が開示せざるをえないからである。そのため、さまざまなトラブルに巻き込まれる可能性がある。たとえば、クライアントが認知や養育費を精子ドナーに請求するなどした場合には、トラブルに発展する可能性がある。なお、本文にも示したとおり、精子ドナーが認知や養育費の請求を断る旨を事前に示していたとしても、認められない可能性がある。また、第2章「何を守りたいのか」でゆきのぶさんが述べていたように、クライアントが「(精子ドナーに) レイプされた」などと主張した場合、それを否定するのが困難になる可能性もある。③精子ドナーが、クライアントに「夫の精子だ」と偽って自分からの提供精子を医療機関に持ち込ませた場合には、精子ドナーが詐欺罪に問われる可能性がある。④個人間で精子のやりとりを行う場合、精子ドナーやクライアントが自ら述べる情報の正確性は担保されない。二〇二〇年には、経歴詐称をしていた精子ドナーとのトラブルに関する事件が報道された［著者不明 週刊女性 2020］。もし、本研究協力者のように医療機関を介さずに精子提供を行っている人たちが医療機関の精子ドナーになることができれば、これらのリスクを軽減させることもできるのではないだろうか。

5　本稿執筆中に、国内で新たに精子バンク「みらい生命研究所」が開設されるとの旨が報道された。「みらい生命研究所」では、獨協医科大学が精子ドナーの感染症検査などに協力するといい、前掲注4で述べたリスクのうち、少なくとも①感染症へのリスクは低減されると考えられる。なお、「みらい生命研究所」にて提供を受ける夫婦は、匿名ドナーか非匿名ドナーかを選べるようになっている［「精子バンク 有償提供 来月開始「出自知る権利」課題」（読売新聞二〇二一年五月二五日付）、「国内初 民間バンク 不妊治療へ精子の安定確保 高リスク 個人間取引に歯止め」（読売新聞二〇二一年七月一四日付）］。

6　ＡＩＤで生まれた子どもの出自を知る権利を認めているオーストラリア・ビクトリア州において、自分の情報を開示することに抵抗感を示した精子ドナーのなかにも、同様の懸念すなわち精子ドナーの資産に対してＡＩＤ出生者が権利を主張することへの懸念を示した人がいたという。ただ、同州では、ＡＩＤ出生者がドナーの資産に対して権利を主張することはできないことになっている［大野和 2015］。

7　当該研究協力者は、その誓約書に効力があると考えているようであったが、精子ドナーと、精子提供で生まれた子どもとの父子関係を明確に否定する法がない以上、米国のマロッタ事件（二〇一三年、注10参照）のように、その誓約が無効とされる可能性は否定できない。その誓約そのものが「子の福祉に反する」ものと判断されたり、「身分に関する契約は公序良俗に反する」とみなされたりする可能性も否定できない。

8　マロッタ事件とは、レズビアンカップルに私的に精子提供を行った米国カンザス州の男性が、精子提供で生まれた子どもの養育費を請求された事件。カップルは、子どもの誕生後に離別した。また、そのうちひとりは働けなくなってしまった。そこで子どもの母親は公的支援を州に申請した。すると、州は精子ドナーの名前を明かすよう告げたため、母親はやむなく男性の名前を告げた。州は男性宛に、養育費の請求書が届けた。男性は、親権放棄および法的・経済的責任を負わない旨を記した誓約書をカップルと交わしていたが、医師の介在しない誓約であったために誓約は無効であると判断されたのである。

9 日本産科婦人科学会は、この提案書のなかで、公的管理運営機関の業務・役割を次のように示している。(1)情報管理、(2)出自を知る権利に関する議論、(3)精子・卵子・胚の提供体制の整備、(4)精子・卵子・胚提供による生殖補助医療を実施する医療施設の認定、指導、監督、(5)当該生殖補助医療で子どもが生まれたあとの相談窓口の設置、(6)当該生殖補助医療の規制に関する検討、(7)当該生殖補助医療に関する啓発活動や、当該生殖補助医療を受けることを検討している人への支援としての教育活動——さらに、今後、同機関で議論されるべき課題も示している。

10 仙波らは、AID出生者、クライアント、精子ドナーの情報を中央管理するシステムの検討や、出生者が精子ドナーや異母きょうだいにあたる人物と接触する場合のサポート体制の確立が必要であると指摘している［仙波、清水、久慈 2017］。

11 「こうのとりのゆりかご」に子どもを預けた母親が、会いたいという気持ちをもちつつも、自分から会いに行ってはいけないと考えているケースがあるという。彼女は、子どもが成長し、自分(母親)に会いたいと望んでくれるのであれば会いたいと考えているとのことである［森本 2020］。

12 久慈らが一九九四年から一九九八年にかけて実施した慶應義塾大学病院のAIDで子どもを得た夫婦の夫を対象に行った調査結果である。依頼数一九〇通に対して回答数は一四六通で、そのうち、子どもへの告知に積極的であった人は全体の一%、「絶対にしない」「できればしたくない」と答えた人は全体の八一%であったという［久慈、堀井、雨宮 他 2000］。

13 久慈らが慶應義塾大学病院においてAIDを希望して同病院を受診した夫婦(二〇一〇年八月から二〇一一年一二月までに初診かつ受診時点で子どもをもったことのない夫婦一一二組)を対象に行った調査である。それによれば、告知を積極的に考えている夫婦は全体の一五%(一一二組中一七組)、告知するかどうかを悩んでいる夫婦は二八%(三一組)、告知しないと答えた夫婦は五二%(五八例)、「告知という問題があることを考えてもいなかった」という夫婦が三%(三例)であったという［久慈、清水、仙波、安藤 他 2012］。

おわりに

本書ではＡＩＤや「こうのとりのゆりかご」の匿名性を保持しながらも、ＡＩＤ出生者や「こうのとりのゆりかご」に預けられる子どもの出自を知る権利を尊重する策として、四点を提示した。それは、①精子ドナーの募集選定方法を変更すること、②精子ドナーの法的立場を明確化すること、③精子ドナーや親と子どもの仲介を行う第三者機関を設置すること、④子どもが求めることを精子ドナーや親に知らせることである。これらの策は、諸外国ですでに実施されている例もある[1]。諸外国の状況もふまえながら、日本国内での現実化の道を探っていけたらよいのではないだろうか。

ただ、この策を具体化させると同時に、忘れてはならないことがある。それは、そもそも子どもが権利を行使できる状況におかれなければならないということである。また、権利を行使できるという状況が、子どもに力を与える可能性があると気がつくことも重要である。

本研究では、研究対象者には、親子の縁を喪失しているという共通点をもつ者として捉えるようにしていた。しかしアンケートやインタビューを行っていくうち、その共通点があることは事実だとしても、また、喪失への感受性には個人差があるとはいえども、子どもと、精子ドナーや親との喪失感の程度には、差があるといわざるをえないように考えられた。両者の喪失感の程度に差をつくりだしているのは、自分に選択権があったかどうかなのではないだろうか。精子ドナーや親は、子どもと縁を切るという選択を自ら行っている。個人で精子提供を行っているのであれば、自分の情報を開示するかどうか、開示するのであれば何をどこまで開示するのか、自分で決めることができる。医療機関のＡＩＤの場合は、自己情報を開示するという選択肢をもつことはできないが、匿名で精子提供をすることを承諾するか否かは自分の意志で決定できる。子どもを幼少期に養子に出す親や、遺棄する親、さらに離婚などにより子どもと縁の切れた親などは、やむを得ない事情を抱えていた可能性はあるにせよ、少なくとも自らの意志でその後の方針を決め、実行している。その一方で、子どもたちは、一方的に、しかも親の都合で親子の縁を断ち切られている。それも、生まれる前や、物心がつく前に、その状況におかれている。自分の意志が全く無視されているということができるだろう[2]。

本研究協力者からは、精子ドナーや親の情報そのものには、自己肯定感を向上させる力はないかもしれないという声が上がっていた。しかし、精子ドナーや親の情報を知ることが、自己肯定感の向上に寄与する可能性があるという声もあった。それは、自分の意思で、自分の時間や労力を使い、精子ドナーや親の情報を集めていく過程には、いわゆる〝喪の作業〟[3]に通ずるところがあることを意味しているのではないだろうか。つまり、自分の意思で、自分の労力を使って、自分の欲する情報を集めていくこと——言い換えれば、自分のストーリーをつくり、自分を納得させていく過程[4]——が、精子ドナーや親から一方的に縁を断ち切られ、自己肯定感が低くなってしまっている状態や、精子ドナーや親への複雑な思いを抱えて悶々としている状態から脱するために貢献するのではないかということである。

これらを考慮すれば、部分的であっても出自を知る権利を整備し、子どもが精子ドナーや親について知ろうと思えば知ることができるという状況をつくることにはやはり大きな意義がある[5]。「はじめに」にて述べたように、ＡＩＤや「こうのとりのゆりかご」の匿名性には意義があるといわざるをえない。それならば、匿名性を保持しつつも、完全匿名性を辞め、先に挙げた四つの策などを実現させていけるとよいのではないだろうか——これが本研究の結論である。

ただ、課題も残っている。本研究では研究対象者のうち、協力を得られた方々の属性に偏りがみられてしまった。特に「こうのとりのゆりかご」の当事者からは研究協力を得ることができなかった。預けられた子どもたちに関しても、預け入れを行った人に関しても、慈恵病院が秘密厳守としている以上、また、そもそも預け入れを行った人が匿名性を求めていることを考えればもっともな結果である。しかしさらなる検討を行っていくためにも、当事者から研究協力を得られる方法を模索していきたい[6]。同時に、関係者への聞き取りを行い、その数を蓄積させていきたい。当事者と関係者との間には大きな隔たりがあるとしても、関係者の声の蓄積にも大きな意義があるはずである。そのほか、今後は卵子ドナーや卵子提供で生まれた人への調査も行い、第三者の配偶子を用いた生殖補助医療の問題についてさらなる検討を重ねていきたい[7]。さらに、第3章2-(1)「精子ドナーの募集選定方法を変更すること」内の注3でも述べたように、精子ドナーの妻の気持ちについての調査検討も行っていきたい。

精子ドナーや親を知らずに生きることを余儀なくされる子どもたちの背景について掘り下げていくことも必要であると感じている。彼らはなぜ、そのような境遇におかれなければならないのか。言い換えれば、彼らの精子ドナーや親は、なぜ子と縁を切ることを選択するのか。これについては、「はじめに」でも言及したが、さらに考察を行っていく必要があるだろう。

本研究の研究対象者の喪失感や悲しみの特徴についても考察していきたい。喪失や悲しみへの感受性は人それぞれである。それぞれが感じているものは、比べられるものでも、比べるべきものでもない。しかし、その人が抱いている喪失感や悲しみへの理解が深まれば、よりよい支援や対応を考えることができるようになる。筆者は以前、AID出生者の喪失感の特徴として、(1)緩和させるものがないこと、(2)「怒り」と「自己否定」の堂々巡りに陥っていること、(3)親と自分との関係性が「受容」の鍵となっているのではないかと述べた[8]。この際の研究対象者は、AID出生者六名（うちインタビューを実施できたのは三名）のみであった。本研究では、それよりも多い数の研究協力を得ることができており、これらからは、より詳細な検討を行えるものと考えられる。彼らの貴重な語りをもとに、その喪失感や悲しみの特徴についても考えていきたい[9]。なお、ＡＩＤ出生者と、遺棄や親の離婚などにより親のことを十分に知らずに育つことを余儀なくされた人とを同じ範疇で論ずることが適切なのかどうかという疑問は常に抱いていたい[10]。本研究の実施中にも、両者は出自情報を求めているという点は同じであっても、いわば望まれて生まれてきたのか、そうではない可能性が否定できないのかといった点で、その背景にあるものが異なるという指摘を受けたことがある。たしかに、ＡＩＤ出生者は、さまざまな面で親にも負担のかかるＡＩＤという技術を使ってまでも望まれた子どもとみなされることが多い。しかし当事者の話からは、ＡＩＤ出生者のなかには、「望まれた」のは、〝自分〟なのではなく、母親の妊娠および出産という経験だったのではないか、あるいは、跡継ぎや、体裁をとりつくろうための子どもという存在だったのではないかなどと考えている人がいることがわかる。また、遺棄や離婚などによって手放された子どもは、やむを得ない事情があったとしても、望まれなかった存在なのではないかとみなされることが多い。しかし、「こうのとりのゆりかご」に関する資料や研究からは、子どもを元配偶者や他者――「こうのとりのゆりかご」を含む――に預けることを選択する親のなかには、子どもを大切に思うがゆえに縁を切るという選択をしている人もいるであろうことが推測できる。いずれのケースでも親子それぞれの思いがそれぞれに十分に伝わっていないように感じられ、もどかしい。親の気持ちは、伝えていないのだから伝わらない。子の気持ちは、伝えられないのだから伝えられない。もちろん、わからない状態、伝わらないという状態を許容することも重要であるが、苦しみや悲しみのなかにいる当事者には、その言葉は酷である。本論文にて提示した策が実現し、親の思い、そして子どもの思いが、少しずつでも相手に伝わるようになることを願いたい。

本研究対象者（A）と研究対象者（B）すなわち出自を知りたいと願う人と、その生物学的な親との仲介を行う第三者機関の概要についてもより具体的な検討が必要である。検討する際には、その仲介は情報開示のみにとどまらないことも考慮に入れなければならない。具体的には、情報開示の前後を問わず、当事者への継続的なケアが必要になる。二〇二一年現在、医療機関におけるＡＩＤに使われる精子ドナーの情報をもっているのはＡＩＤを実施する医療機関である。その医療機関が精子ドナーとＡＩＤ出生者との仲介も行うことができれば、情報管理や諸手続きは比較的円滑に行えるかもしれない。では、医療機関の誰が、その仲介を担当することが望ましいのだろうか。医師、看護師、助産師、臨床心理士、遺伝カウセリング担当者などが考えられるかもしれない。いずれにしても、適切な研修を受けるなどしてＡＩＤ出生者の心理に詳しい者が担当するべきである。また、ＡＩＤの実施から、子どもが精子ドナーのことを知りたいと願うようになるまでには、あるいは、もしもイギリスなどのように精子ドナーの情報にアクセスできる年齢が設定されるのであればＡＩＤの実施から子どもがその年齢に達するまでには、最短でも十数年がかかる。そのことも考慮に入れ、適切な情報管理の方法と、精子ドナーとＡＩＤ出生者の仲介に関して慎重に検討しなければならないだろう。なお、ＡＩＤの場合、親が子どもに真実告知を行わなければ出自を知りたいと願うことすらできないという仕組みから、ＡＩＤ実施前のカウンセリングが拡充されている。そのカウンセリングの場から、親のことも生まれてくる可能性のある子どものことも、継続的にケアできる仕組みをつくっていくことにも意義があるだろう[11]。母子手帳交付時から地域の保健師が関わっていくという方法もあるかもしれない。通常、医療機関での妊娠判定の後、母子手帳が交付される。その際、不妊治療による妊娠であるかどうかを問われることはあっても、ＡＩＤでの妊娠であるかどうかなど、細かなことまで問われることはあまりない。そこでＡＩＤでの妊娠であることを保健師が把握することができたなら、出産前からＡＩＤを選択した家族への継続的なケアを行うことができる。保健師であれば、地域の特性に応じたケアができるうえ、必要であれば、保育園などの福祉施設や、その後の教育機関、児童相談所などとの連携も可能である。そのほか、養子縁組あっせん団体や、養子関連の支援団体も適性があるかもしれない。たとえば、子どもを養子縁組に出した親とその子どもとの仲介については、すでに行っている団体がある[12]。また、児童相談所職員（ソーシャルワーカー、児童心理士、医師など）や施設職員（ファミリーソーシャルワーカー、施設心理士、ケアワーカーなど）も適任であるかもしれない。これらはライフストーリーワークの実施者の例として挙げられている職種である[13]。いずれの者が担当することになっても、多職種で連携をとり、親のことも子どものことも継続的に、包括的にケアしていこうという姿勢をもつことが重要であろう。

また、本研究では、子どもが出自を知る権利を行使して知りたい出自情報とは何かという問いに取り組んだ。しかしそもそも出自を知る権利とはいったい何なのか――このような疑問がある。これについても学びを深めていく必要があろうと考えている。

残された課題に取り組むにあたっては、技術の発展や社会の変化に着目する必要がある。たとえば、このまま遺伝子検査技術が発展し続け、それが誰しもにとって身近なものになれば、生物学的な親の医学的情報に関しては、他者から得る必要がなくなるかもしれない。本研究対象者のうち子ども側が求めていたものが情報そのものだけではないことを考慮すれば、それがすべてを解決するわけではないが、彼らに開示されるべき出自情報の内容に変更が生じるかもしれない。また、本研究に着手してから本書を書き上げるまでに関連分野でもいくつもの動きがあった。たとえば、二〇一九年二月、世界最大の精子バンク「クリオス・インターナショナル」（本社：デンマーク、アメリカ合衆国）の日本窓口が開設された。二〇一九年一一月、慈恵病院が内密出産の独自導入を表明した[14]。二〇二一年一〇月には内密出産希望者が現れたこと、二〇二二年一月には実際に内密出産が行われたことを発表し、二〇二三年八月末までに一一件の内密出産が行われたことが公表されている[15]。二〇二〇年一二月には、本稿冒頭で示したように、「生殖補助医療の提供等及びこれにより出生した子の親子関係に関する民法の特例に関する法律」が成立した。これにより、第三者からの提供配偶子を用いた生殖補助医療で生まれた子の親子関係が、国内では初めて明文化された。さらに、この数年間でSNSなどを介した個人間での精子のやりとりがさかんになり、二〇二一年五月には、国内で新たに精子バンク「みらい生命研究所」が開設されるとの旨が報道された[16]。さらに、二〇二一年一二月には、日本産科婦人科学会が、ＡＩＤなど第三者の関わる生殖補助医療に関して、管理や運営を担う公的機関を開設する構想があることを発表した[17]。二〇二二年一月には、はらメディカルクリニック（東京都）が非匿名ドナーの提供精子を用いたＡＩＤおよび体外受精を独自に行うこと、また、精子ドナーの公募を始めることを発表した。さらに同クリニックは、非匿名ドナーの提供精子による体外受精で生まれた子どもが、一八歳以上になり、かつ、本人が希望した場合には、精子ドナーと接触できるよう手はずを整える方針であることも表明した。精子ドナーとＡＩＤで生まれた子どもとの間を取り持ち、希望に応じて両者の面会に立ち会ったり、面会の場を提供したりする意思があることも表明した[18]。これら同クリニックの新たな試みは、まさに本論文にて提案した四つの策のうち、①精子ドナーの募集選定方法を変更することを実現するとともに、③精子ドナーや親と子どもの仲介を行う第三者機関を設置することを実現させている。そしてこれらは、他の二つの策——②精子ドナーの法的立場を明確化すること、および④子どもが求めることを精子ドナーや親に知らせること——につながる可能性もあるだろう。二〇二二年一二月には、提供精子・卵子を用いて生まれた人と、精子や卵子を提供したことのある人を結び付けること、また、同じ精子提供者・卵子提供者から生まれた人同士を結び付けることを支援する一般社団法人ドナーリンク・ジャパンが設立された[19]。これらの動きにも着目しながら、さらなる課題に取り組んでいきたい。さらなる課題に取り組むにあたっても、本研究の視点——出自を知りたいと願う子と、匿名性に守られている親、その双方の思いを調査し、どちらの権利を優先させるかという視点ではなく、両者の調和点を見出そうとする視点――を大切にしたいという気持ちを持ち続けたい。

■注

1 たとえば、生殖補助治療法によりすでに精子ドナーの匿名性を廃止しているオーストラリア・ビクトリア州には、精子ドナーとＡＩＤで生まれた子どもとを仲介する第三者機関（Victorian Assisted Reproductive Treatment Authority：VARTA）が設置されている。VARTA。オーストラリア・ビクトリア州議会の生殖補助医療に関する規制に関して管轄する組織）が設置されている。VARTAは、子どもは「自分がどこから来たのか」、すなわち自らの遺伝的な来歴を知りたがっているのだということを精子ドナーに伝えるなどの役割を果たしている［大野和 2015］。なお、精子ドナーの完全匿名性をすでに廃止している国や地域は、オーストラリア・ビクトリア州のほか、スウェーデン（人工授精法）、イギリス（人の受精および胚研究に関する法律）、オーストリア（生殖医療法）、オーストラリア・ニューサウスウェールズ州（生殖補助技術法）、オーストラリア・ウェスタンオーストラリア州（ヒト生殖技術法）スイス（生殖医療法）、ノルウェー（ヒト・バイオテクノロジー医療法）、ニュージーランド（人の生殖補助技術法）、フィンランド（不妊治療法）などが挙げられる。また、条件付き、制限付きでドナー情報を開示している国もある（アイスランド、オランダ、スペイン、ポルトガル、ギリシャ、ハンガリー、エストニア、オーストラリア・サウスオーストラリア州など）。各国の情報は、才村、二宮、林、南、泉、日比野などの文献に詳しい［才村 2008］［二宮 2009］［林 2010］［南 2010］［南 2012］［泉 2018］［日比野 2018］。

2 子どもの出自を知る権利が法や制度で守られている国々と、日本との文化的背景についても今後比較し、分析していきたい。たとえば、「子ども」あるいは人間の始期がいつからなのか、その解釈によって、出自を知る権利への考え方が異なるかもしれない。なお、子どもの権利条約では子どもの始期についての言及はない。権利の主体とみなされる「子ども」の始期が受胎期からか、出生児からになるのか意見が分かれ、各国の解釈や制度に委ねるとされたからである。永井らによれば、日本の場合、従来の法制度や解釈に従って、権利の主体として認められる「子ども」に胎児は含まれず、出生児以後が「子ども」と解釈されることが一般的となっている［永井、喜多、寺脇、荒牧 編 2000］。また、各国における堕胎や棄児の歴史と、出自を知る権利への考え方の相関性についても今後検討していきたい。

3 喪の作業（mourning work）というと、ボウルビィやキューブラー＝ロスなどの論があるが、ここでは特定の説をさしているのではなく、一般的な論——悲しい気持ちを乗り越える過程などのこと——をさしている。

4 これはライフストーリーワークにも通ずるところがあるだろう。ライフストーリーワークとは、才村らによれば、次のように定義されている。「社会的養護のもとで暮らす子どもの日々の生活やさまざまな思いに光を当て、自分は自分であっていいということを確かめること、自分の生い立ちや家族との関係を整理し（空白を埋め、輪郭をつかむ）、過去‐現在‐未来をつなぎ、前向きに生きていけるよう支援する取り組みが、ライフストーリーワークである」［才村、大阪ライフストーリー研究会 2016］。才村らは、ライフストーリーワークの手法をＡＩＤ出生者や卵子提供により生まれた人のケアに応用するための冊子を作製している［由井 編 2016］［精子・卵子の提供により生まれた人のためのライフストーリーワーク研究会 編 2018］。

5 オーストラリア・ビクトリア州議会の生殖補助医療に関する規制に関して管轄する組織であるVARTA（Victorian Assisted Reproductive Treatment Authority）のジョンソンも、「重要なことは『知りたいときに知ることができる』という選択肢が用意されていること」だと述べていた［大野和 2015］。

6 近年、「ゆりかご」に預け入れられた経験をもつ当事者が語り始めた。今後、何らかの話を聞かせていただけたらと考えている。

7 卵子提供の歴史はＡＩＤに比べて短く、その実態が十分に明らかになっているといえない状況であるが、卵子提供とＡＩＤとでは、当事者の心理が異なる可能性がある。たとえば清水らの研究からは、精子ドナーと卵子ドナーとの間では、子どもの出自を知る権利に関して異なる心理的特性がみられるという興味深い結果が出ている［清水、長岡、朝倉 2007］。また、久慈も、卵子提供とＡＩＤとでは、ドナーの心理、卵子や精子の提供を受けて子どもをもった親の心理、そして子どもの心理がそれぞれ異なる可能性があると述べている。たとえば、具体的なデータはないものの、久慈の知るかぎり、卵子提供で生まれた子どもが卵子ドナーに会いたいと言っている例は少ないという。また、卵子提供の場合、卵子ドナーは自分の提供卵子から生まれた子どものことを知りたがる傾向があるという。[久慈 2019]。

8 キューブラー＝ロスの死の受容五段階説と、ＡＩＤ出生者らの手記集［非配偶者間人工授精で生まれた人たちの自助グループ、長沖 2014］の内容を照合、検討して導き出したものである［新田 2019］。

9 現時点では、いわゆる「あいまいな喪失」に類するところがあるのではないかと推測している。「あいまいな喪失」とは、ポーリン・ボスが提唱したもので、終結を拒み、悲嘆のプロセスを凍結しうる不明確な喪失のことである。①身体的には存在していないのに心理的に存在している状態、②心理的には存在していないのに心理的には存在している状態に大別される［中島 2019］。本研究対象者のうち、研究対象者（Ａ）すなわち出自情報を求める子どもの例は、このうち①に類似するところがあると考えられる。ただ、「あいまいな喪失」では、喪失の対象は愛着の対象とされているが、本研究対象者にとって生物学的な親が愛着の対象であるかどうかは疑問であり、今後比較検討を行ってみるなどしたい。

10 ライフストーリーワークの手法をＡＩＤ出生者のケアに応用しようと試みている才村らも、ＡＩＤ出生者と応用の方法などについて検討を重ねている［才村 2013］。

11 ＡＩＤの場合、ＡＩＤ実施医療機関で治療を受けたあと、別の医療機関にて妊娠判定を受ける夫婦も少なくない。そのため、ＡＩＤを受けた夫婦の追跡調査は時に困難となっている。この点についても改善をはかっていく必要があるだろう。

12 社会福祉法人日本国際社会事業団（ISSJ）は、設立（一九五二年）から現在に至るまでの養子縁組の記録をすべて保存しており、養子縁組支援の一環として、子どものルーツ探しの支援を行っている（社会福祉法人日本国際社会事業団ウェブページ http://issj.org　最終アクセス：二〇二二年一月二六日）。

13 ［才村、大阪ライフストーリー研究会 2016］

14 二〇二一年一〇月に内密出産を希望した女性については、その後関係者に身元を明かし、内密出産には至らなかったことが発表された［「内密出産：『内密出産』希望者を保護　熊本・慈恵病院、市に早急対応要請」（毎日新聞二〇二一年一〇月二九日付）、「内密出産：熊本・慈恵病院　『内密出産』を回避　女性翻意、家族に説明」（毎日新聞二〇二一年一一月一一日付）、「身元明かして届け出へ　熊本・慈恵病院、匿名で出産希望の女性　出産後に考え変化」（朝日新聞二〇二一年一一月一一日付）］。二〇二一年一二月の内密出産事例については、慈恵病院で予め規定していたとおり、出産した女性の情報を把握しているのは新生児相談室長のみであり、慈恵病院は、その女性すなわち内密出産で生まれた子どもの母親の諸情報について空欄のまま、子どもの出生届を出すことを検討している。戸籍法に則れば、子どもの出生から一四日以内に、親は自分の名前や本籍なども含む出生届の提出が必要であるが、慈恵病院としては女性の希望を考慮し、親の情報を空欄にしたまま慈恵病院が出生届を提出したいということである。慈恵病院は、これが公正証書原本不実記載罪に問われるかどうか、質問状を熊本地方法務局に提出し、回答を待っているという（二〇二二年一月二六日現在）［「空欄の出生届　違法性質問『内密出産』病院　法務局に」（読売新聞二〇二二年一月一三日付）、「内密出産：『内密出産』母不記載は罪か　熊本・慈恵病院、出生届で国に質問状」（毎日新聞二〇二二年一月一四日付）、「内密出産、法的見解問う　親の名前知らずに出生届　慈恵病院」（朝日新聞二〇二二年一月一四日付）］。

15　「はじめに」注33参照。

16　「精子バンク　有償提供　来月開始「出自知る権利」課題」（読売新聞二〇二一年五月二五日付）、「精子バンク：民間精子バンク開始　来年にも提供、年五〇〇件目標」（毎日新聞二〇二一年六月二日付）、「国内初　民間バンク　不妊治療へ精子の安定確保　高リスク　個人間取引に歯止め」（読売新聞二〇二一年七月一四日付）より。しかし「みらい生命研究所」は二〇二三年三月、精子提供をめぐる法整備が進んでいないことや、施設の維持が経済的に難しくなったことを理由に活動中止した［「国内初の民間精子バンク　提供巡る法整備進まず、活動中止」（毎日新聞二〇二三年六月九日付）］。

17　第三者の関わる生殖補助医療に関して管理・運営を担う公的機関の設置については、「精子・卵子・胚の提供等による生殖補助医療制度の整備に関する報告書」（二〇〇三年）、「精子・卵子・胚の提供等による生殖補助医療制度の整備に関する提案書」（二〇二一年）などのなかで提案されながら二〇二一年一二月時点で実現に至っていない。

その実現に向け、幅広い意見を求めたいと、日本産科婦人科学会は二〇二一年一二月から二〇二二年一月にかけてウェブアンケートを実施した「日本産科婦人科学会「『生殖医療・生命倫理に関する公的管理運営機関の設置の提案に関するアンケート調査』ご協力のお願い（二〇二一年一二月一五日）」。

18 はらメディカルクリニックのウェブページ上『提供精子による生殖補助医療の実施要項』にてこれらの旨が示された「はらメディカルクリニック『提供精子による生殖補助医療の実施要項（二〇二二年一月）』」。また、同クリニックが二〇二二年一月一四日付でその旨を日本産科婦人科学会に報告した書面およびその報告書に対する日本産科婦人科学会の見解は日本産科婦人科学会ウェブページ上にて公開された「はらメディカルクリニック院長 宮崎薫「当院における提供精子による生殖補助医療の実施要項改変のご報告」（二〇二二年一月一四日）」「日本産科婦人科学会「貴院よりの『当院における提供精子による生殖補助医療の実施要項改変のご報告』を受けて（二〇二二年一月二五日）」」。

19 一般社団法人ドナーリンク・ジャパン https://donorlinkjp.org

謝辞

博士論文および本書を執筆するにあたり、多くの方々にお世話になりました。この場を借りて、お礼を申し上げたいと思います。

まず、上智大学大学院実践宗教学研究科死生学専攻の修士課程および博士後期課程で指導教官となってくださった浅見昇吾先生には、感謝してもしきれないほど、お世話になりました。研究指導だけでなく、人生相談にも快く応じてくださる先生に幾度となく助けていただきました。大変ご多用であるなか、研究室に入り浸る私を何とかするために、そうせざるをえなかったのかもしれませんが……。とにもかくにも、先生なくして、私の研究生活はありませんでした。どうかいつまでも、お元気でいてください。

博士論文の副査を引き受けていただきました橋爪幸代先生にも心からの感謝を申し上げます。本論文の執筆中に、「生殖補助医療の提供等及びこれにより出生した子の親子関係に関する民法の特例に関する法律」（二〇二〇年一二月）が成立し、その解釈に難儀していましたが、先生のご指導のおかげで、その背景や、解釈を理解することができました。また、判例の書き方や読み方などにつきましても教えていただき、大変ありがたかったです。同じく博士論文の副査を引き受けていただきました白鳥孝子先生にも心からの感謝を申し上げます。先生のご指摘や優しい励ましの言葉は、次から次へと浮かんでくる課題から逃げずに立ち向かう力をくださいました。そのほか、諸先生方にも大変お世話になりました。仙波由加里先生には、国内外の精子提供の現状に関して貴重なお話を聞かせていただきました。お礼を申し上げた際、「気にしなくて構わないから、いい研究にしてくださいね」とあたたかくお声かけいただいたことは大きな励みになりました。入澤仁美先生には、ご闘病中にもかかわらずたびたびのご助言をいただきました。釧路生命倫理フォーラムにもお声かけいただけてありがたかったです。本書の完成を報告する前に、逝去されてしまい、大変残念でなりません。これからも先生との議論を忘れずに、学んでまいりたいと思います。柏木恭典先生にも大変お世話になりました。「こうのとりのゆりかご」の必要性を訴え続けられる姿と、その奥にある先生の優しいまなざしからは、自分にできることは何か、自分がするべきことは何かが問われているように感じています。

また、上智大学大学院実践宗教学研究科のコロキウムやゼミ、生命・医療倫理研究会、日本スピリチュアルケア学会、日本医学哲学・倫理学会にて発表をさせていただいた際、コメントをくださったみなさまにもこの場を借りて感謝申し上げたいと思います。さらに、本研究の実施に際してご助成いただきました上廣倫理財団にも心からの御礼を申し上げます。ありがとうございました。

研究ご協力者のみなさまにも、心からの御礼を申し上げたいです。ＡＩＤでお生まれになった鳰灯子さん、木野恵美さん、大羽弥生さん、若草ひとみさん、また、さまざまなご事情で親御さんのことを十分に知らずに生きていらっしゃった長谷部さちこさん、スズキタロウさん、Ｙ・Ｆさん、常盤圭伽さん、Ａ・Ｚさんには、ご自身の経験を思い出しながらお話していただくことになり、時にはつらい記憶を想起させてしまったこともあったかと思います。それでもつたないアンケートやインタビューに真摯に向き合ってくださったうえ、「私たちのことをとりあげていただき、ありがとうございます」といった言葉をかけてくださったみなさまの優しさや、「生」への考え方に大変感銘を受けました。生まれ方は選べなくとも、生き方は選ぶことができることを学ばせていただきました。かつて精子ドナーであったＭ・Ｎさん、Ｈ・Ｎさん、スタリオンさん、和人さん、二〇二二年時点で未だ現役の精子ドナーである西園寺優さん、ゆきのぶさん、Ｚ・Ｎさん、尾形太郎さん、Ｎ・Ｗさん、Ｋ・Ｅさん、Ｓ・Ｒさん、Ｄ・Ｔさん、Ｋ・Ｉさんからも貴重なお話を伺わせていただきました。精子提供の諸問題や善悪を論じる前に、その実態を知ることが大切なのではないかとの思いをくみとり、丁寧にお答えいただけたように思っています。ご多用のなか、いつでもすぐにご対応くださったり、研究への労いや応援のお言葉をくださったりした方が多かったことも印象的です。とりわけＭ・Ｎさんには、数十年前の精子提供時の気持ちから、二〇一〇年代にＡＩＤ出生者の心情を知ってからの気持ちの変化、そして研究実施中に気が付いたことまで、細部にわたって、そのお気持ちやお考えを教えていただきました。医学部生時代に精子ドナーとなった経験について沈黙を守る精子ドナーが多いなか、大変貴重なお話をお聞かせいただき感謝しております。本研究が、精子ドナーのみなさまのお考えを少しでも多く知っていただくことの一助になったらと思っています。アクロスジャパンの小川多鶴さんからは、さまざまな事情を抱える家族がいることを改めて教えていただきました。生命の芽生えや育ちは、美しい物語とともにあるとは限りません。その現実を認めること、その現実のなかで、当事者がどうやって生きていくのかを真剣に考えること――「子の福利のために」を強調されながら、それらを明るく優しく教えていただけた経験は替えがたいものになりました。そのほか、研究へのご協力は得られなかったものの、研究協力のお伺いをさせていただきましたみなさまや諸機関、諸団体、諸先生方からも、さまざまなご教示をいただきました。特に「こうのとりのゆりかご」や「小さないのちのドア」を見学させていただいたことは大きな糧となりました。どちらもあたたかく優しさにあふれた場で、足を踏み入れたときに胸がいっぱいになったことを覚えています。これからも、「ゆりかご」や「ドア」を必要とする方々のために存在し続けていただけたらと、ひそかに願い、応援しています。

上智大学大学院実践宗教学研究科死生学専攻の諸先生方、また、研究科事務室の藤原さまをはじめとする職員のみなさまや学生のみなさまにも本当にお世話になりました。研究科に入れていただいてから、転職、転居、さらに新型コロナウイルスの流行などさまざまなことがあり、戸惑ったり落ち込んだり焦ったりとあわただしい私に対して、いつも変わらずご指導くださる先生方や、ご助言をくださる事務室のみなさま、そして仕事や勉学に励まれる学生のみなさまに、本当に励まされました。

職場のみなさまにも、この場を借りて感謝申し上げたいと思います。これまでにご縁をいただいた仕事のすべてが、本研究の一要素となっています。新卒で入社した出版社のみなさま、右も左もわからなかった私に、あたたかく、丁寧にお仕事を教えてくださりありがとうございました。退職する際に、いつかみなさまに恩返しができたら、と申し上げたのに、いまだにそれができておらず心苦しいですが、論文や、この本を執筆しながらことあるごとに勤していたときのことを思い出していました。いつか、いつかと思っています。ボランティアやお仕事をさせていただきました保育園、乳児院、こども園、各ご家庭のみなさまにも、実にさまざまなことを教えていただき感謝しています。本当にありがとうございました。多忙な職場にあって、研究との両立をお許しくださったみなさまにも、感謝してもしきれません。机に向かっているだけではわからなかったことを現場で教えていただけたことや、生命の神秘や尊さを教えていただいたことにも感謝しています。ご多用のなか、書籍化に向けて適切な助言をくださったかつての同僚、鋤納有実子さん、長くつたない文章を読み、校正し、書籍に仕上げてくださった生活書院の髙橋淳さんにも、感謝申し上げます。

最後に、これまで私に寄り添い続けてくれた友人、そして家族に、心からの感謝を申し上げます。本当にありがとうございました。

すべてのご縁に感謝し、これからも研鑽に努めていきたいと思います。

二〇二三年一一月

新田あゆみ

【研究ご協力者一覧（本文掲載順）】

鳰灯子様、木野恵美様、大羽弥生様、若草ひとみ様、長谷部さちこ様、スズキタロウ様、Y・F様、常盤圭伽様（https://ameblo.jp/keicatok.iwa/ 最終アクセス：二〇二一年一〇月一日）、A・Z様、M・N様、西園寺優様（https://t.co/s1dx1otbt8 最終アクセス：二〇二三年二月一日）、ゆきのぶ様（https://blog.goo.ne.jp/yukinobu1100 最終アクセス：二〇二一年一〇月一日）、Z・N様、尾形太郎様、H・N様、スタリオン様、N・W様、K・E様、S・R様、D・T様、和人様（http://seisiteikyou.blog.fc2.com/ 最終アクセス：二〇二一年一〇月一日）、K・I様、一般社団法人アクロスジャパン小川多鶴様（https://www.acrossjapan.org 最終アクセス：二〇二一年一〇月一日）

付録

最後に、ＡＩＤ出生者の推移と、「こうのとりのゆりかご」への預け入れ件数の推移を紹介する（表付－1、付－2）。本書のなかで当然のように使用してきた「出自を知る権利」という言葉に関しても付記しておく。また、「こうのとりのゆりかご」と同様に、妊娠したことを誰にも言えずに悩む女性や、その子どもを守るべく奮闘している「小さないのちのドア」の取り組みについても付記したい。さらに、本研究協力者よりいただいた寄稿も、紹介する。

1　出自を知る権利

本書では、これまで「出自を知る権利」という言葉を当然のように使用してきたが、「出自を知る権利」そのものについて少々確認しておきたい。

現在、「出自を知る権利」といえば、ほとんどの人がその指し示すものをイメージできるのではないだろうか。「出自を知る権利」もはや一般的な言葉になっているといえる。しかし、その根拠はどこにあるのか、何を知る権利が、出自を知る権利であるのかは、実は議論の余地がある。

出自を知る権利の根拠は、本文中でも述べたように、主に「子どもの権利条約」（Convention on the Rights of the Child）第七条の一「児童は、出生の後直ちに登録される。児童は、出生の時から氏名を有する権利及び国籍を取得する権利を有するものとし、また、できる限りその父母を知りかつその父母によって養育される権利を有する」（原文："The child shall be registered immediately after birth and shall have the right from birth to a name, the right to acquire a nationality and. as far as possible, the right to know and be cared for by his or her parents."）の「できるかぎりその親を知る権利」を根拠とされることが多い[1]。しかしこの「子どもの権利条約」第七条の一を「出自を知る権利」の純粋な根拠とするならば、この権利は、出自（origin）を知る権利ではなく親（parents）[2]を知る権利と称されるべきなのではないだろうかという疑問が生じる[3]。それなのに、「親を知る権利」よりも「出自を知る権利」という言葉が使われるケースが多いのはなぜだろうか。それはおそらく、「出自を知る権利」がキーワードとなってきたのが、主にＡＩＤや「こうのとりのゆりかご」に関わる議論においてだからではないか。ＡＩＤで出自を知る権利が問題となるケースでは、あるひとりの人間が〝どのように生まれたのか〟つまりＡ

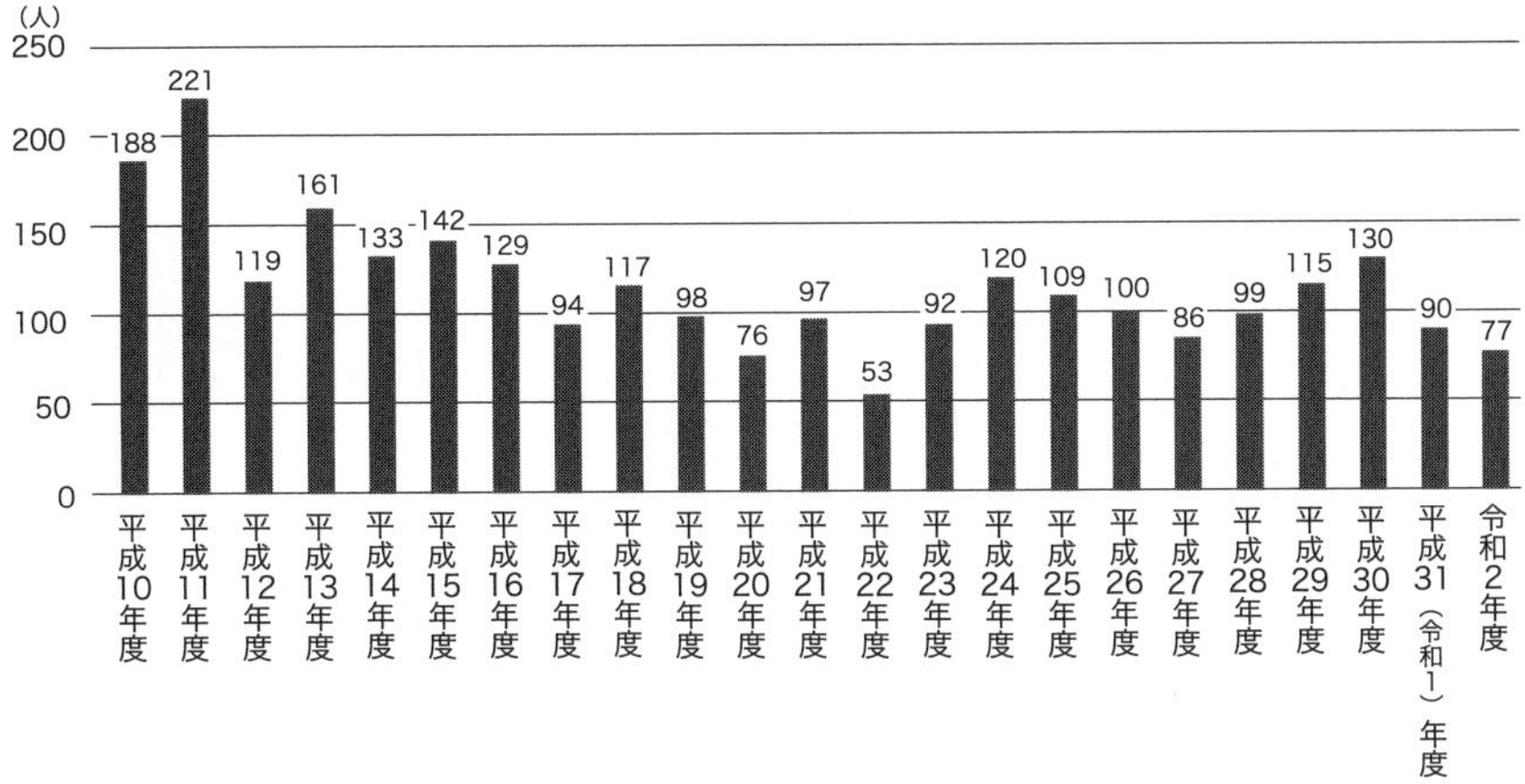

図付-1　AIDによる出生児の数（人）
[日本産科婦人科学会倫理委員会・登録・調査小委員会 2000～2022 より筆者作成]

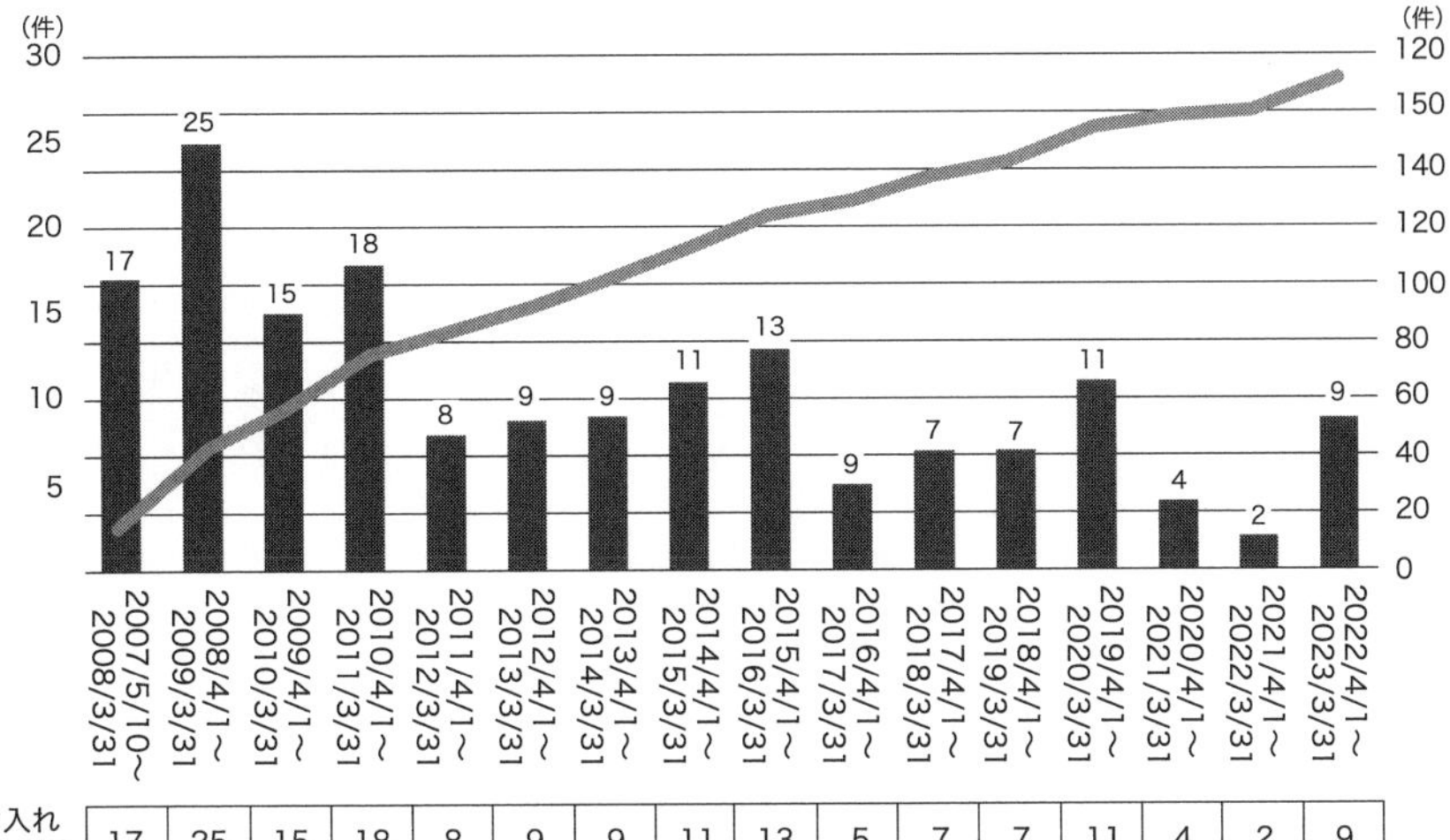

預け入れ件数（件）	17	25	15	18	8	9	9	11	13	5	7	7	11	4	2	9
預け入れ件数合計（件）	17	42	57	75	83	92	101	112	125	130	137	144	155	159	161	170

図付-2　「こうのとりのゆりかご」預け入れ件数の推移
[「こうのとりのゆりかご」専門部会 2017～2021 より筆者作成]

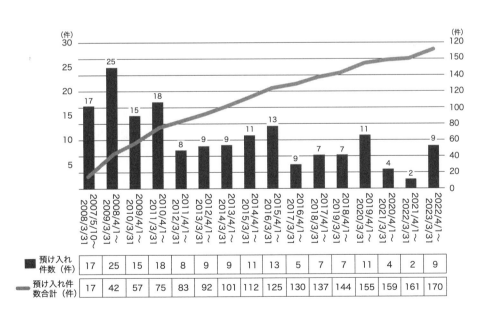

ＩＤで生まれたのかどうかを知る権利と、ＡＩＤ出生者が生物学的な親である精子ドナーを知る権利が保障されるか否かが問題となる。親が誰であるのかを知るためには、ＡＩＤで生まれたことを知らなくてはならない。ＡＩＤ出生者は、ＡＩＤで生まれたことを早く知りたかったと述べる。その強調のために、「親を知る権利」よりも「出自」という言葉が好まれて使用されてきたのではないか。また、本研究協力者もそうであったように、親を知りたいと述べる人の多くは、「親が誰であるのか」だけでなく、それ以上のことを知りたいと考えている。そのため、「親」よりも広義の「出自」という言葉が使われるようになったものと考えることもできるだろう。とはいえ、これらは推測の域を出ない。なぜ、どのようにして、子どもの権利条約第七条の一が「出自」を知る権利と訳され、ＡＩＤで生まれた人の訴えを支えるものとして使用されるようになったのか、その経緯について、十分には明らかになっていないからである。また、そもそもいわゆる出自を知る権利の根拠として、この子どもの権利条約第七条の一を挙げることがそもそも適切なのかどうか、その点にも議論の余地があるのではないか。前述した原文にあるとおり、この条文には「できるかぎり」という言葉が入っている。つまり、ごく曖昧な条文である。この曖昧な条文は、当事者の「出自を知りたい」という思いに応えてもらうための根拠としては十分ではないのではないか。さらに、子どもの権利条約は、一九八九年の国際連合第四四回総会本会議にて全会一致で採択され、二〇二二年時点で世界最大の人権条約であること、日本はこれを一九九四年に批准していることから、日本は、この条約に記されている権利の実現に向け、国内法の整備などを具体的に進めていく義務を負っているといえる。しかしながら、子どもの権利条約のような国際条約は、あくまでも国内法の上位概念であり、その国の法と結びつき、その国の実情に沿って運用されるものである。現状、日本では子どもの権利条約第七条の一と明確に結びつけられている法はない[4]。憲法一三条「すべて国民は、個人として尊重される。生命、自由及び幸福追求に対する国民の権利については、公共の福祉に反しない限り、立法その他の国政の上で、最大の尊重を必要とする」から導出される人格的自立権が、子どもの権利条約第七条の一と紐づけられる可能性があるいう意見はある[5]。ただ、その行使にあたっては、出自を知る権利を行使したいと考えるＡＩＤ出生者が成人するなどの条件を付すことが正当化されるであろうことや、精子提供者の情報管理についてのさまざまな手続きをあらかじめ法で定めておく必要があるといわれている。つまり、この憲法第一三条も、無条件に、いわゆる出自を知る権利の根拠とすることは難しいことが示唆されている[6]。もちろん、ＡＩＤ出生者や「こうのとりのゆりかご」に預けられた人の出自を知る権利を否定するわけではない。むしろ、先行研究や当事者の声、そして本研究をふまえれば、彼らの出自を知る権利を尊重すべきと考えられることはいうまでもないだろう。だからこそ、子どもの権利条約第七条の一を根拠とした「出自を知る権利」を持ち出しても、彼らの思いはなかなか報われないのではないかと考えてしまうところである。

2 「こうのとりのゆりかご」

本文にも記したように、「こうのとりのゆりかご」は、慈恵病院の院長（当時）蓮田太二氏が、ドイツのBaby Klappeをモデルにして開設した、やむを得ない事情をもつ親が匿名で子どもを預けていける場を備えた妊娠・出産に関わる相談窓口である。開設から一六年間で一七〇名の子どもを受け入れ、その功績は広く知られつつある。筆者はこの「ゆりかご」を、二〇一九年六月に見学させていただいた。

慈恵病院　本館

慈恵病院　マリア館

そのときに撮影した写真と、そのときに抱いた感想などを、簡単に紹介したい。

慈恵病院は熊本駅から、静かな住宅街を車で走ること約一〇分の場所に位置していた。病院は本館と新館（マリア館）から

「こうのとりのゆりかご」

「こうのとりのゆりかご」への道

相談室

成り、本館はたしかに新しくはないもののが清潔感を感じられる建物であった。新館（マリア館）は二〇一一年にオープンした産科・小児科の病棟で、実に美しく、やわらかいレンガ色と白色が基調となるあたたかな雰囲気のなか、大きな窓から降り注ぐ外からの光とシャンデリアからの光がきらめいていたことが印象に残っている。待合室のほかに、有料・無料のお茶やコーヒーが飲めるようカフェスペースも設置されていた。スマートフォンの充電器も設置されていた。平日の午前中に訪問したが、広々とした館内や高い天井のせいか、患者数は少なくないものの、開放感があふれていた。本館、マリア館どちらの入り口付近にも大きなマリア像があり、その前にはきれいな花が飾られていた。後述する「ゆりかご」となりの相談室にも、聖母子像があった。

マリア館側の小路を抜けたところに、「こうのとりのゆりかご」は設置されている（一度移転している）。人目につきづらい場所、さらに、曲がりくねった小路の先にあるなど、訪れる人が安心できるような工夫が随所になされていた。また、「ゆりかご」のすぐ隣には、小部屋が設けられており、「ゆりかご」に子どもを預け入れた人も、そうでない人も、いつでも相談できるようになっていた。小部屋は優しい色合いの内装で彩られマリア館の他の空間と同様にあたたかな雰囲気であった。

3 「小さないのちのドア」[7]

「こうのとりのゆりかご」を「ポスト型のこうのとりのゆりかご」とするならば、「面談型のこうのとりのゆりかご」と呼べるもの[8]が兵庫県に存在している。公益社団法人「小さないのちのドア」[9]（以降、「ドア」とも記載する）である。「ゆりかご」とは少々異なる特色をもちながらも、「ゆりかご」と同様に、母子を守るため尽力している。その実態について本書で少し紹介しておきたい。

「小さないのちのドア」は、マナ助産院の院長である永原郁子氏が、第二の「こうのとりのゆりかご」の設置を打診されたもののさまざまな困難からそれを断念し、代わりに設立したものである。人目につきづらい場所に設けられていること、専門資格をもつスタッフが二四時間体制で、顕名・匿名にかかわらず妊娠や出産に関するあらゆる相談を受け付けている点は、「ゆりかご」と同じである。駅からは少々距離があり、身重の身体や、産後の身体で新生児を連れて徒歩で向かうには遠い場所に位置している点[10]や、広報活動に力を入れている点も共通している。ただ、産科病棟内にある「ゆりかご」とは異なり、「ドア」に常駐医師はいない。慈恵病院が内密出産を行っている一方で、「ドア」は内密出産を行っていないという違いもある。その他の違いとしては、「ドア」は来所、電話、メールのほか、SNS上にも相談窓口を開設しており、来所、電話、メールと相談窓口が限られている慈恵病院よりも相談窓口の間口が広いことが挙げられる。慈恵病院、「ドア」ともに、特別養子縁組の啓発活動を行っているものの、実際に、特別養子縁組のあっせんを行っているのは慈恵病院だけという違いもある。

また、「ドア」には、「ドア」を頼る女性の自立までの支援を行う「生活支援施設マタニティホームMusubi」がある。「Musubi」は二〇二〇年一二月に設立され、妊娠したことを否認し続けたまま出産の時を迎えてしまう女性や、妊娠に気が付かないまま出産を迎えてしまう女性が出産間際や出産直後に駆け込める場であり、そうした女性への衣食住の無償提供のほか、就労支援や学習支援まで行っている。マナ助産院は、一九九三年から二〇〇〇件以上にのぼるお産に携わってきたが、二〇二二年八月に分娩受付を停止した。「ドア」や「Musubi」の需要に応えるためである。「Musubi」が二〇二二年三月までに受け入れた妊産婦は二六名にのぼる。

なお、筆者は本研究を行うにあたって二〇一九年七月に「小さないのちのドア」を訪問した。施設を丁寧にご案内いただき、「小さないのちのドア」の理念をご説明いただいたことは忘れがたい貴重な経験となった。

■注

1 子どもの権利条約第八条も、根拠として言及されることがある。

2 永井らの解説によれば、この親（parents）には、生物学的な親、遺伝上の親、育ての親（心理学的な親）が含まれるとされている［永井、喜多、寺脇、荒牧 編 2000］。

3 なお、子どもの権利条約第七条の草案に〝親を知る権利〟は存在していなかったことにも留意しておきたい。第七条は、登録、氏名、国籍のキーワードで論じられるものであり、父母による子どもの養育は第一八条の範囲の問題と考えられていたこと、さらに、〝親を知る権利〟は、子どもの権利条約の前身である子どもの権利に関する宣言（一九五九年）の審議過程においてウルグアイから提案されていたが、養子縁組制度をもつ国において困難がもたらされることや、子どもが嫡出子であるか非嫡出子であるかを不必要に暴露されるおそれがあることなどを理由に、賛成二（アルゼンチン、ウルグアイ）、反対四八（日本を含む）、棄権一六の反対多数で否決されてしまった過去があったからである。なお、日本がこのとき反対した理由は、両親が誰であるのかを子に知らせないことが子の利益となる場合があり得るとの考えからであった［外務省国際連合局政治課 1952］。草案になかったにもかかわらず、〝親を知る権利〟が子どもの権利条約第七条に盛り込まれたのは、アラブ一〇か国（エジプト、アルジェリア、イラク、クウェート、ヨルダンなど）からの提案による。提案国のひとつであるエジプトは、この権利を盛り込むねらいは、子どもの身体および精神的発達、また、人格形成のために重要となる心理的安定の確保だと述べた。この修正案に対しても、子どもの権利に関する宣言審議時と同様に多くの反対意見が出された――たとえばソ連、アメリカ、東ドイツ、ポーランドから、秘匿養子制度をこの権利の例外におく必要性があるとの意見が述べられた――が、「できるかぎり」という言葉が入れられるなどの修正を経て、最終的には現在の条文にて採択された［石川、齋藤 1995］。これらを考慮すると、出自を知る権利とは比較的新しい概念と考えられよう。

4 たとえばドイツでは、ドイツ基本法第一条の一「人間の尊厳」および同法第二条の一「人格の自由な発展」と結び付けられ、国内で出自を知る権利が明確に認められていると解釈されている［床谷 2003］［高橋 2009］。

5 その理由は、ＡＩＤ出生者が自己の出自について知ったときにもたらすアイデンティティの危機が一般に深刻であること、また、そのような危機をもたらすおそれがありながらもＡＩＤを容認してきたことについて国は責任を負うべきであると解すべきことであると小泉は述べている［小泉 2010］。また、「こうのとりのゆりかご」専門部会も、出自を知る権利と憲法一三条を結びつけ、「こうのとりのゆりかご」に預けられる子どもに出自を知る権利を保障することが望ましいと述べている［こうのとりのゆりかご 専門部会］。

6 これら憲法一三条と子どもの権利条約第七条の一との結びつきについてはすべて小泉が述べている［小泉 2010］。

7 ここに記したこと以外の「ドア」の概要は、筆者著「『小さないのちのドア』の可能性と課題を考える」［新田 2023］を参照されたい。これは「ゆりかご」との比較を通し、「ドア」の特色などについて記したものである。

8 「小さないのちのドア」代表 永原郁子、施設長 西尾和子、漫画 のだますみ『小さないのちのドアを開けて』（いのちのことば社フォレストブックス、二〇二二年）三頁の表現より。

9 「小さないのちのドア」設立当時（二〇一八年九月一日）は一般社団法人。

10 慈恵病院は最寄りの駅（上熊本駅）から車で約五分、「ドア」は最寄りの駅（三宮駅）からバスで二〇分程度かかる場所にある。

寄稿

M・Nさん（二〇二一年九月三〇日付）

●AIDによる「子」の出自を知る権利を尊重する医の倫理の研究資料

私はAIDのドナーを一九五八年に経験したが、実名を明かすことに家族の抵抗があったため、研究資料は匿名扱いを希望してきた。しかしAIDで生まれた子（以後「子」と呼ぶ）にとって自分の健康等のために遺伝情報等を知ることが大切になった今日、だれもが自分の出自を知る権利が保障されるべきだと考えるようになった。

そのため、「子」の出自を知る権利を保障する法が制定され、「子」が一〇歳以後に、精子提供者（以後「提供者」と呼ぶ）の氏名の開示を希望すれば、「提供者」はそれに応じる義務があると規定されるとよい、と私は考えるようになった。もし、そのような法が制定されたなら、私は家族ともう一度話し合って開示の努力をしたい。

しかし、提供者の中にはそれができない事情の人もありうるので、提供時に匿名が約束されていた人、そして今後もそれを維持したいと希望する人には、開示を強要すべきでないと考える。ただしそのような場合でも、「子」が「提供者」と直接会わないで、情報のみを第三者を通じて知ることができれば、いくらか満足が得られるように思う。外国の例では、提供者より提供者の子に会いたがるケースもあるという。それは「提供者」より異母兄弟の方が親しみやすく、遺伝情報等を対等に話し合えるからかもしれない。

すでに八七歳の私が「子」に会える確率は少なく、私の子が会える確率の方が大きい。そのため私の四人の子に、私が「提供者」であったことをよく話した。そして将来「子」が訪ねてくることがあれば、異母兄弟として、要望に応えてほしい、と頼んだ。私の子四人とも快く承諾してくれたので、歓んでいる。

私の血を分けもつ「子」が、出自が分からぬまま、満たされない思いで生きているかもしれないと思うとき、私もつらい思いになる。今からできることがあれば、したいという思いである。そういう子は産まれない方が良かったかと問われれば、全くそうではない。「提供者」の立場でかかわった女性は、全く未知の人で顔も声も知らないが、切実に「子」をもとめてAIDを受けられたであろうと察する。そして、たまたま私が、「提供者」の役割を果たしたが、いい子が産まれ、健やかに育って欲しいという願いは共通であったと思う。そのような女性の熱心な子育てと理解ある配偶者の間で、幸せな人に育ってくれたと信じたい。たとえ苦労があったとしても、真剣に生き抜いてほしいという「提供者」の思いで、どこかにいるその「子」を見守りたい。

そういう思いを抱いて、この大切な事実を、人権尊重の医の倫理の課題として研究される新田あゆみさんに提供できることを、うれしく思う。

鳰灯子さん（二〇二二年一二月）

●出自を知る権利に関して

毎回思うのだが権利について何故他人が意見するのかが理解できない。生涯保護下で生活するのではない限り自身について知らなければ独立できない。農産物、海産物などの生産地や出荷元の偽造も不都合が生じて事実が明かされる。需要が増えたからには真正面から向かい合うべきである。

●ＡＩＤに関して

個人的には賛成はしていない。自身の子の世代では晩婚化から不妊の問題が出始めている。積極的な妊活で通院するも疲れ果てて諦めた時期に授かったという幸運な家庭もあるが、早くも二人目不妊の壁に遭遇している。学歴、職歴が充実すると益々晩婚化が進む。この世代の夫婦そして両親たちがＡＩＤをどう受け止めるかである。少なくとも私の周りでは違和感があるようである。そこまでしなくても、ということである。そのような中で私はＡＩＤで生まれましたと名乗る勇気はない。

●こうのとりのゆりかごに関して

大事な施設だと思う。望まなかった妊娠、育てられない理由があったとしても誕生した生命は守られなければならない。真実と向き合うだけでも相当な体力を消耗するので、適切な時期に真実を伝え当事者が迷走しないよう第三者が支えた方が良いと思う。場合によってはパートナーに良い形でバトンタッチできるかもしれない。

●その他

今回は多数のドナーの意見を聞くことができた。ドナーたちが危惧しているようにここに登場してくるのは優等生のドナーである。異なる目的を持つドナーには注意が必要で自分たちとは別ものとはっきり意思表示をしている。初期段階の選別の手間を避けるために医学部の学生が標的になったのであろう。ＡＩＤを望む男性が全員医学部出身ではないのだから、本来ならば安全なドナーバンクを作りその中のデータを参考にご主人に一番良く似たドナーを選択するのが筋なのかもしれない。ただ、選択肢が出来ると理想が高くなるという人間の欲がでるらしい。

産婦人科医、泌尿器科医、小児科医、精神科医、社会福祉士などは専門性に精通しているので他の領域までまとめるリーダーにはなりえない。政府は担当がよく変わること、何よりも知識に乏しいし他の案件もあるので重要視してもらえない。研究者は肩書の元、あらゆる立場の人と平等に接する環境にある。この問題は範囲がさらに拡がっていく可能性がある。研究者がチームを作り情報をまとめるリーダーになるのが望ましいと思われる。個人的にはＡＩＤには反対である。胸を張ってＡＩＤで生まれましたと言える世の中になったならわからないが……戸籍上の父親が不妊の原因、無精子症などであったということも家庭内で明かされることは避けられない。不慮のタイミングもある。ここがシングルマザーとなってしまったら貧困問題も浮上してしまう。まだＦが小さいのも問題だが、今後は当事者の範囲を状況に応じて拡げ影響を及ぼす範囲として情報量を増やしていただきたい。

スタリオンさん（二〇二二年一一月）

●出自を知る権利に関する意見　ＡＩＤに関する意見

第三者の精子で生まれた子供の出自を知る権利に関して、これは病院介入のＡＩＤ、海外精子バンクからの輸入、そしてネット上の個人ボランティアを問わず共通して発生する問題である。提供する男性側にこの意識は希薄なのかも知れないが、産まれてきた子供がある程度の年齢になり、周辺環境と比較して自身に父親がおらず、そのルーツも分からないとなれば当然それを追い求めたくなる気持が芽生えると思う。これに関しては、乳児期に両親が離婚しシングルマザーの家庭で育った子供に関しても、母親が生物学的な父親の情報が開示しなければ、同じ問題は起こりえる。むしろ、母親が何も言わなければ子供自身は乳児期や自分が産まれる前に父親が去っていったのだと思い込むのかも知れないし、その理由を探ろうとするかも知れない。そういう意味では、本来精子ドナーの情報は産まれてきた子供に開示されれば良いのかも知れない。

しかしながら、精子提供者個人の情報を知りえてしまえば、そこから複雑な親子関係、利害関係が発生し、最悪の場合は認知や財産分与を求めた裁判沙汰に発展する可能性も否定出来ない。現在、個人で活動している精子ドナーの中には、既婚者や実養育している子息のいる男性も大勢いる。そうした現状を鑑みると、精子ドナーの情報開示に対するハードルは高く、永続的な個人情報の秘匿性が担保されなければ、現在独身でも病院でのＡＩＤに対する精子提供に協力する男性が減るのも当然であろう。産まれてきた子供が自分自身の出自を知る権利を追求したい気持ちは理解出来るが、現実的にはそれは今後も難しいと考える。昭和二〇年代に我が国初のＡＩＤが実施された当初から提供者の情報を秘匿してきたのには合理的な理由があり、今後もそれは変わらない、変えられないのだと思う（突然変えたのでドナー不足に陥っている）。

●「こうのとりのゆりかご」に関する意見

（個人精子提供には直接関係のない話題であるが、一精子提供者の意見として一般的な考えを記載する）

「こうのとりのゆりかご」に関しては、所謂「赤ちゃんポスト」の熊本市西区にある慈恵病院での運用名称である。我が国では、もう一か所、北海道石狩郡当別町にある「こどもＳＯＳほっかいどう」があるが、「こうのとりのゆりかご」の方が圧倒的に知名度は高い。先行して運用されている海外のノウハウを積極的に導入して運営されているが、我が国においても古くは太平洋戦争終結後の二〜三年間にわたり戦災孤児救済のため、東京都済生会中央病院に「捨て子台」という子供を置くためのベッドが設置されていた時期もある。

余談ではあるが、現在ウクライナ各地において膨大な数の民間人の犠牲が発生しており、疎開した戦災孤児も相当数発生していると聞こえてきている。早期の停戦が望まれるが、停戦後には多くの戦災孤児の処遇も大きな問題になると予想される。また、昭和六一年～平成四年まで、群馬県前橋市の鐘の鳴る丘愛誠会において「天使の宿」という赤ちゃんポストが運営されていた時期がある「天使の宿」に関しては、平成四年二月に乳児の遺体が置かれた事により閉鎖に追い込まれているが、「こうのとりのゆりかご」においても、平成二六年一〇月三日に乳児の遺体が置かれる同様の事件が発生しており、赤ちゃんポストの運営における共有の問題である事が浮き彫りとなった。「こうのとりのゆりかご」は遺児事件により閉鎖には追い込まれていないが、今後もこうした問題が続発すると運営に影響を及ぼす恐れもある。「赤ちゃんポスト」がない時代には、整備の先行している欧米に比べ明らかに乳児の遺棄事件が多かった気がする。現実的な問題で産まれた子供を育てられないが出産だけは母性本能でする女性が多く存在するので、「赤ちゃんポスト」や「特別養子縁組」の制度はもっと拡充しいくべきだと思う。

本当に大事なのは、産まれてきた子供（乳児）の絶対的な救命及び幸せな家庭での健やかな成長である。誰の利益のだめに設置されているのかを、批判する人間はもっと考えるべきであろう。

●本論文を読んでの感想全般（意見）

一人の研究者の女性が多くの年月と手間を掛けて作成した労作であり、大変立派な内容であると感じる。生命倫理に真面目に取り組んでいる研究はなかなか存在せず、そもそもこうして研究の協力依頼対象である個人精子提供者に関しても、性行為や女性からの報酬目的で精子を提供しようとする男性が非常に多い。そうした中で、ブログを書き自分の力で情報発信をする正統派精子提供者の男性を研究対象者に選んで進めていったのは、彼女の鋭眼と高い能力によるものである考える。今後、この分野に携わる方は、まず最初に読むべき優良な論文であるとの感想である。

●研究協力者として発信しておきたいこと

この研究協力をしている時点で既にかなりの数であったが、令和四年の現在は数えきれない程の男性が精子提供者として名乗りを挙げている。その大半は、掲示板への簡単な書き込み、ツイッターのアカウントのみ、有料マッチングサイトへの登録のみと言った簡単な方法で済ませようと考えている安易な男性ばかりである。自らの力でコツコツとブログを作成して活動を継続しようとする男性は少数派であるが、現状はこうしたカジュアル提供者に覆い隠されつつある。また、メディア出演に関して積極的であった「精子提供ボランティア最前線」の「和人」氏も短い告知期間を置いて完全に引退している。今後、この個人精子提供の世界がどうなるかは分からないが、国籍や学歴を偽って女性を妊娠させた提供者に対する裁判も起きており、逆風はますます強くなると予想する。女性が妊娠して新しい生命が生まれるという事が如何に重大な事であるか、精子提供を安直に考えている男性はしっかりと認識すべきである。この世界が悪い方向に流れない事を祈るばかりである。

●アンケートやインタビューに答えてからの自身の状況や心境の変化

一番最初に、この論文の研究協力依頼を受けた時は、正直以前からあったテレビ等の興味本位の取材依頼と同様の物であると思い、あまり乗り気ではなかった。しかし、実際に研究をしている女史とやりとりをする内に、大変真面目な方で、我々個人精子提供者に対して偏見のない事が分かってきた。その上で、彼女なら良い研究成果を残してくれると期待し、協力を惜しまない方針に考えが変わっていった。研究の期間中に、他の大学でこの分野の研究で先行していた「入澤仁美 女史」がご逝去されたのは大変残念であったが、新田あゆみ女史には彼女の遺志を受け継いで更に研究を洗練させて欲しいと思う。子供を産む女性、産まれてきた子供の双方が幸せに生きていける世の中になる事を期待しています。

木野恵美さん（二〇二二年一二月）

●論文を拝読して感じたこと

まず、出自を知る権利について、さまざまな形で生まれた当事者やドナーへの非常に丁寧な調査をされたことに、強く感銘を受けました。

拝読させていただいて感じたことは、生まれた子どもの「出自を知りたい」という思いが、なかなか他の立場の方には理解されないということでした。

「出自」がわからないということは、自分が何者で、どこから来たのかわからないということで、それは、真っ暗闇の中を手探りで歩いているようなものです。ドナーを知りたいということは、自分が何者かを知りたいということなのです。それだけなのです。それができないのは社会的な虐待であり、差別であると考えます。

私自身の経験でいえば、たとえば、ドラマでずっと会っていなかった親子が対面し、子どものちょっとしたしぐさが親とそっくりだった場面を観ると、涙があふれて止まらなくなります。たったそれくらいのことと思われるかもしれませんが、目の形、声の質、姿勢、笑い方、なんでもいい、何か一つ親と同じものはないか、必死に探そうとする子どもの気持ちを想像してみてほしいと思います。

子どもは、そういう生まれ方をしたいかどうか、聞かれたことはありません。気づいたら生まれてしまっていたのです。親や提供者は子どもを産むかどうか、どういう方法で子どもを産むかの選択ができます。子どもが生まれてよかったというのは、親や提供者が自分の子どもというものを持ててよかったということにすぎません。子どもにとって、生まれたことが幸せかどうかは、その子自身が感じる事です。その子が幸せだと感じられるように、社会が出自を知る権利を保障し、提供者が自分の情報や人となりを子どもにしっかりと伝え、子どもの尊厳を守り、差別されたり虐待されない状況にして迎えるべきだと考えます。

議論の経緯と今後の課題」、第40回医学哲学・倫理学会学術大会シンポジウム／横浜市立大学エクステンション講座「医療と倫理を巡る三つの講座　コロナと人生会議、障害と社会参加、人工授精と出自を知る権利」(2021年11月)

「インターネット上で活動する精子ドナーの意識と動向」、上智大学生命倫理研究所主催シンポジウム「出自を知ることの重要性を考える　子ども、親、生物学的親の視点から」(2023年3月)

【研究助成】

平成30年度上廣倫理財団研究助成金「出自を知りたい“子”と身元を明かすことができない“親”に関する研究」

平成31年度上廣倫理財団研究助成金「出自を知りたい“子”と身元を明かすことができない“親”に関する研究」

ンケート調査」ご協力のお願い（2021年12月15日）』
https://www.jsog.or.jp/modules/committee/index.php?content_id=207（最終アクセス：2022年1月26日）.
日本産科婦人科学会『貴院よりの「当院における提供精子による生殖補助医療の実施要項改変のご報告」を受けて（2022年1月25日）』
https://www.jsog.or.jp/news/pdf/20220128_shiryo2.pdf（最終アクセス：2022年1月30日）.
日本生殖医学会「3. 今後の課題 1) 国内における配偶子提供者の確保」、『倫理委員会報告「提供配偶子を用いる生殖医療についての提言」の改訂 (2020年10月22日)』
http://www.jsrm.or.jp/guideline-statem/guideline_2020_09.html（最終アクセス：2021年10月1日）.
はらメディカルクリニック『提供精子による生殖補助医療の実施要項（2022年1月）』
https://www.haramedical.or.jp/wordpress/wp-content/uploads/2021/12/guidelines_d.pdf（最終アクセス：2022年1月26日）
はらメディカルクリニック 院長 宮崎薫『当院における提供精子による生殖補助医療の実施要項改変のご報告』（2022年1月14日）
https://www.jsog.or.jp/news/pdf/20220128_shiryo1.pdf（最終アクセス：2022年1月30日）

本研究に関する論文、発表など

（2023年3月時点）

【論文】

新田あゆみ（2019）「AIDで生まれた人の悲嘆 ―手記集『AIDで生まれるということ』と死の受容五段階説から考える―」、『スピリチュアル研究』vol3、27-42頁.

新田あゆみ（2020）「インターネット上で活動する精子提供者の自己情報開示状況とその意識」、『医学哲学・医学倫理』38、57-64頁.

【口頭発表】

「AIDで生まれた人が精子提供者について知りたいこと」、第12回日本スピリチュアルケア学会（2019年9月）

「匿名の精子提供者の自己情報開示に関する意識 ― 開示可能範囲や開示可能理由を探る ―」、日本医学哲学・倫理学会（2019年11月）

「“親を知りたい”との思いを見つめる ～ 出自を知る権利に関する検討のひとつとして ～」、第13回日本スピリチュアルケア学会（2020年11月）

「国内精子ドナーの胸のうち―クライアントへの思い、精子提供で生まれた子どもへの思い―」、第8回釧路生命倫理フォーラム「第三者が関与する生殖とセクシュアリティを巡るRTD―子どもがいないことは悲しむべきことなのか？ 真の多様性を考える―」（2021年8月）

指定質問「AID（DI、精子提供による人工授精）の倫理：出自を知る権利をめぐるこれまでの

2023年1月18日「熊本・慈恵病院　『出自知る権利』課題議論へ　市に検討会設置要望　／熊本」(毎日新聞)
2023年3月7日「熊本・慈恵病院　内密出産9例目　産後翻意し撤回」(毎日新聞)
2023年3月14日「出自告知で養親ら初調査、熊本　市児相、赤ちゃんポスト巡り」(共同通信)
2023年5月30日「『ゆりかご』22年度9人　預け入れ数、3年ぶり増加　開設16年で累計170人」(熊本日日新聞)
2023年6月9日「国内初の民間精子バンク　提供巡る法整備進まず、活動中止」(毎日新聞)
2023年6月23日「『内密出産』10、11例目　熊本・慈恵病院」(毎日新聞)

【テレビ放送】

日本放送協会『クローズアップ現代＋』(2018年9月19日放送)、「“精子力”クライシス　男性不妊の落とし穴」.
日本放送協会『クローズアップ現代＋』(2018年2月6日放送)、「男にもタイムリミットが!? ～精子“老化”の新事実～」.

【ウェブページ】

The Donor Sibling Registry. (Since 2000). The Donor Sibling Registry：
http://www.donorsiblingregistry.com/（最終アクセス：2021年10月1日).
一般社団法人ドナーリンク・ジャパン　https://donorlinkjp.org（最終アクセス：2023年5月31日）
外務省「児童の権利条約 全文」https://www.mofa.go.jp/mofaj/gaiko/jido/zenbun.html
（最終アクセス：2021年10月1日).
厚生科学審議会生殖補助医療部会『精子・卵子・胚の提供等による生殖補助医療制度の整備に関する報告書』(2003年4月28日). https://www.mhlw.go.jp/shingi/2003/04/s0428-5a.html（最終アクセス：2021年10月1日).
こみねあつこ「『精子購入150人のうち過半数がシングル女性』『出産第1号はレズビアンのカップル』世界最大の精子バンク日本語窓口、開設から2年の“リアル”」、『文春オンライン』https://bunshun.jp/articles/-/45645（2021年5月26日付、最終アクセス：2021年10月14日).
こみねあつこ「『精子売買はグレーマーケットだった』“不妊治療大国”で元証券会社社員が精子バンク日本語窓口を立ち上げたワケ」、『文春オンライン』
https://bunshun.jp/articles/-/45644（2021年5月26日付、最終アクセス：2021年10月14日).
すまいる親の会ウェブページ. https://www.sumailoyanokai.com/index.html（最終アクセス：2021年10月14日).
社会福祉法人日本国際社会事業団ウェブページ http://issj.org（最終アクセス：2022年1月26日）
公益社団法人小さないのちのドアウェブサイト https://door.or.jp/（2022年12月1日閲覧).
日本産科婦人科学会『「生殖医療・生命倫理に関する公的管理運営機関の設置の提案に関するア

2022年1月5日「国内初　内密出産か　昨年12月　熊本の慈恵病院」（読売新聞）
2022年1月5日「内密出産：国内初『内密出産』か　孤立した妊婦、匿名で入院　熊本・慈恵病院」（毎日新聞）
2022年1月10日「クローズアップ：内密出産、進まぬ法整備。熊本・慈恵病院、取り組み2年」（毎日新聞）
2022年1月13日「空欄の出生届　違法性質問『内密出産』病院 法務局に」（読売新聞）
2022年1月14日「内密出産：『内密出産』母不記載は罪か 熊本・慈恵病院、出生届で国に質問状」（毎日新聞）
2022年1月14日「内密出産、法的見解問う 親の名前知らずに出生届 慈恵病院」（朝日新聞）
2022年2月9日「熊本市、内密出産協力へ　慈恵病院と　『母子を支援』」（毎日新聞）
2022年2月10日「熊本市、内密出産容認　慈恵病院の事例『現実的対応に転換』」（毎日新聞）
2022年2月10日「内密出産の出生届に母親名前なしは罪？　法務局『回答できない』」（毎日新聞）
2022年2月14日「熊本市、内密出産の子供の戸籍作成へ　国内初、慈恵病院に情報求める」（毎日新聞）
2022年2月20日「内密出産　慈恵病院、出生日・出生地を提出　熊本市、区長職権で戸籍作成へ　／熊本」（毎日新聞）
2022年2月25日「内密出産の子　出生届のガイドライン作成を検討　法相答弁」（毎日新聞）
2022年2月26日「内密出産、違法性なし　厚労・法務相、指針作成を検討」（毎日新聞）
2022年3月13日「『内密出産』妊婦に熊本市が母子手帳」（毎日新聞）
2022年5月9日「『子どもを預けに来る女性の現実を知って』　赤ちゃんポスト15年」（毎日新聞）
2022年5月11日「内密出産の女性、赤ちゃんに母乳『精いっぱいの愛情』慈恵病院」（毎日新聞）
2022年5月11日「『2例目内密出産』発表　県外の成人女性　熊本・慈恵病院」（毎日新聞）
2022年5月13日「慈恵病院で内密出産の子、熊本市が職権で戸籍作成　全国初」（毎日新聞）
2022年6月6日「慈恵病院が『匿名出産』受け入れ初表明　そのメリットとリスク」（毎日新聞）
2022年6月7日「匿名出産受け入れへ　慈恵病院、熊本市に私案」（毎日新聞））
2022年7月5日「熊本『内密出産』で生まれた初の子供　里親に委ねられる見通し」（毎日新聞）
2022年7月6日「内密出産の子、里親へ　特別養子縁組で　熊本・慈恵病院」（毎日新聞）
2022年7月22日「『内密出産、3例目』　熊本・慈恵病院が公表」（毎日新聞）
2022年8月26日「熊本市の慈恵病院　内密出産『4、5例目』　東日本在住の成人女性2人」（毎日新聞）
2022年10月1日「母子情報『永年保存』　内密出産、国が初指針」（毎日新聞）
2022年10月5日「慈恵病院、千葉県に質問状　内密出産検討の10代の児相対応巡り」（毎日新聞）
2022年10月7日「『内密出産』6、7例目　熊本市の慈恵病院　国の指針に課題指摘」（毎日新聞）
2022年10月22日「内密出産　身元情報の開示協議へ　国の指針受け、慈恵病院と熊本市」（毎日新聞）
2023年1月6日「熊本・慈恵病院　内密出産8例目　東日本在住成人」（毎日新聞）

2019年12月20日「内密出産、熊本市長『慎重に』」（朝日新聞）
2020年2月21日「内密出産法整備へ、慈恵病院施設視察　玉木代表ら『議員立法も視野』」（朝日新聞）
2020年4月6日「内密出産、国は動かず　『安全・匿名で産む場所を』／支援体制や法整備進まず」（朝日新聞）
2020年4月26日「（聴く　日曜インタビュー）慈恵病院副院長・蓮田健さん」（朝日新聞）
2020年5月12日『内密出産』事例なし　赤ちゃんポストの慈恵病院」（朝日新聞）
2020年6月2日「休校中『妊娠かも』、10代の相談増　支援のNPO『性交渉の機会、増えた可能性』」（朝日新聞）
2020年7月3日「赤ちゃんポストめぐり報告　看護師の精神的負担も　慈恵病院」（朝日新聞）
2020年9月3日「母親、病院職員との接触恐れ『ゆりかご』の外に子ども置く『危険な預け入れ』」（熊本日日新聞）
2020年9月7日「『運用、違法性無し』　赤ちゃんポスト熊本市検証　10～3月」（朝日新聞）
2020年9月15日「内密出産、市見解問う　慈恵病院、熊本市に質問状」（朝日新聞）
2020年10月27日「『匿名でないと救えない』母子守る信念貫く　『ゆりかご』開設、蓮田太二さん死去」（熊本日日新聞）
2020年10月29日「救われた命　確かにあった　蓮田さん献花式」（朝日新聞）
2020年11月27日『こうのとりのゆりかご』妊娠相談が過去最多　コロナ影響か　熊本・慈恵病院」（毎日新聞）
2020年11月28日「赤ちゃんポスト　10人が孤立出産　昨年度11人中」（朝日新聞）
2021年3月2日「『赤ちゃんのこと教えて』慈恵病院・ゆりかご前にカード設置」（熊本日日新聞）
2021年3月9日「赤ちゃんの出自　カードで伝えて」（朝日新聞）
2021年5月25日「精子バンク 有償提供 来月開始「出自知る権利」課題」（読売新聞）
2021年6月2日「精子バンク：民間精子バンク開始　来年にも提供、年500件目標」（毎日新聞）
2021年6月29日「慈恵病院のゆりかご、20年度は過去最少4人　熊本市発表、累計159人に」（熊本日日新聞）
2021年6月29日「国内初 民間バンク 不妊治療へ精子の安定確保 高リスク 個人間取引に歯止め」（読売新聞）
2021年6月29日「内密出産：『内密出産』希望者を保護　熊本・慈恵病院、市に早急対応要請」（毎日新聞）
2021年6月29日「内密出産：熊本・慈恵病院　『内密出産』を回避　女性翻意、家族に説明」（毎日新聞）
2021年6月30日「『赤ちゃんポスト』昨年度は最少4人　コロナの影響か」（朝日新聞）
2021年11月11日「身元明かして届け出へ　熊本・慈恵病院、匿名で出産希望の女性　出産後に考え変化」（朝日新聞）
2022年1月5日「匿名希望、10代出産　初の『内密出産』可能性　熊本・慈恵病院」（朝日新聞）

由井秀樹（2015）『人工授精の近代』、青弓社.
由井秀樹 編、才村眞理、木野恵美、藤田あや 著（2016）「ライフストーリーワークとは？ ～精子・卵子の提供により生まれた人のためのガイドブック～」.
吉村泰典（主任研究者）（2003）『厚生労働科学研究費補助金 子ども家庭総合研究事業 配偶子・胚提供を含む総合的生殖補助技術のシステム構築に関する研究 平成14年度研究報告書』.
吉村泰典（主任研究者）（2004）『厚生労働科学研究費補助金 子ども家庭総合研究事業 配偶子・胚提供を含む総合的生殖補助技術のシステム構築に関する研究 平成15年度研究報告書』.
吉村泰典（主任研究者）（2006）『厚生労働科学研究費補助金 子ども家庭総合研究事業 生殖補助医療の安全管理および心理的支援を含む統合的運用システムに関する研究 平成17年度総括・分担研究報告書』.
吉村泰典、久慈直昭（2006）「配偶子提供とその匿名性に関する潜在提供者の意識調査」、『厚生労働科学研究費補助金 疾病・障害対策研究分野 子ども家庭総合研究 生殖補助医療の安全管理および心理的支援を含む統合的運用システムに関する研究 平成17年度総括・分担研究報告書』108-131頁.
吉村泰典（主任研究者）（2007）『厚生労働科学研究費補助金 子ども家庭総合研究事業 生殖補助医療の安全管理および心理的支援を含む統合的運用システムに関する研究 平成18年度総合研究報告書』.
渡辺久子（2011）「ルーツを知りたい：非配偶者間人工授精（AID）の問題点」、『慶應義塾大学医学部 生命倫理セミナー 2』253-277頁、慶應義塾大学医学部.
第203回国会 参議院 法務委員会 第3号 議題「生殖補助医療の提供等及びこれにより出生した子の親子関係に関する民法の特例に関する法律案」（令和2年11月19日）.
著者不明（2009）「『赤ちゃんポスト』に我が子を捨てた母親51人の『言い分』！」、『女性自身 2009年12月15日号』48-50頁、光文社.
著者不明（2020）「SNS取引の危険、精子提供を『受けた女性』と『提供した男性』のドロドロ愛憎劇」、『週刊女性（2020年6月2日号）』150-153頁、光文社.

【新聞記事（日付順）】

2019年7月27日「『病院が出生届も』 慈恵病院と熊本市、内密出産巡り意見交換／熊本県」（朝日新聞）
2019年11月7日「赤ちゃんポスト、4～9月の運用に違法性なし 熊本市専門部会が検証」（朝日新聞）
2019年11月22日「匿名妊婦の受け入れ検討 慈恵病院『法整備期待できぬ」／熊本県」（朝日新聞）
2019年12月8日「『内密出産』受け入れ表明 予期せぬ妊娠、対象 熊本・慈恵病院」（朝日新聞）
2019年12月8日「『内密出産』独自に導入 母の名、病院が保管 熊本・慈恵病院」（朝日新聞）
2019年12月10日「内密出産『法律の課題確認』 熊本市、慈恵病院と協議へ」（朝日新聞）

蓮田太二（2018）『ゆりかごにそっと―熊本慈恵病院「こうのとりのゆりかご」に託された母と子の命』、方丈社.
長谷川眞人 監修（2008）『しあわせな明日を信じて』、福村出版.
長谷川眞人、吉村譲、吉村美由紀 監修（2012）『しあわせな明日を信じて 2』、福村出版.
長谷川眞人、吉村譲、吉村美由紀 他 監修（2016）『しあわせな明日を信じて 3』、福村出版.
林かおり（2010）「海外における生殖補助医療法の現状 ―死後生殖、代理懐胎、子どもの出自を知る権利をめぐって ―」、『外国の立法』243、99-136 頁.
人見康子（1960）「第三章 人工授精と親子関係 第一 親子関係の問題点」、小池隆一、田中實、人見康子 共同編集『人工授精の諸問題 その実態と法的側面』77-85 頁、慶應義塾大学法学研究会.
非配偶者間人工授精で生まれた人たちの自助グループ、長沖暁子（2014）『AID で生まれるということ 精子提供で生まれた子どもたちの声』、萬書房.
非配偶者間人工授精で生まれた人の自助グループ会員（2010）「子どもの出自を知る権利について」、『学術の動向』15 (5)、46-52 頁.
日比野由利（2018）「生殖補助医療における「出自を知る権利」をめぐる法制度：イギリスとオーストラリアの比較」、『社会保障研究』3(1)、137-147 頁.
平原興（2014）「生殖医療技術の法制化について」、『自由と正義』65 (10)、8-14 頁.
南貴子（2007）「提供精子による人工授精と揺らぐ家族の生き方」、『国立女性教育会館研究ジャーナル』11、73-83 頁.
南貴子（2010）「人工授精におけるドナーの匿名性廃止と家族――オーストラリア・ビクトリア州の事例を中心に」、風間書房.
南貴子（2012）「オーストラリア・ビクトリア州における生殖補助医療の法制度化による子の出自を知る権利の保障」、『海外社会保障研究』179、61-71 頁.
宮嶋淳（2011）『DI 者の権利擁護とソーシャルワーク』、福村出版.
宮崎孝治郎（1960）「人工授精をめぐる問題の所在」、小池隆一、田中實、人見康子 共同編集『人工授精の諸問題 その実態と法的側面』3-8 頁、慶應義塾大学法学研究会.
宮嶋淳、才村眞理（2018）「非配偶者間人工授精における人権侵害とソーシャルワーク」、『社会福祉学』47 (3)、16-28 頁.
森岡由起子（2007）「カウンセリングをするにあたってのアセスメント技法選択について」、『厚生労働科学研究費補助金 子ども家庭総合研究事業 生殖補助医療の安全管理および心理的支援を含む総合的運用システムに関する研究 平成 16 年度総括・分担研究報告書』109-144 頁.
森本修代（2020）「私はなぜ赤ちゃんポストにわが子を預けたのか」、『女性セブン』135-140 頁、小学館.
矢吹弘子（2019）『内的対象喪失 見えない悲しみをみつめて』、新興医学出版社.
湯沢雍彦（2012）「湯沢雍彦先生に聞く 乳児期に成立した特別養子に対する真実告知の現状：岡山県ベビー救済協会発足後 18 年のアンケート調査の分析」、『新しい家族：養子と里親制度の研究』85-103 頁.

会雑誌』65 (9)、2083-2115 頁.
委員長 齊藤英和 (2014)「平成 25 年度倫理委員会　登録・調査小委員会報告 (2012 年分の体外受精・胚移植等の臨床実施成績および 2010 年 7 月における登録施設名)」、『日本産科婦人科学会雑誌』66 (9)、2445-2481 頁.
委員長 齊藤英和 (2015)「平成 26 年度倫理委員会　登録・調査小委員会報告 (2013 年分の体外受精・胚移植等の臨床実施成績および 2015 年 7 月における登録施設名)」、『日本産科婦人科学会雑誌』67 (9)、2077-2121 頁.
委員長 齊藤英和 (2016)「平成 27 年度倫理委員会　登録・調査小委員会報告 (2014 年分の体外受精・胚移植等の臨床実施成績および 2016 年 7 月における登録施設名)」、『日本産科婦人科学会雑誌』68 (9)、2077-2122 頁.
委員長 齊藤英和 (2017)「平成 28 年度倫理委員会　登録・調査小委員会報告 (2015 年分の体外受精・胚移植等の臨床実施成績および 2017 年 7 月における登録施設名)」、『日本産科婦人科学会雑誌』69 (9)、1841-1915 頁.
委員長 齊藤英和 (2018)「平成 29 年度倫理委員会　登録・調査小委員会報告 (2016 年分の体外受精・胚移植等の臨床実施成績および 2018 年 7 月における登録施設名)」、『日本産科婦人科学会雑誌』70 (9)、1817-1876 頁.
委員長 石原理 (2019)「平成 30 年度倫理委員会　登録・調査小委員会報告 (2017 年分の体外受精・胚移植等の臨床実施成績および 2019 年 7 月における登録施設名)」、『日本産科婦人科学会雑誌』71 (11)、2509-2573 頁.
委員長 石原理 (2020)「令和元年度倫理委員会　登録・調査小委員会報告 (2018 年分の体外受精・胚移植等の臨床実施成績および 2020 年 7 月における登録施設名)」、『日本産科婦人科学会雑誌』72 (10)、1229-1249 頁.
委員長　片桐由紀子 (2021)「令和 2 年度倫理委員会　登録・調査小委員会報告 (2019 年分の体外受精・胚移植等の臨床実施成績および 2021 年 7 月における登録施設名」、『日本産科婦人科学会雑誌』73 (9)、1089-1110 頁 .
委員長　片桐由紀子 (2022)「令和 3 年度倫理委員会 (現臨床倫理監理委員会)　登録・調査小委員会報告 (2020 年分の体外受精・胚移植等の臨床実施成績および 2022 年 7 月における登録施設名」、『日本産科婦人科学会雑誌』74 (9)、1408-1110 頁 .
二宮周平 (2008)「子の出自を知る権利 (1)」、『戸籍時報』632、2-21 頁.
二宮周平 (2009)「子の出自を知る権利 (2)」、『戸籍時報』641、2-13 頁.
二宮周平 (2009)「子の出自を知る権利 (3)」、『戸籍時報』643、37-55 頁.
野中久子 (1991)『私は捨て子だった』、草思社.
野辺陽子 (2011)「実親の存在をめぐる養子のアイデンティティ管理」、『年報社会学論集』24、168-179 頁.
蓮田太二、柏木恭典 (2016)『名前のない母子をみつめて：日本のこうのとりのゆりかご ドイツの赤ちゃんポスト』、北大路書房.

科学会雑誌』53 (8)、1462-1493 頁.
委員長 久保春海（2003）「平成 13・14 年度倫理委員会　登録・調査小委員会報告（平成 12・13 年分の体外受精・胚移植等の臨床実施成績および平成 15 年 3 月における登録施設名)」、『日本産科婦人科学会雑誌』55 (10)、1272-1306 頁.
委員長 久保春海（2004）「平成 13・14 年度倫理委員会　登録・調査小委員会報告（平成 12・13 年分の体外受精・胚移植等の臨床実施成績および平成 15 年 3 月における登録施設名）に関する修正」、『日本産科婦人科学会雑誌』56 (7)、1085 頁.
委員長 久保春海（2005）「平成 15 年度倫理委員会　登録・調査小委員会報告（平成 14 年分の体外受精・胚移植等の臨床実施成績および平成 16 年 10 月における登録施設名)」、『日本産科婦人科学会雑誌』57 (1)、118-146 頁.
委員長 久保春海（2005）「平成 16 年度倫理委員会　登録・調査小委員会報告（平成 15 年分の体外受精・胚移植等の臨床実施成績および平成 17 年 6 月における登録施設名)」、『日本産科婦人科学会雑誌』57 (10)、1601-1629 頁.
委員長 齊藤英和（2005）「平成 17 年度倫理委員会　登録・調査小委員会報告（平成 16 年分の体外受精・胚移植等の臨床実施成績および平成 18 年 6 月における登録施設名)」、『日本産科婦人科学会雑誌』58 (9)、1601-1629 頁.
委員長 齊藤英和（2007）「平成 18 年度倫理委員会　登録・調査小委員会報告（2005 年分の体外受精・胚移植等の臨床実施成績および 2007 年 7 月における登録施設名)」、『日本産科婦人科学会雑誌』59 (9)、1717-1739 頁.
委員長 齊藤英和（2008）「平成 19 年度倫理委員会　登録・調査小委員会報告（2006 年分の体外受精・胚移植等の臨床実施成績および 2008 年 3 月における登録施設名)」、『日本産科婦人科学会雑誌』60 (6)、1230-1253 頁.
委員長 齊藤英和（2009）「平成 20 年度倫理委員会　登録・調査小委員会報告（2007 年分の体外受精・胚移植等の臨床実施成績および 2009 年 7 月における登録施設名)」、『日本産科婦人科学会雑誌』61 (9)、1853-1880 頁.
委員長 齊藤英和（2010）「平成 21 年度倫理委員会　登録・調査小委員会報告（2008 年分の体外受精・胚移植等の臨床実施成績および 2010 年 7 月における登録施設名)」、『日本産科婦人科学会雑誌』62 (9)、1821-1849 頁.
委員長 齊藤英和（2011）「平成 22 年度倫理委員会　登録・調査小委員会報告（2009 年分の体外受精・胚移植等の臨床実施成績および 2011 年 7 月における登録施設名)」、『日本産科婦人科学会雑誌』63 (9)、1881-1911 頁.
委員長 齊藤英和（2012）「平成 23 年度倫理委員会　登録・調査小委員会報告（2010 年分の体外受精・胚移植等の臨床実施成績および 2012 年 7 月における登録施設名)」、『日本産科婦人科学会雑誌』64 (9)、2110-2140 頁.
委員長 齊藤英和（2013）「平成 24 年度倫理委員会　登録・調査小委員会報告（2011 年分の体外受精・胚移植等の臨床実施成績および 2013 年 7 月における登録施設名)」、『日本産科婦人科学会雑誌

仙波由加里、清水清美、久慈直昭（2017）「日本の精子ドナーの視点による匿名性の問題」、『日本生殖看護学会誌』14 (1)、13-20 頁.
高橋成貴（2012）「二組の里親家庭で育って」、『施設で育った子どもたちの語り』編集委員会 編『施設で育った子どもたちの語り』158-168 頁、明石書店.
高橋由紀子（2009）「ハンブルクの『捨て子の赤ちゃんプロジェクト』の援助を利用した女性たち—匿名出産とベビー・クラッペン（赤ちゃんポスト）—」、『帝京法学』26(1)、77-125 頁.
田尻由貴子（2016）『はい。赤ちゃん相談室、田尻です。』、ミネルヴァ書房.
田尻由貴子（2017）『「赤ちゃんポスト」は、それでも必要です。』、ミネルヴァ書房.
「小さないのちのドア」代表 永原郁子、施設長 西尾和子、漫画 のだますみ『小さないのちのドアを開けて』. いのちのことば社フォレストブックス、2021 年.
床谷文雄（2003）「匿名出産と Baby klappen：生への権利と出自を知る権利」、『阪大法学』53 (3、4)、173-197 頁.
所彩子（2000）「『AID 児の自己の出自を知る権利』について——憲法上の権利と構成する必要性——」、『法政法学』25、65-114 頁.
永井憲一、喜多明人、寺脇隆夫、荒牧重人 編（2000）『新解説 子どもの権利条約』. 日本評論社.
長沖暁子、日下和代、清水清美 他（2006）『平成 15 ～ 17 年度科学研究費補助金 基盤研究（B）研究成果報告書 AID 当事者の語りからみる配偶子・胚提供が性・生殖・家族観に及ぼす影響』.
永木裕子（2021）「あるべき生殖補助医療法制をめぐって検討すべき課題：『生殖補助医療の提供等及びこれにより出生した子の親子関係に関する民法の特例に関する法律』の制定を受けて」、『桃山法学』3 (0)、1-55 頁.
中島聡美（2019）「あいまいな喪失と悲嘆の概念と理論」1-32 頁、黒川雅代子、石井千賀子、中島聡美、瀬藤乃理子 編著（2019）『あいまいな喪失と家族のレジリエンス 災害支援の新しいアプローチ』. 誠信書房.
西平直（2015）『誕生のインファンティア』、みすず書房.
新田あゆみ（2019）「AID で生まれた人の悲嘆 —手記集『AID で生まれるということ』と死の受容五段階説から考える—」、『スピリチュアル研究』vol3、27-42 頁.
新田あゆみ（2020）「インターネット上で活動する精子提供者の自己情報開示状況とその意識」、『医学哲学・医学倫理』38、57-64 頁.
新田あゆみ（2023）「『小さないのちのドア』の可能性と課題を考える」、『生命と倫理』10、5-14.
日本産科婦人科学会（1997）「『非配偶者間人工授精と精子提供』に関する見解」(1997 年 5 月).
日本産科婦人科学会倫理委員会（現臨床倫理監理委員会） 登録・調査小委員会報告
委員長 荒木勤（2000）「平成 11 年度倫理委員会　登録・調査小委員会報告（平成 10 年分の体外受精・胚移植等の臨床実施成績および平成 12 年 3 月における登録施設名）」、『日本産科婦人科学会雑誌』52 (7)、962-987 頁.
委員長 中野仁雄（2001）「平成 12 年度倫理委員会　登録・調査小委員会報告（平成 11 年分の体外受精・胚移植等の臨床実施成績および平成 13 年 3 月における登録施設名）」、『日本産科婦人

170 頁、福村出版.
才村眞理（2008）「第３章 DI 者の声 第２節アメリカの DI 者の声」、『生殖補助医療で生まれた子どもの出自を知る権利』190-203 頁、福村出版.
才村眞理（2008）「第３章 DI 者の声 第３節アメリカのビル・コードレイへのインタビュー」、『生殖補助医療で生まれた子どもの出自を知る権利』204-215 頁、福村出版.
才村眞理 編著（2009）『生まれた家族から離れて暮らす子どもたちのためのライフストーリーブック』、福村出版.
才村眞理（2012）「子どもへのテリングのサポート方法に関する考察：第三者の関わる生殖技術による出生について」、『帝塚山大学心理学部紀要』87-98 頁.
才村真理（2013）「精子・卵子の提供により生まれた人（子ども）のためのライフストーリーブック作成の試み」、『帝塚山大学心理学部紀要』(2)、103-114 頁.
才村眞理、大阪ライフストーリー研究会（2016）『今から学ぼう！ ライフストーリーワーク』8 頁、福村出版.
坂口幸弘（2019）『喪失学「ロス後」をどう生きるか ?』、光文社新書.
『施設で育った子どもたちの語り』編集委員会 編（2012）.『施設で育った子どもたちの語り』、明石書店.
清水清美、長岡由紀子、朝倉寛之（2007）「米国在住の日系卵子提供者の卵子提供および生まれた子どもの出自を知る権利について —わが国における精子提供者との比較から— 」、『産婦人科の実際』56（13)、2181-2188 頁.
清水清美（2013）「わが国における非配偶者間人工授精（AID）の現状と課題」、『日本生殖看護学会誌』10 (1)、59-62 頁.
社団法人 家庭養護促進協会（2004）『ルーツを探る』.
白井千晶（2015）「卵子の提供を受けて母親になった女性の妊娠以降の経験について 当事者インタビュー調査より」、『アジア太平洋レビュー』51-68 頁.
鈴木博人（2009）「名前・国籍を得る権利、親を知り養育される権利」、喜多明人、広沢明、荒牧重人、森田明美 共同編集『逐条解説 子どもの権利条約』84-88 頁.
すまいる親の会（文責 清水清美）(2014)『Family Building AID 家族になるということ 第２版』、すまいる親の会.
精子・卵子の提供により生まれた人のためのライフストーリーワーク研究会 編（2018）『精子・卵子の提供により生まれた人とライフストーリーワークをはじめるにあたって』.
仙波由加里（2006）「AID で生まれた子が出生の事実を知ったことをどう考えるか 諸外国の AID で生まれた人たちの発言を参考に」、長沖暁子、日下和代、清水清美 他『平成 15 ～ 17 年度科学研究費補助金 基盤研究（B）研究成果報告書 AID 当事者の語りからみる配偶子・胚提供が性・生殖・家族観に及ぼす影響』73-92 頁.
仙波由加里、清水清美、久慈直昭（2017）「精子ドナーの匿名性をめぐる問題——遺伝子検査の時代に——」、『生命倫理』27 (1)、105-112 頁.

の基本 7 子どもたちに知らせておきたいこと Q55 ルーツを探す」、厚生労働省雇用機会・児童家庭局家庭福祉課 監修『子どもを健やかに養育するために：里親として子どもと生活をするあなたへ』136-137 頁、日本児童福祉協会.
「こうのとりのゆりかご専門部会」(2017)『「こうのとりのゆりかご」第 4 期検証報告書 平成 29 年 9 月』.
「こうのとりのゆりかご専門部会」(2018)『平成 29 年度「こうのとりのゆりかご」の運用状況に関する短期的検証について』.
「こうのとりのゆりかご」専門部会 (2019)『平成 30 年度「こうのとりのゆりかご」の運用状況に関する短期的検証について』.
「こうのとりのゆりかご」専門部会 (2020)『令和元年度「こうのとりのゆりかご」の運用状況に関する短期的検証について』.
「こうのとりのゆりかご」専門部会 (2021)『令和 2 年度「こうのとりのゆりかご」の運用状況に関する短期的検証について』.
「こうのとりのゆりかご」専門部会 (2022)『令和 3 年度「こうのとりのゆりかご」の運用状況に関する短期的検証について』.
「こうのとりのゆりかご」専門部会 (2023)『令和 4 年度「こうのとりのゆりかご」の運用状況に関する短期的検証について』.
「こうのとりのゆりかご専門部会」(2021)『「こうのとりのゆりかご」第 5 期検証報告書 令和 3 年 6 月』.
こうのとりのゆりかご検証会議 編著 (2010)『「こうのとりのゆりかご」が問いかけるもの いのちのあり方と子どもの権利』、明石書店.
幸山政史 (2014)「ゆりかごを見守り続けて」、『コウヤマノート』124-129 頁、熊日出版.
『子どもが語る施設の暮らし』編集委員会 編 (1995)『子どもが語る施設の暮らし』、明石書店.
『子どもが語る施設の暮らし』編集委員会 編 (2003).『子どもが語る施設の暮らし 2』、明石書店.
『子どもが語る施設の暮らし 2』編集委員会 編 (2003)『子どもが語る施設の暮らし』、明石書店.
最高裁判所事務総局家庭局 編 (1998)「親権者指定審判に対する即時抗告事件」、『家庭裁判月報』51 (3)、165 頁.
最高裁判所事務総局家庭局 編 (1998)「嫡出否認請求事件」、『家庭裁判月報』51 (9)、71 頁.
斎藤惠彦 (1995)「国際人権法の展開と児童の権利条約」、石川稔、森田明 共同編集『児童の権利条約 その内容・課題と対応』34-47 頁、一粒社.
斎藤真里 (1996)「精子バンク日本初登場 不妊治療最前線の光と影」、『婦人公論 (12 月)』234-241 頁、中央公論社.
才村眞理 (2008)「スウェーデンにおける ART の動向」、『生殖補助医療で生まれた子どもの出自を知る権利』92-98 頁、福村出版.
才村眞理 (2008)「第 2 章 ART (生殖補助医療) をめぐる動向 補論 WAIMH ワークショップにおけるビル・コードレイの発表」、『生殖補助医療で生まれた子どもの出自を知る権利』131-

代、清水清美、柘植あづみ、仙波由加里『平成15～17年度科学研究費補助金 基盤研究（B）研究成果報告書 AID当事者の語りからみる配偶子・胚提供が性・生殖・家族観に及ぼす影響』58-71頁.
久慈直昭、堀井雅子、雨宮香 他（2000）「非配偶者間人工授精により挙児に至った男性不妊患者の意識調査」、『日本不妊学会雑誌』45（3）、41-47頁.
久慈直昭、吉村泰典、末岡浩、浅田弘法 他（2003）「配偶子提供と出自を知る権利に関する調査研究―精子提供により子どもを得た日本人夫婦の告知に対する意見」、『厚生労働科学研究費補助金（子ども家庭総合研究事業）研究報告書 配偶子・胚提供を含む統合的生殖補助医療技術のシステム構築に関する研究 平成14年度研究報告書』296-312頁.
久慈直昭、吉村泰典、末岡浩、浅田弘法 他（2004）「子どもの立場からみた配偶子提供に対する意識調査」、『厚生労働科学研究費補助金 総合的プロジェクト研究分野 子ども家庭総合研究 配偶子・胚提供を含む総合的生殖補助技術のシステム構築に関する研究 平成15年度研究報告書』107-119頁.
久慈直昭、吉村泰典、慶應義塾大学医学部産婦人科学室（2005）「我が国における精子提供者の『出自を知る権利』に対する意識調査」、『厚生労働科学研究費補助金（子ども家庭総合研究事業）分担研究報告書 生殖補助医療の安全管理および心理的支援を含む統合的運用システムに関する研究』80-98頁.
久慈直昭、清水清美、仙波由加里、安藤浩子 他（2012）「ART出生児の品質管理・生殖医療の新たな枠組み構築 ～非配偶者間人工授精における告知と出自を知る権利に関する研究～ 」、『厚生労働科学研究費補助金 疾病・障害対策研究分野 成育疾患克服等次世代育成基盤研究 生殖補助医療により生まれた児の長期予後の検証と生殖補助医療技術の標準化に関する研究 平成24年度研究報告書 平成22～24年度総合研究報告書』112-119頁.
久慈直昭（2019）「4.不妊治療の現在」、小出泰士（研究代表者）『生命倫理・生命法研究資料集Ⅳ 先端医療分野における欧米の生命倫理政策に関する原理・法・文献の批判的研究』326-368頁.
熊本日日新聞「こうのとりのゆりかご」取材班 編（2010）『揺れるいのち 赤ちゃんポストからのメッセージ』．旬報社.
熊本県立大学 編著「こうのとりのゆりかご」取材班 編（2009）『「こうのとりのゆりかご」を見つめて』、熊本日日新聞社.
小池隆一（座長）（1960）「エピローグ 問題の展望」、小池隆一、田中實、人見康子 共同編集『人口授精の諸問題 その実態と法的側面』193-216頁、慶應義塾大学法学研究会.
小泉良幸（2010）「『子どもの出自を知る権利』について」、『学術の動向』15（5）、53-56頁.
公益社団法人小さないのちのドア『News Letter』vol.5、2022年.
公益社団法人小さないのちのドア『活動報告書2021』、2022年.
厚生科学審議会先端医療技術評価部会（1999）『生殖補助医療技術に関する専門委員会第6回議事録 平成11年6月22日』、厚生省児童家庭局母子保健課.
厚生労働省雇用機会・児童家庭局家庭福祉課 監修（2003）「第1部 里親における子どもの養育

一般社団法人小さないのちのドア『News Letter』vol.4、2021年.
一般社団法人小さないのちのドア『活動報告書2020』、2021年.
医療法人聖粒会慈恵病院 編著（2013）『「こうのとりのゆりかご」は問いかける—子どもの幸せのために』、熊本日日新聞社.
岩崎美枝子（2007）『厚生労働科学研究費補助金 子ども家庭総合研究事業 生殖補助医療の安全管理および心理的支援を含む総合的運用システムに関する研究 平成16年度総括・分担研究報告書』145-180頁.
上杉富之 編（2004）『現代生殖医療 社会科学からのアプローチ』、世界思想社.
歌代幸子（2012）『精子提供 父親を知らない子どもたち』新潮社.
大野和基（2011）「ドキュメントAID 非配偶者間人工授精」、『g2』vol7、296-319頁.
大野和基（2015）「出生告知 AID（非配偶者間人工授精）で生まれた子供、産んだ親のリアル」、『g2』vol18、230-249頁.
大野虎之進、金子智、田辺清男（2004）「出自を知る権利——秘匿と開示」、『産婦人科の世界』56(2)、17-23頁.
興山英雄（2019）「私が精子ドナーになった理由——精子バンクの整備が遅れる日本で、医療機関を介さない個人ボランティアが急増」、『週刊プレイボーイ（2019年2月18日号）』24-27頁.
興山英雄（2019）「彼女たちはなぜ第三者の精子で子供を産んだのか——無精子症の夫婦、選択的シングルマザー... それぞれの事情」、『週刊プレイボーイ（2019年2月25日号）』162-165頁.
小此木啓吾（1979）『対象喪失』、中央公論新社.
外務省国際連合局政治課（1952）『国際連合総会の事業 第14回 中巻』、58頁.
柏木恭典（2013）『赤ちゃんポストと緊急下の女性：未完の母子救済プロジェクト』、北大路書房.
柏木恭典（2017）「緊急下の母子への匿名支援 ドイツの赤ちゃんポストと内密出産の議論を踏まえて」、『医療と社会』27(1)、135-148頁.
加藤英明（2014）「なぜ遺伝上の父親を知りたいのか」、非配偶者間人工授精で生まれた人の自助グループ、長沖暁子『AIDで生まれるということ 精子提供で生まれた子どもたちの声』37-64頁. 萬書房.
加藤英明（2014）「非配偶者間人工授精で生まれた子どものサポート」、『日本養護教諭教育学会誌』17(2)、70-73頁.
加藤美咲（2003）「『あなたのためを思って……』が不愉快だった」、『子どもが語る施設の暮らし』編集委員会『子どもが語る施設の暮らし2』17-35頁. 明石書店.
川上未映子（2019）『夏物語』. 文芸春秋.
川村百合（2014）「生まれてきた当事者の声に耳を傾ける　出自を知る権利の保障を」、『自由と正義』65(10)、27-34頁.
共同通信社社会部 編（2014）『わが子よ 出生前診断、生殖医療、生みの親・育ての親』203-235頁. 現代書館.
日下和代（2006）「非配偶者間人工授精（AID）で生まれた子どもの心理」、長沖暁子、日下和

文　献

（50 音順、発行年順）

A.J Turner, A.Coyle（2000）. “*What does it mean to be a donor offspring? The identity experiences of adults conceived by donor insemination and the implications for counselling and therapy,*” Human Reproduction, 15（9）pp. 2041-2051.

Carp E. Wayne（2002）. “*Adoption, blood kinship, stigma, and the adoption reform movement A historical perspective,* ”Law & Society Review, 36（2）, pp. 433-506.

Margaret K. Nelson（2018）*Random Families: Genetic Strangers, Sperm Donor Siblings, and the Creation of New Kin 1st Edition,* Oxford University Press.

Wendy Kramer, Naomi Cahn（2013）*Finding Our Families: A First-of-Its-Kind Book for Donor-Conceived People and Their Families.* Avery.

Wendy Kramer（2018）. *Your Family：A Donor Kid's Story.* Donor Sibling Registry.

NHK 取材班（2018）『なぜ、わが子を棄てるのか「赤ちゃんポスト」10 年の真実』. NHK 出版新書.

安藤畫一（1960）「第二章 人工授精の実施状態」、小池隆一、田中實、人見康子 共同編集『人工授精の諸問題 その実態と法的側面』9-24 頁. 慶應義塾大学法学研究会.

飯塚理八、小林俊文（1976）「不妊症患者の心理」、『産婦人科の世界』28（3）、179-182 頁.

石井光太（2020）『赤ちゃんをわが子として育てる方を求む』、小学館.

石川稔、齋藤薫（1995）「登録・氏名及び国籍等に関する権利」、石川稔、森田明 共同編集『児童の権利条約 その内容・課題と対応』174-194 頁. 一粒社.

石塚幸子（2013）「精子提供により生まれた子どもの立場から」、『日本生殖看護学会誌』10（1）、81-83 頁.

石塚幸子（2014）「AID で生まれた子どもの立場から思うこと」、『自由と正義』65（10）、15-21 頁.

石塚幸子（2014）「生まれた人たちの声を聞いてほしい」、非配偶者間人工授精で生まれた人の自助グループ、長沖暁子『AID で生まれるということ 精子提供で生まれた子どもたちの声』11-36 頁. 萬書房.

石塚幸子（2015）「精子提供（AID）で生まれた子どもの立場から」、『日本女性法律家協会会報』53、30-36 頁.

泉眞樹子（2018）「ドイツにおける生殖補助医療と出自を知る権利－精子提供者登録制度と血縁関係に関する立法」、『外国の立法』277、33-55 頁.

一般社団法人小さないのちのドア『News Letter』vol.1、2018 年.

一般社団法人小さないのちのドア『News Letter』vol.2、2020 年.

一般社団法人小さないのちのドア『News Letter』vol.3、2021 年.

本書のテキストデータを提供いたします

本書をご購入いただいた方のうち、視覚障害、肢体不自由などの理由で書字へのアクセスが困難な方に本書のテキストデータを提供いたします。希望される方は、以下の方法にしたがってお申し込みください。

◎データの提供形式＝CD-R、メールによるファイル添付（メールアドレスをお知らせください）。

◎データの提供形式・お名前・ご住所を明記した用紙、返信用封筒、下の引換券（コピー不可）および200円切手（メールによるファイル添付をご希望の場合不要）を同封のうえ弊社までお送りください。

●本書内容の複製は点訳・音訳データなど視覚障害の方のための利用に限り認めます。内容の改変や流用、転載、その他営利を目的とした利用はお断りします。

◎あて先
〒160-0008
東京都新宿区四谷三栄町6-5 木原ビル303
生活書院編集部　テキストデータ係

キリトリ線

【引換券】

出自とは、親子とは

著者紹介

新田あゆみ（にった　あゆみ）

慶應義塾大学文学部人文社会学科日本史学専攻修了。上智大学大学院実践宗教学研究科死生学専攻修士課程修了（文学修士）。同博士後期課程修了（文学博士）。医療系出版社勤務や各種ボランティア活動を通して“生まれ”に関するグリーフに関心をもち、死生学と保育の世界へ。

現在、上智大学生命倫理研究所客員所員、保育教諭。

主な論文に、『AIDで生まれた人の悲嘆』（『スピリチュアル研究』vol3、2019）、『インターネット上で活動する精子提供者の自己情報開示状況とその意識』（『医学哲学 医学倫理』38号、2020）、『「小さないのちのドア」の可能性と課題を考える』（『生命と倫理』10号、2023）など。

出自とは、親子とは

——知りたい子どもと匿名でありたい親

発　行———— 2023年11月25日　初版第1刷発行

著　者———— 新田あゆみ

発行者———— 髙橋　淳

発行所———— 株式会社　生活書院

〒160-0008

東京都新宿区四谷三栄町6-5 木原ビル303

ＴＥＬ 03-3226-1203

ＦＡＸ 03-3226-1204

振替 00170-0-649766

http://www.seikatsushoin.com

印刷・製本—— 株式会社シナノ

Printed in Japan

ISBN 978-4-86500-162-4